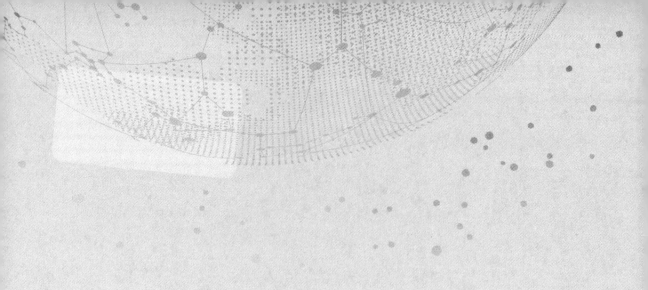

# PROJECT MANAGEMENT

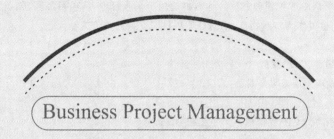

# 商业项目管理

主　编 ◎ 杨光明
副主编 ◎ 朱希　张传华　刘力　叶红

华中科技大学出版社
http://press.hust.edu.cn
中国·武汉

## 内 容 简 介

本教材系统阐述了商业项目全流程管理,旨在为学习者构建起从理论到实践的完整知识体系。本教材以项目管理核心框架为基础,结合商业项目的特点,详细介绍了商业项目管理的关键环节,同时介绍了商业项目的现代管理方法。本教材适用于企业管理者、项目经理、创业者及高校师生,既可作为专业教材,也可作为实践指南,助力商业项目实现目标与价值最大化。

**图书在版编目(CIP)数据**

商业项目管理 / 杨光明主编. -- 武汉:华中科技大学出版社,2025.4. -- ISBN 978-7-5772-1492-4

Ⅰ. F224.5

中国国家版本馆CIP数据核字第202525DH54号

**商业项目管理**      杨光明 主编
Shangye Xiangmu Guanli

策划编辑:胡弘扬
责任编辑:鲁梦璇
封面设计:原色设计
责任校对:刘　竣
责任监印:周治超

出版发行:华中科技大学出版社(中国•武汉)　　电话:(027)81321913
　　　　　武汉市东湖新技术开发区华工科技园　　邮编:430223
录　　排:孙雅丽
印　　刷:武汉市洪林印务有限公司
开　　本:787mm×1092mm　1/16
印　　张:13.75
字　　数:306千字
版　　次:2025年4月第1版第1次印刷
定　　价:49.80元

本书若有印装质量问题,请向出版社营销中心调换
全国免费服务热线:400-6679-118 　竭诚为您服务
版权所有　侵权必究

# 前言

随着市场需求的不断变化和科学技术的不断发展,商业项目管理的实践日益丰富,项目管理能力正在成为企业的核心能力之一。虽然我国企业的整体项目管理已经取得了长足发展,但不可否认的是,商业项目管理领域仍然存在很多问题:项目决策失误造成投资损失、项目执行效率低下导致贻误商机、项目工期拖延、项目投资超出成本预算、质量问题等。因此,持续提升企业和非营利机构的项目管理水平,以及政府部门的项目审查与监管水平任重而道远。在大众创业、万众创新的环境下,较强的商业项目管理能力是成功的创业者的必备技能之一。

对商业项目管理知识的旺盛需求推动了高校项目管理专业的发展,商业项目管理已经成为高校管理类专业的核心课程。随着项目实践的发展和变化,商业项目管理教材的内容也应与时俱进。笔者曾在企业从事商业项目管理工作,深知编写一本理论与实践相结合的商业项目管理教材颇为不易。本教材在笔者总结多年教学经验的基础上撰写,在形式上进行改进和创新,具有以下几个特色。

• 内容实用。我国的商业项目管理实践具有鲜明的特色,项目决策、项目审查、项目融资和项目风险控制对项目成功举足轻重;"一带一路"倡议下,大量中资企业走出国门实施项目,随着与跨国企业合作的日益频繁,提升跨文化项目管理能力成为商业项目管理人员的基本技能。本教材既考虑了项目管理知识体系(PMBOK)的框架,又在内容上做了适当取舍,增加了项目融资、项目招投标等内容。

• 注重课程之间的衔接,精简重复内容。商业项目管理涉及人力资源管理、质量管理、风险管理等多门课程的知识,为了突出重点内容,本教材精简了非核心模块的内容,如商业项目人力资源管理。

• 案例丰富,语言生动。本教材减少了枯燥的理论叙述,穿插大量案例,用生动活泼的语言讲述专业知识,用案例阐释深刻道理。本教材的案例来源有三个:一是研究团队到项目单位调研的成果;二是校友提供的案例资料,笔者指导的MBA学员提供了大量的项目实践素材;三是媒体公开的资料。

感谢在本教材编写过程中给予帮助的各界人士。教材中使用了不少文献资料,已经尽可能详细地标注了来源,但有些内容是根据多方资料整合而成,注明资料来源确有困难,在此感谢资料作者。感谢出版社编辑付出的努力,也感谢笔者的家人对编写工作的支持。

由于能力有限,书中难免有纰漏和不足之处,衷心希望读者提出宝贵意见,以便本教材进一步修改完善,谢谢!

编者

# 目录
MULU

## 第一章　项目与商业项目管理　/001
　　第一节　项目　/001
　　第二节　项目管理　/007

## 第二章　商业项目融资管理　/014
　　第一节　项目融资的特点　/014
　　第二节　项目融资参与主体　/016
　　第三节　项目融资结构　/019
　　第四节　股权型项目融资　/026
　　第五节　项目融资的审查　/030

## 第三章　商业项目组织管理　/033
　　第一节　项目组织的概述　/033
　　第二节　项目组织设计　/037
　　第三节　项目组织结构　/044
　　第四节　项目经理　/055
　　第五节　项目团队　/060
　　第六节　项目管理办公室　/065

## 第四章　项目范围管理　/068
　　第一节　概述　/068
　　第二节　项目需求收集　/070
　　第三节　项目范围计划　/072
　　第四节　项目范围的定义　/075
　　第五节　创建项目工作分解结构　/079
　　第六节　项目范围的控制　/083

## 第五章 项目时间管理 /086

- 第一节 概述 /086
- 第二节 项目活动定义 /088
- 第三节 项目活动排序 /090
- 第四节 项目活动时间估算 /095
- 第五节 项目进度计划制订 /098
- 第六节 项目进度控制 /104

## 第六章 商业项目人力资源管理 /107

- 第一节 概述 /107
- 第二节 项目人力资源计划 /110
- 第三节 项目人力资源的绩效管理 /113

## 第七章 商业项目成本管理 /119

- 第一节 概述 /119
- 第二节 项目资源计划 /122
- 第三节 项目成本估算 /125

## 第八章 商业项目质量管理 /128

- 第一节 概述 /128
- 第二节 项目质量计划 /130
- 第三节 项目质量保证 /133
- 第四节 项目质量控制 /135

## 第九章 商业项目风险管理 /140

- 第一节 概述 /140
- 第二节 项目风险识别 /145
- 第三节 项目风险评估 /150
- 第四节 项目风险的应对与监控 /154

## 第十章 商业项目采购管理 /157

- 第一节 采购规划 /159
- 第二节 工程采购 /162
- 第三节 服务采购 /167
- 第四节 项目招标 /170

第五节　采购合同管理　　　　　　　　　　　　/182

# 第十一章　项目管理方法　　　　　　　　　　　/187

第一节　研究方法的基本要素　　　　　　　　　/187
第二节　项目管理最新方法　　　　　　　　　　/188
第三节　计算研究方法　　　　　　　　　　　　/195

**参考文献**　　　　　　　　　　　　　　　　　/206

# 第一章
# 项目与商业项目管理

> **学习目标**
> - 1. 了解项目的定义、特征和生命周期。
> - 2. 掌握项目管理的特点和内容。

## 第一节 项　　目

我们已经步入项目化的社会,项目无处不在,很多项目与我们的生活息息相关:智能手机研发、手机应用软件开发、人脸识别技术开发与应用、公共场所监控系统的建设、企业信息化系统、智慧城市、城市轨道交通、地下排水管网建设……这些活动所在行业差别极大,投资规模悬殊,开发时间长短不一,但它们均具有项目的基本特征,可以采用专门的方法和工具进行管理。

现代企业面临巨大的市场竞争压力,产品生命周期加速缩短,产品的复杂性和技术含量提高,网络技术推动全球市场逐步实现了一体化。企业能对市场需求迅速做出反应并抓住商业机会吗?能及时开发出客户需要的产品或服务并保持较低的成本吗?面对一个临时性的重大活动能够高效地完成吗?要解决这些问题,离不开卓越的项目管理。项目管理能力正在成为企业的核心能力之一。项目管理已经成为最受组织推崇的工具(Gray,2002),运用项目管理可以快速响应外部需求,取得技术突破,改进产品,从而更好地把握商业环境中稍纵即逝的机遇。《财富》杂志曾指出,项目经理的位置越来越重要,项目经理比企业中层主管更加灵活、更有适应力、更善于发挥自己的才智。

### 一、项目的定义

项目的定义有很多种版本,具有代表性的有以下几种。

美国项目管理协会(Project Management Institute,PMI)于1969年在宾夕法尼亚州注册成立,是全球最大的非营利项目管理专业权威机构。PMI指出,项目是为创造独特的产品、服务或成果而进行的临时性工作。项目创造的产品可以是手机、电脑、汽车、房屋、高铁等一个完整的产品,也可以是其他产品的某个组成部分,如无人驾驶汽车、5G手机、手机芯片、电脑芯片、汽车发动机、高铁信号系统等，还可以是某个产品的升级版或修正版。服务可以是一项管理咨询、会计师事务所为客户完成一次年度审计、实施企业资源计划（ERP）系统，也可以是提供服务的能力。成果可以是某个结果或文件，如为客户完成的一份咨询报告、申请的专利、发表的学术论文等。很多项目的产出是产品、服务和成果的组合。

项目的临时性是指项目有明确的起止时间，当项目目标达成、失败终止或项目需求不复存在时，项目就结束了。临时性并不意味着持续时间短，如三峡工程项目实施周期约15年。项目创造的产品、服务或成果一般不具有临时性，如三峡大坝就是一个永久性建筑。

项目的独特性是指虽然项目可交付成果或活动中可能存在一些重复的元素，但不会改变项目工作本质上的独特性。如一个团队采用同样的图纸和材料建造两栋楼房，但依然存在地理位置、地下环境、干系人等的差异而使项目具有独特性。克利福德·格雷认为，项目就是以一系列独特而相互联系的任务为前提，有效地利用资源，为实现一个特定的目标所做的一次性的努力，并受时间、预算和资源的限制。

萨尼和贝克（2000）认为，项目是一系列有开始和结束的工作，并受到时间、资源和期望结果的限制。

哈罗德·科兹纳（2002）认为，项目可以被视为满足下列条件的一系列活动和工作：具有一个明确的要完成的目标，定义了开始和结束时间，有经费限制，消耗资源（资金、人员、设备等）。

中国项目管理协会认为，项目是由一组有起止时间的、相互协调的受控制的活动所组成的特定过程，该过程要达到符合规定要求的目标，包括时间、成本和资源约束条件。

归纳上述定义，项目有以下几层含义。

（1）项目具有复杂性和一次性。

项目是一次性的有限的任务，如神舟飞船航天项目就是独一无二的，宇宙飞船和火箭均为新研制的。埃隆·马斯克（Elon Musk）的太空探索技术公司（SpaceX）实施的载人航天项目，在2015年实现了猎鹰号一级火箭的回收再利用，创造了人类太空史的奇迹，卫星发射正在转变为重复性的运营活动。而有些项目如开发一种新产品、建一幢房屋，也因其特定的需求和时空而具有一次性。

（2）项目是一个完成任务的过程，而不是过程终结时形成的成果，这一过程有特定的环境和要求。

可以把一座大桥的建设过程称为一个项目，在这个过程中有一系列要完成的工作，只有按照计划完成各项工作，这座大桥才能完工。无论是盖一座房子，还是开发一款新手机，实施过程都需要一个良好的环境，如基础设施到位、制度环境健全、人力资源充足等。

（3）项目是在一定的组织机构内，利用有限的资源（人力、物力、财力等）在规定的时间内完成的任务。

任何项目的实施都要受到一定条件的约束，包括环境、资源和项目管理方法等。

项目受到时间的严格约束,延误意味着经济损失和声誉损失。

(4)项目产品、服务或成果须满足一定的性能和质量技术指标。

如某新款智能手机有4个摄像头,其照相和录像功能大大超过了旧产品,受到了市场欢迎。

(5)项目以客户为中心。

任何项目的根本目标都是满足客户需求。接受客户委托开发的项目,必须完成合同约定的各项任务才能交付。无明确客户的产品研发项目,只有产品的性能和质量满足市场的需要,才能在竞争激烈的市场上取得成功。项目团队不能僵化地执行项目计划,也不能简单地认为只要项目达到了技术、预算和进度计划的要求就能视为成功。客户和市场的需求是不断变化的,项目决策阶段获得的客户需求可能在一段时间后发生变化,如果不能及时调整项目方案,产品投放市场后就可能无人问津。在ERP实施过程中,若客户对某些业务流程进行了再造,项目组就必须按照新流程调整实施方案。如果忽视客户的合理需求,势必会遭到反对甚至导致项目被拒绝。

按照上文的定义,项目是一个非常宽泛的概念。组织一次春游、参加一次大学生创新创业项目大赛、举办一场婚礼都可视为项目。本教材中,项目是作为投资的主要载体而存在的,如无特别说明,本教材中的项目主要指那些通过投资形成固定资产的项目。

按照投资使用方向和投资主体的活动范围,项目分为竞争性项目、基础性项目和公益性项目。

竞争性项目是指投资收益比较高、对市场调节反应灵敏、具有市场竞争能力的项目,涉及建筑业、商业、服务业、咨询业及金融保险业等。这类项目由企业自主决策,自担风险,通过市场筹资建设及经营。

基础性项目是指具有一定自然垄断性、建设周期长、投资大而收益相对较低的基础产业和基础设施项目,主要涉及农、林、牧、渔、水利、交通及公用设施等领域。这些项目还可以分为两类：一类是在一定时期具备市场竞争条件的项目,如城市供水、供热、垃圾无害化处理、地铁等,其投融资应在政府引导下由企业承担；另一类不具备市场条件的,如乡村公路、大多数市政项目,其投融资应由各级政府承担。

公益性项目是指具有非营利性和社会效益性的项目,其以谋求社会效益为目的,具有一般规模大、投资多、受益面宽、服务年限长、影响深远等特点。现阶段关于公益性项目的解释分为广义和狭义。广义的公益性项目是指为社会大众或社会中某些群体的利益而实施的项目,既包括政府部门发起实施的农业、环保、水利、教育、交通等项目,也包括民间组织发起实施的扶贫、妇女儿童发展等项目。狭义的公益性项目是由民间组织发起的,其利用民间资源为某些群体谋求利益,创造社会效益。

## 二、项目的特征

1. 项目实质上是一系列有序的工作

项目目标要通过完成一系列相互关联且按一定顺序排列的任务来实现。无论多大规模的项目,其在实施时都要被分解为具体的工作包,指派给一个人或小组完成。当每一个工作包都完成后,由它们组成的可交付物才能完成,可交付物进一步集成为项目的最终产出物。如一部智能手机的研发项目,可以分解为几个模块:外壳、电路板、显示屏、天线、按键、电池、操作系统、应用软件等,每一个模块进一步分解下去,最终可以分解为一个个工作包。当每个工作包都完成后,这部手机才能问世。

2. 项目管理需要跨越职能和组织边界

项目成员来自不同部门或组织外部,项目组织关系与人员配置错综复杂,需要大量的协调工作。如某公司为实施ERP项目,从采购、生产、营销、财务、人力资源和信息中心及子公司抽调了20多人,组成了一个项目工作小组。软件商派出了十余人的项目实施队伍,包括需求分析师、设计师、编码工程师、测试人员、管理人员等。双方人员在一起工作,可能会为工作方案和计划争论不休,协调工作量很大。

3. 项目为组织战略的设计和执行奠定了基础

项目是支撑企业战略的手段和工具,如英特尔公司实施以更新、更快、更小的CPU向市场渗透的战略,该战略通过一系列研发项目来实现,研发项目推动公司不断获得技术和商业的发展。

4. 项目都有一个特定的目标

项目目标通常按照工作范围、进度计划和成本来确定。项目中的工作任务要围绕项目目标来安排,对项目目标没有贡献的工作应取消,防止其耗费有限的项目资源。如某半导体项目的目标是建成一个年产60万片8英寸晶圆芯片的生产基地,投资15亿元,建设期为3年,从第3年开始试生产,第4年达到100%产能,产品性能追赶国际先进水平。

5. 项目受到多重约束

所有项目在实施过程中都会受到资源、时间或资金等的约束。专注于软件产业的咨询机构斯坦迪什集团(Standish Group)的统计表明,仅有30%的项目能在工期、预算和质量标准内实现项目目标。不过,随着项目管理水平的提升,项目在资源约束下的成功率也会提升。在项目管理中,进度、范围和成本被称为三大约束要素,其中每一项要素的变化都会引起另外两项变化。此外,质量被称为第四约束要素,因为质量可能因范围扩大而降低,或因成本和时间的压缩而受到影响。

6. 每个项目都有客户

客户是提供必要资金以实现项目目标的组织或个人。项目团队必须使客户满意。当一个建筑商为管理学院建造一座办公楼时,管理学院既是为大楼建造提供资金的客户,也是办公楼建成后的使用者。当一位教授从政府获得资金开展科学研究时,客户就是政府机构。有时提供资金的不是项目产品的客户,如汽车公司开发一款新型电动汽车,项目资金的提供者是该公司而非购车客户,只有在产品成功开发并上市后,才能知道哪些人是买家。

7. 项目具有不确定性

项目以一系列独特的任务、任务所需的时间估计、各种资源和这些资源的有效性及性能为假定条件,并以资源的成本估计为基础。这种假定和预算具有一定的不确定性,例如可能最初低估了某些资源的成本,导致最终成本高于预计成本。在项目进行中,一些不确定性因素将会变成确定性事件,如概念设计定型后,详细设计所需要的时间和精力也会确定。

项目与运营具有不同的特性。运营是公司或某一部门持续进行的活动,生产某种产品或提供某类服务,这些活动没有明确的结束时间。例如,快递公司每天要处理成千上万的包裹,热电厂每天燃烧煤炭发电,这些工作重复进行着。表1-1归纳了项目与运营的关键区别。

表1-1　项目与运营的关键区别

| 要素 | 项目 | 运营 |
| --- | --- | --- |
| 目标 | 特定的 | 常规的 |
| 组织结构 | 项目组织 | 业务/职能部门 |
| 组织的连续性 | 临时性 | 长期性 |
| 负责人 | 项目经理 | 部门经理 |
| 时间 | 有限时间 | 周而复始,相对无限 |
| 持续性 | 一次性 | 重复性 |
| 管理方法 | 风险型 | 确定型 |
| 资源需求 | 不定性 | 固定性 |
| 任务特性 | 独特性 | 普遍性 |
| 计划性 | 计划性强 | 计划无终点 |
| 考核指标 | 以目标为先导 | 效率和有效性 |

(资料来源:中国(双法)项目管理研究委员会《中国项目管理知识体系》,电子工业出版社,2006年版)

## 三、项目生命周期

某汽车公司正在研发一款混合动力轿车,投入了大量的人力和资金。这个项目并非决策者一时兴起,而是大致经历了这样一个过程:首先,公司研究市场需求和国家关于汽车产业的政策,分析混合动力汽车的发展前景,进行技术论证,预测市场需求,估算投资回报情况,在全面的可行性研究基础上,经过严格的项目评估,才慎重地做出了决策。其次,公司任命项目经理,组建项目团队,制定项目计划,包括项目成本预算、进度安排、人员需求和质量计划等。再次,项目团队执行项目计划,突破关键技术障碍,研发出汽车新品,并进行各项性能和质量的测试。最后,公司组织专家对产品进行验收,确保产品达到国家各项强制性标准并获得批准后,才能进入批量生产阶段。这是一个产品研发项目生命周期的主要过程。

项目生命周期是一系列按顺序排列又相互交叉的各阶段的集合，它体现了项目管理的逻辑性。典型的项目生命周期分为四个阶段：定义阶段、规划阶段、执行阶段和收尾阶段。各阶段的工作任务、资源需求和管理重点不同，项目管理各阶段的主要内容见表1-2。

表1-2 项目生命周期各阶段的主要内容

| 定义阶段 | 规划阶段 | 执行阶段 | 收尾阶段 |
| --- | --- | --- | --- |
| 需求、策划项目；<br>调查研究、收集数据；<br>项目建议书；<br>项目可行性研究；<br>合作关系；<br>风险等级；<br>战略方案；<br>资源估算 | 项目主要成员；<br>项目产品范围；<br>实施方案；<br>质量标准；<br>资源保证；<br>环境保证；<br>项目预算；<br>项目程序；<br>风险评估 | 项目组织；<br>项目沟通渠道；<br>项目激励机制；<br>项目工作包；<br>项目信息控制系统；<br>工作分解结构（WBS）；<br>采购物品及服务项目控制 | 评价与验收；<br>售后服务；<br>经验总结；<br>解散项目组；<br>项目资源重新配置 |

下面将对各阶段进行举例说明。

1. 定义阶段

定义阶段主要进行项目策划。项目策划是指把项目建设意图转换成目标明确且具有运作方案的活动。例如软件公司要开发一套教务管理系统，定义阶段要对功能需求进行确认，撰写项目建议书，组织开展可行性研究，并明确合作关系。为实现需求或解决问题，有些项目需要向承包商征询需求建议，客户会要求承包商提供在成本约束和进度计划下的解决方案。如一对购置了新房的夫妇给出了房屋面积、样式、风格、房间数、地点、造价以及入住日期，邀请几个装修公司分别提供装修方案和价格。又如某公司计划实施客户关系管理系统（CRM），会以项目建议书的形式确定概要需求，要求几家软件公司提交详细的实施方案。

2. 规划阶段

规划阶段的主要工作是制定详细的项目规范和项目计划等，指派工作任务，制定完成任务的流程，组织招投标工作。项目管理的主要输出是项目计划，例如学生活动中心的建设项目获得批准后，先进行整体方案设计，然后通过招标选择设计院完成施工图，再通过招标选择施工单位，最后让中标单位编制施工计划。

3. 执行阶段

执行阶段是消耗项目资源最多的时期。例如学生活动中心的建设项目，学校与施工单位签订合同后，进入项目执行阶段，施工单位完成材料采购、工程主体建设、内外装修、音响和灯光安装调试等工作。

4. 收尾阶段

收尾阶段的主要工作是将项目产品移交客户、解散项目组，以及项目资源重新配置。学生活动中心建成后经过验收合格,施工单位向学校办理移交手续,包括移交各类文档资料。项目结束时某些后续活动仍需执行,如确认项目是否达到了客户期望、是否已经结清所有款项、有无遗留问题、安排项目售后服务、总结项目经验教训等。

需要指出的是,项目生命周期阶段划分的数量和名称不是固定的。美国项目管理协会认为,应根据项目本身的特点、项目管理与控制的需要以及项目所在领域进行适当的划分。大唐集团将产品开发流程划分为五个阶段,即项目论证、总体设计与规划、开发、验证与发布、维护与收尾。美国波士顿大隧道项目划分为八个阶段:计划、概念设计、初步设计、最终设计、公共招标、签署合同、实施、运营和维护。

亚洲开发银行把项目周期分为项目概念形成、项目准备、贷款谈判与批准、项目实施、项目竣工、项目后评估六个阶段;欧盟把项目周期分为规划、识别、制定、执行、评估与审计五个阶段;世界银行把项目周期分为识别、准备、评估、谈判与批准、实施与监督和后评价六个阶段。

## 第二节 项目管理

### 一、项目管理的概念

项目管理是通过项目经理和项目组织的努力,将知识、技能、工具与技术应用于项目活动,对项目及其资源进行管理,旨在实现项目目的的管理模式。

1. 项目管理是一种管理方法体系

项目管理从诞生至今,一直就是一种管理项目的科学方法,但并不是唯一的方法,更不是一次任意的管理过程。项目管理是在长期实践和研究的基础上总结出的理论方法。实施项目管理时,必须按照其方法体系的基本要求去做,如果不按其要求,虽不能否认是在管理项目,但不能算是真正意义上实施了项目管理。

作为一种管理方法体系,项目管理在不同国家、行业以及不同发展阶段,无论是结构、内容,还是技术、手段都有一定的区别,但它最基本的方面始终如一、相对固定,且已成为一种公认的专业知识。

2. 项目管理的对象、目的

项目管理的对象是项目,即一系列的临时任务。其目的是通过运用科学的项目管理方法,更好地实现项目目标。不能把项目管理的对象与企业管理的对象混为一谈,项目只是企业庞大系统的一部分;也不能把企业管理的目的当成项目管理的目的,企业管理的目的是多方面的,而项目管理的主要目的是实现项目的预定目标。

3. 项目管理的职能、任务

项目管理的职能与其他管理的职能是完全一致的,即对组织的资源进行计划、协调、指挥、控制。组织的资源包括人员、资金、技术、设备等。在项目管理中,时间是一种特殊的资源。项目管理的任务是对项目及其资源的管理。

4. 项目管理运用系统理论与思想

项目在实施过程中,实现项目目标的责任和权力往往被集中到项目管理办公室、项目经理或项目小组。由于项目任务是由不同的人员分别执行的,项目管理要求把这些任务和人员集中到一起,把它们当作一个整体对待,最终实现整体目标,因此需要以系统的观点来管理项目。

5. 项目管理职能主要是由项目经理执行的

在一般规模的项目中,项目管理由项目经理带领少量项目管理人员完成。如果项目规模很小,那么项目组织内可以只有一个专职管理人员,即项目经理。对于大项目,项目管理的基本权力和责任仍属于项目经理,项目组织内的专职管理队伍会更大,甚至组成一个与执行项目任务的人员相对分离的项目管理办公室。

## 二、项目管理的发展历程

项目管理经历了从低级阶段到高级阶段的发展过程,从其产生到形成较为完整的学科,大体经历了以下五个阶段。

1. 项目管理的产生阶段

这一阶段是从古代到20世纪30年代以前。人类早期的项目管理可以追溯到数千年前,如埃及的金字塔、中国的都江堰和万里长城。这些前人的杰作至今仍向人们展示着人类智慧的光辉。有项目,就有项目管理问题,因此,西方有人提出,埃及的金字塔和中国的长城是人类早期的项目管理。但事实上,直到20世纪初,项目管理还没有行之有效的计划方法,没有科学的管理手段,没有明确的操作规程和技术标准。因而,该阶段对项目的管理还只是凭个人的经验、智慧和直觉,依靠个人的才能和天赋,根本谈不上科学性。

2. 项目管理的初始形成阶段

这一阶段是从20世纪30年代初期到20世纪50年代初期。该阶段的特征是用横道图进行项目的规划和控制。

第二次世界大战前夕,横道图已成为计划和控制军事工程建设项目的重要工具。横道图由甘特发明,故又称为甘特图。甘特图便于监督和控制项目的进展状况,时至今日仍是管理项目尤其是管理建筑项目的常用方法。然而,甘特图难以展示各工作环节的逻辑关系,不适应大型项目的需要。在此基础上,阿达梅茨基于1931年对其研究出的和谐图进行完善,以克服上述缺陷,但没有得到足够的重视和承认。与此同时,在规模较大的工程项目和军事项目中广泛采用了里程碑系统。里程碑系统的应用虽未从根本上解决复杂项目的计划和控制问题,但却为网络概念的产生充当了重要的媒介。

### 3. 项目管理的推广发展阶段

这一阶段是从20世纪50年代到70年代。本阶段的重要特征是开发和推广应用网络计划技术。网络计划技术的出现是现代项目管理的起点。

20世纪50年代，美国军界和企业的管理人员纷纷为管理各类项目寻求更为有效的计划和控制技术。在各种方法中，最为有效和方便的是网络计划技术。网络计划技术克服了甘特图的缺陷，能够反映项目进展中各工序间的逻辑顺序关系，能够描述各工作环节和工作单位之间的接口界面以及项目的进展情况，并可以事先进行科学安排，因此为管理人员实行有效的项目管理带来了极大的方便。网络计划技术的开端是关键路径法（CPM）和计划评审技术（PERT）的产生和推广应用。

始创于1956年的关键路径法在1957年应用于杜邦公司的一个投资千万美元的化工项目，最终节约了10%左右的投资，取得了显著的经济效益。计划评审技术（PERT）出现于1958年，是美国海军在北极星号潜水舰艇所采用的远程导弹的研发项目中开发出来的。PERT的应用，使美国海军顺利解决了组织、协调参加这项工程的遍及美国48个州的200多个主要承包商的11000多家企业的复杂问题，节约了投资，缩短了约2年工期（计划工期为8年），缩短工期近25%。美国国防部在1962年发文规定，凡承包有关工程的单位都需要采用PERT方法来安排计划。美国政府也明确规定，所有承包商若要赢得政府的一项合同，就必须提交一份详尽的PERT网络计划，以保证工程的进度和质量。这一技术很快成为项目管理的一种先进手段。

日本、苏联、原联邦德国、法国、加拿大等国家应用网络计划技术也卓有成效。这些国家的经验表明，应用网络计划技术，可节约投资10%—15%，缩短工期15%—20%，而编制网络计划所需要的费用仅为总费用的0.1%。早在20世纪60年代初期，我国就引进和推广了网络计划技术。华罗庚教授结合我国"统筹兼顾，全面安排"的指导思想，将这一技术称为"统筹法"，并组织小分队深入重点工程进行推广应用，取得了良好的经济效益。

### 4. 项目管理的进一步完善阶段

这一阶段是从20世纪70年代到80年代。这一阶段的特点表现为项目管理应用范围的扩大，以及与其他学科的交叉渗透和相互促进。进入20世纪70年代以后，项目管理的应用范围由最初的航空、航天、国防、化工、建筑等领域，广泛普及到了医药、矿山、石油等领域。计算机技术、价值工程和行为科学等理论在项目管理中的应用，进一步推动了项目管理的发展。

### 5. 现代项目管理阶段

20世纪90年代以后，以信息系统工程、网络工程、软件工程等为代表的高科技项目的开展取得了突飞猛进的发展，相应地带动了项目管理的现代化。这一阶段，计划和控制技术与系统理论、组织理论、经济学、管理学、计算机技术等，以及项目管理的实际结合起来，并吸收了控制论、信息论及其他学科的研究成果，发展成为一门比较完整的独立学科。项目管理的职业发展和学术发展是现代项目管理的突出表现。

### 三、项目管理的特点

1. 项目管理的基本特点

项目管理具有以下基本特点。

（1）复杂性。

项目管理是一项复杂的工作，工作跨越多个组织，需要运用多种学科的知识、技术和技能来解决问题，项目工作通常没有或很少有以往的经验可以借鉴，执行中有许多未知因素，每个因素又常常带有不确定性，还需要将具有不同经历、来自不同组织的人员有机地组织在一个临时性的组织内，在技术性能、成本、进度等较为严格的约束条件下实现项目目标等。这类因素都决定了项目管理是一项很复杂的工作，甚至其复杂性远远高于一般的生产管理。

（2）创造性。

由于项目管理具有一次性的特点，因而既要承担风险又必须发挥创造性，这也是项目管理与一般重复性管理的主要区别。项目管理的创造性依赖于科学技术的发展和支持，而近代科学技术的发展有两个明显的特点：一是继承积累性，体现为人类可以利用前人的经验，继承前人的知识、经验和成果，在此基础上向前发展；二是综合性，即要解决复杂的问题，必须依靠和综合多种学科的成果，将多种技术结合起来，才能实现科学技术的飞跃与更快的发展。

（3）需要集权领导和建立专门的项目组织。

项目的复杂性随其范围不同变化很大，项目越大越复杂，其所包括或涉及的学科、技术种类也越多。项目进行过程中可能会出现的各种问题多是贯穿于组织中各个部门的，这就要求不同的部门做出迅速反应，而且相互关联、相互依存。传统的职能组织无法快速与横向协调的需求相配合，因此需要建立一个围绕专一任务进行决策的机制和相应的专门组织，该组织不受现存组织的约束，由各种不同专业、来自不同部门的专业人员构成。

（4）项目负责人责任巨大。

项目管理的一个主要特点是将一项受时间和预算约束的任务交由专人负责，即项目经理。项目经理被赋予独立开展计划制定、资源分配、协调统筹及进度控制的权限。作为项目负责人，不仅需要理解并驾驭项目涉及的技术与逻辑复杂性，更要具备整合多学科专业视角的能力。然而，仅掌握技术知识和专业技能并不足以确保成功。项目管理的成效很大程度上取决于对人员行为的预判与管控能力。因此，项目经理必须善于统筹人的因素与技术因素，通过两者的有机结合来实现项目目标。

2. 项目管理的综合性特点

项目管理的最大特点是注重综合性管理，并且项目管理工作有严格的时间限制，项目管理必须通过不完全确定的过程，在确定的期限内产出不完全确定的产品，日程安排和进度控给项目管理带来很大的压力，具体来讲表现在以下几个方面。

(1) 项目管理的对象是项目或被当作项目来处理的"动作"。

项目管理是针对项目的特点而形成的一种管理方式,因而其适用对象是项目,特别是大型的、比较复杂的项目;鉴于项目管理具有科学性和高效性,有时人们会将重复性"动作"中的某些过程分离出来,设定明确的起点和终点,使其成为临时性项目,以便运用项目管理方法进行优化管理。

(2) 项目管理的全过程都贯穿着系统工程的思想。

项目管理把项目看成一个完整的系统,依据系统论"整体—分解—综合"的原理,可将系统分解为许多责任单元,由责任者分别按要求完成目标,然后汇总、融合成最终的成果,同时,项目管理把项目看成一个有完整生命周期的过程,强调部分对整体的重要性。

(3) 项目管理的组织具有特殊性。

项目管理的另一个明显的特征就是其组织的特殊性,表现在以下几个方面:项目本身作为一个组织单元,围绕项目来组织资源。项目管理的组织是临时性的,项目终结,其组织的使命也就完成了。项目管理的组织是柔性的,项目的组织要根据项目生命周期各个阶段的具体需要调整组织的配置。项目管理的组织强调协调控制职能,项目管理组织结构的设计必须充分考虑有利于组织的协调与控制,以保证项目目标的实现,因此,目前项目管理的组织结构多为矩阵结构,而非直线结构。

(4) 项目管理的体制是一种基于团队管理的个人负责制。

由于项目系统管理的要求,需要集中权力以控制工作正常进行,因而项目经理是一个关键角色。

(5) 项目管理的方式是目标管理。

项目管理的方式是一种多层次的目标管理。项目涉及的专业领域十分宽广,项目主管或项目经理不可能成为每一个领域的专家。现代项目管理者或项目经理只能以综合协调者的身份,向被授权的专家协商确定目标以及时间、经费、工作标准的限定条件,此外的具体工作则由被授权者独立处理。可见,项目管理者要求在约束条件下实现项目的目标,其实现的方法具有灵活性。

(6) 项目管理的要点是创造和保持一种使项目顺利进行的环境。

有人认为:"管理就是创造和保持一种环境,使置身于其中的人们能集中一项工作以完成预定的使命和目标。"这说明项目管理是一个管理过程,而不是技术过程。处理各种冲突和意外事件是项目管理的主要工作。

## 四、项目管理的内容

项目管理的内容相当广泛,就其过程来讲,可划分为如下几主要方面。

### 1. 项目的定义

对于项目经理,项目定义往往是项目管理过程最初的,也是十分重要的一个阶段。任何好的项目定义都需回答好五个重要问题:

① 被提出的问题或机会是什么？
② 项目的目的是什么？
③ 为实现这一目的，有哪些目标是必要的？
④ 如果项目已成功，将如何确认？
⑤ 是否存在可能影响成功的假设、风险和障碍？

在项目定义阶段，必须明确项目的范围。然而，由于各种因素的影响，项目范围可能会发生变更，有时甚至超出项目经理的可控范围，这类变更被称为"范围变更"。在当今的组织环境中，范围变更已成为不可避免的现象。尽管范围变更被视为项目经理的"天敌"，但若希望项目成功，就必须以积极的态度应对。项目经理需要评估变更可能带来的替代方案和影响，并做出相应调整。优秀的项目经理通常会制定一套正式的变更管理流程，以确保变更得到有效控制。

2. 项目计划

项目计划作为项目实施的核心指导文件和关键决策工具，需要全面涵盖工作内容、执行方法、责任分工、时间节点、实施地点和资源需求等关键要素，并明确界定项目的验收标准。

计划可以降低不确定性，通过预先规划使团队能够预见潜在问题并及时采取纠正措施。计划也可以提高效率。当定义了要做的工作和完成工作所需要的资源后，团队就可以根据资源安排进度计划；也可以平行安排工作进度而不依固定顺序，这样就可以最大限度地利用资源，从而缩短项目周期。此外，计划制订过程本身也会使团队更好地理解项目目标。

3. 项目执行

项目执行包括多个步骤，除了组织人员，还包括确定完成计划、规定工作所需要的资源（人力、材料和资金）、根据进度计划安排工作人员完成他们各自的任务、安排活动的开始与结束时间。

4. 项目控制

无论如何精心计划，项目工作往往难以完全按照计划进行，有时进度计划甚至会落空，这就是项目管理的现实。在任何情况下，项目经理都必须用一套系统来不间断地监督项目的进展，发现其不足之处，这个监督系统不仅对项目计划的实际情况进行汇总，而且会对项目未来加以预测并重新调整计划，对可能的问题做出预警。问题修正程序和一套正式的变更管理程序是有效进行项目控制的基础。

5. 项目结束

在每个项目结束的时候，都有几个问题需要回答：
① 项目是按其要求者所要求的那样做的吗？
② 项目是按项目经理要求的那样做的吗？
③ 项目成员是根据计划完成项目的吗？

④ 项目过程中获得了哪些有助于以后的信息？

⑤ 项目管理方法起到怎样的作用，项目成员合作得怎样？

在项目结束阶段，需要对所做的工作进行评估，并为今后的项目提供历史信息。由于这一阶段的工作被认为会多出一笔间接费用，易被跳过。

相关案例

# 第二章
# 商业项目融资管理

## 学习目标

- 1. 了解项目融资的特点和参与主体。
- 2. 掌握项目融资结构的相关内容。
- 3. 把握股权型项目融资。

## 第一节 项目融资的特点

能否筹集到项目所需资金是制约项目开展的关键因素。对于中小型企业来说,融资渠道狭窄、融资结构不合理和融资成本高是广泛存在的问题。如某科技型小企业研发货车超限超载检测系统、便携式称重仪和高速预检系统,由于公司可抵押资产有限,法人代表向银行抵押了个人房产和汽车。银行贷款数量有限且审批周期很长,项目经常面临资金断流问题,企业被迫采取了民间借贷,高额利息大大增加了项目开发成本。

早在17世纪,英国私人业主向政府租用土地建造灯塔,在特许期内管理灯塔并向过往的船只收取过路费,特许期满后由政府收回灯塔,私人业主退出对灯塔的管理,这种投资建设模式长期以来没有引起人们的重视。20世纪70年代以后,许多国家先后出现了大规模基础设施建设与资金短缺的矛盾,资源开发和基础设施项目需要巨额的投资,往往超过了投资者能够和愿意承受的限度,如果采取公司资产抵押贷款方式,一旦项目失败,将把企业拖入泥沼。1984年,时任土耳其总理奥热扎尔提出了"建设—运营—移交"(BOT)的概念,许可企业融资建设和经营特定的公用基础设施,准许其通过向用户收取费用或出售产品以清偿贷款,回收投资并赚取利润,减轻了投资者的风险压力。企业采用这种方法建设了火力发电厂、机场和大桥。

1985年7月,深圳沙角B电厂开工建设,成为我国首个引进项目融资模式的项目。1987年4月,第一台机组并网发电。1999年9月,沙角B电厂将权益正式移交深圳市广深沙角B电力有限公司。1987年,广深高速公路采取类似的BOT模式,首次利用港资修建高速公路。之后,重庆地铁、广西来宾电厂、北京京通高速等项目纷纷采取BOT融资模式。

项目融资是为特定经济实体安排的融资方式,其核心特征在于贷款人将项目实体的现金流量和收益作为首要还款来源,并以该实体的资产作为贷款担保(Nevitt,1989)。

这种以项目公司为主体的融资模式中,偿债能力严格限定于项目自身经济效益,包括未来可产生的净现金流量及资产价值。在为一个项目安排融资时,项目借款人对项目所承担的责任与其本身所拥有的其他资产和所承担的其他义务在一定程度上是分离的,项目的经济效益、项目投资者和其他有关方面对项目所做出的有限承诺,构成了项目融资的基础。银行根据项目的预期现金流量确定贷款的数额、融资成本的高低,以及融资结构。相较于其他融资方式,项目融资具有高杠杆特征,通过贷款、租赁、出口信贷等方式,可以满足项目60%—70%的资本需求。

项目融资有以下几个特点。

### 1. 无追索权或仅有有限追索权

贷款人可以在贷款的某个特定阶段(如项目的建设期)或者在一个规定的范围内(包括金额和形式的限制)对项目借款人实行追索,除此之外,无论项目出现任何问题,贷款人均不能追索项目借款人除该项目资产、现金流量以及所承担的义务之外的任何形式的财产。但这并不妨碍贷款人要求项目发起人进行大规模的股权投资,实际上,项目融资通常要求项目发起人投入大量资金,对项目承担起应有的责任。

有限追索权的本质源于项目本身的经济强度不足以构建完全无追索权的融资形式,需借款人在项目的特定阶段提供一定形式的信用支持。追索程度的确定,需依据项目的性质、现金流量的稳定性和可预测性、借款人的信誉以及管理能力、借贷双方对未来风险的分担方式等多方面的因素,并通过谈判来达成。例如,借款人通常承担项目建设期的全部或者大部分风险,而在项目进入正常生产阶段之后,可以将追索权限制于项目资产及项目的现金流量。

例如,某房地产集团投资建设一个高档住宅项目,出资1亿元注册成立了项目公司,项目公司向银行申请贷款5亿元,还款来源是房屋销售收入。如果项目失败,银行仅能通过处置项目公司资产回收部分债权,无权要求集团以其他资产代偿,这时称贷款方对集团无追索权;如果集团把一部分资产作为担保,这种情况就是有限追索权。

### 2. 风险分担

为了实现项目融资的有限追索权,通过签订严格的法律合同,把责任和风险在项目投资者、贷款人、工程承包商、供应商、项目产品的购买者和保险公司等各方之间进行分担,而不由少数人承担全部项目债务的风险责任,从而保证项目融资的顺利实施。

### 3. 非公司负债型融资

非公司负债型融资的特征在于项目债务不体现在借款人公司资产负债表内,其债务追索权严格限定于项目公司资产与现金流,借款人仅承担有限责任。若将项目贷款全额计入公司资产负债表,可能推高企业资产负债率至超出银行风险阈值的水平,导致后续融资能力受限,影响未来的发展能力。

### 4. 信用结构多样化

项目融资中用于支持贷款的信用结构是灵活多样的,可以将贷款的信用支持分配到与项目有关的各个关键方面。例如,项目产品的购买者签订了一个长期购买合同作为融资的信用支持,其支持力度取决于合同的形式和购买者的资信。资源型项目的开发受国际市场需求、价格变动影响较大,因此能否获得一个稳定的、合乎贷款机构要求的项目产品长期销售合同,往往成为项目融资能否成功的关键因素。例如,某煤矿建设项目产品的主要销售对象是该市火力发电厂,发电厂提供的购煤合同是煤矿建成后现金流量的一个重要保证。为了减少工程建设方面的风险,可以要求承包商签订交钥匙工程合同,项目设计者提供工程技术保证等;在原材料和能源供应的问题上,则要求供应商保证稳定供应和价格合理。此外,政府部门为项目提供的信用支持也能显著提高项目的债务承受能力,降低融资对借款人资信的依赖程度。

### 5. 项目融资成本较高

项目融资成本包括前期费用和利息两部分,前期成本包括顾问费和评估费等,费用一般占贷款总量的0.5%—2%;项目贷款利率一般高出商业贷款利率0.3%—1.5%,增加的幅度与贷款机构在融资结构中承担的风险以及对投资者的追索程度有关。表2-1从融资主体、融资基础、追索程度等方面对比了项目融资与通常的企业融资的区别。

表2-1  项目融资与企业融资的区别

| 类别 | 项目融资 | 企业融资 |
| --- | --- | --- |
| 融资主体 | 项目公司 | 发起人 |
| 融资基础 | 项目未来收益和资产 | 发起人资产和担保人信誉 |
| 追索程度 | 有限追索权或无追索权 | 完全追索权或有限追索权 |
| 风险承担 | 项目参与各方 | 发起人、担保人 |
| 会计处理 | 不计入发起人资产负债表 | 计入发起人资产负债表 |
| 融资流程、周期、成本 | 流程复杂、周期长、成本高 | 流程简单、周期短、成本低 |
| 债务比例、贷款期限 | 负债率高、期限长 | 自有资金比例高、期限短 |

## 第二节  项目融资参与主体

项目融资的参与主体至少包含项目发起人、项目公司和贷款机构。项目发起人以股东身份组建项目公司,项目公司从法律上与股东分离,贷款机构为项目公司提供贷款。项目融资过程很复杂,参与主体还有其他很多机构或个人。

### 1. 项目发起人

项目发起人是项目实际投资者,是项目的股东,其通过项目运作获取投资利润。

项目实际投资者可以是一家公司，也可以是由多方组成的投资集团，可以是私人企业，也可以是政府机构，或者是两者的混合体，如由承包商、供应商、项目产品的购买方或使用方等构成的联合体。项目发起人通常仅限于发起项目，但不负责项目的建设和运营，这些工作由项目公司承担。

2. 项目公司

项目公司是直接参与项目投资和项目管理、承担项目债务责任和项目风险的法律实体。项目公司主要有两种组织形式，一种是股权式合资经营结构，由合作各方共同组成股份有限公司，共同经营、共负盈亏、共担风险，项目公司作为借款人，将合资企业的资产作为贷款的物权担保，以企业的收益作为偿还贷款的资金来源。项目发起人除向项目公司做出有限担保外，不承担项目公司的还款义务。另一种是非公司型合资结构，也称契约式经营结构，是投资者根据合作经营协议结合在一起的一种投资结构，这是依靠投资者之间的合资协议建立起来的合作关系，而不是一个法律实体。每一个投资者直接拥有全部项目资产中一个不可分割的部分，每个投资者都要投入相应比例的资金，直接拥有并有权处置与其投资比例相应的项目最终产品。任何一个投资者都不能代表其他投资者决策和承担责任，投资者代表根据协议共同组成项目管理委员会，负责重大问题的决策，委员会指定项目经理负责项目的日常管理。项目经理可以由其中一个投资者担任，或者由一个共同合资组建的项目管理公司或独立的项目管理公司担任。

非公司型合资结构的优点是投资者在合资结构中承担有限责任；属于资产负债表内融资，税务安排灵活；由于投资者直接掌握项目的产品、控制项目的现金流量，并可独立设计项目的税务结构，为投资者提供了一个相对独立的融资活动空间；投资结构设计灵活。其缺点是投资程序比较复杂；交易成本高；管理程序复杂。

选择非公司型合资结构的原因可能是投资者的融资能力有限，需要联合其他投资者共同融资，共同解决技术和管理问题，共同承担风险，但又不是对投资项目进行控制。或者投资者具有项目开发所需要的各种技术、经验及融资能力，但缺少当地政府授予的经营合同，通过与当地经营者联合起来共同投资获得政府支持。

3. 借款人

借款人通常是项目公司，但也可能是项目的承建公司、经营公司、原材料供应商等。借款人与项目公司的关系受项目实施和融资结构等诸多因素影响，如税收制度、外汇制度、担保制度和法律诉讼等。有些项目的借款人不是一个，而是由各自独立的借款人分别筹集资金，参与到项目的实施中来，如建筑公司、运输公司、原材料供应商、设备制造商或产品购买方等。

4. 贷款机构

提供贷款者有商业银行、非银行金融机构（如租赁公司、财务公司、投资基金公司等）及一些国家的出口信贷机构。资金需求量巨大的项目如基础设施建设项目，银行为了控制信贷结构和风险，往往不愿意提供全部贷款，而是由几家银行组成一个银团共同为项目提供贷款,既分散了风险,也增加了资金的供应量。在国际项目场景下,因东道国通常不愿因单边干预而损害与多国金融机构的政经关系,银团贷款的国际属性可形成政治风险缓冲带。银团贷款的主要缺陷是贷款管理困难。

银团贷款的银行分为安排行、管理行、代理行、工程银行,它们都提供贷款但又承担不同的责任。安排行负责安排融资和银团贷款,通常在贷款条件和担保文件的谈判中起主导作用;管理行负责贷款项目的文件管理,管理行的身份反映了银团对项目的参与程度,但管理行通常不对借款人或贷款人承担任何特殊的责任;代理行负责协调用款,帮助各方了解融资文件、送达通知和传递信息,代理行也不对贷款人的贷款决定负任何责任;工程银行监控项目技术实施和进程,并负责项目工程师和独立专家间的联络,工程银行可能是代理行或安排行的分支机构。

### 5. 财务顾问

财务顾问在项目融资中扮演着极为重要的角色,甚至决定项目融资能否成功。在项目融资的谈判过程中,财务顾问周旋于有关利益主体之间,通过对融资方案的反复设计、分析、比较和谈判,形成一个既能保护项目投资者利益,又能为贷款机构接受的融资方案。项目发起人或项目公司为了顺利获得资金,往往聘请金融公司、投资银行、财务公司或商业银行中的融资部门担任公司的财务顾问,负责项目融资的策划和操作。财务顾问精通金融市场的运行规则,了解项目所在地的情况,对项目技术发展趋势、成本结构、投资费用有清楚的认识,熟悉各种融资方法和手段,为项目融资结构提出参考意见,并且具有项目所需的专业知识。财务顾问的努力可使项目公司减少风险和降低成本,帮助项目公司向外界推荐项目。

聘请财务顾问需支付一定报酬,一是聘用费,一般按实际工作量收取;二是项目成功费或融资安排费,按项目规模的一定百分比收取,通常是项目越大比例越低;三是实际支出,包括差旅费、交通费等。如果财务顾问同时兼任贷款银团的经理人,在贷款期间还会按年度收取一定的管理费。

### 6. 技术专家

采用项目融资方式筹集资金的项目,一般工程量大、技术复杂,项目发起人、贷款机构和财务顾问等都要聘请一些专家,帮助其进行可行性研究,对项目进行管理、监督和验收。特别是当项目发起人和贷款人对项目文件规定的竣工测试标准和方案有争议时,专家意见可作为重要评判依据。

### 7. 项目承建商

项目承建商负责项目的设计和建设,其资金情况、工程技术水平、财务能力和经营历史记录,在很大程度上影响银行对项目建设风险的判断。由信誉卓著的公司承建项目,可显著缓释投资者在建设阶段的风险暴露,降低其责任负担。项目承建商可以通过与项目公司签订固定价格的总承包合同,成为项目融资的重要信用保证者。

### 8. 项目产品购买商

购买商是项目产品的购买者或使用者,项目产品购买商通过与项目公司签订长期购买合同,特别是具有"无论提货与否均需付款"和"提货与付款"性质的合同,保证了项目的市场和现金流量,为投资者对项目的贷款提供重要的信用保证。购买商可以直接参与融资谈判,确定项目产品的最小承购数量和价格。

### 9. 项目供应商

项目供应商是指项目所需设备供应商和原材料供应商。为建立长期客户关系,供应商在一定条件下愿意以长期优惠价格为项目提供设备和原材料,从而降低项目建设和运营期间的原材料供应风险,同时为项目融资提供便利。此外,供应商通过延期付款或低息优惠出口信贷等方式,为项目融资提供重要资金来源和信用支持。

### 10. 保险公司

项目融资的资金数额巨大,项目中存在难以预料的风险,可能遭受各种各样的损失,保险公司是项目融资中必不可少的参与者。保险公司收取保险费后,为项目分担风险。

### 11. 担保受托方

贷款机构为了防止项目公司违约或转移资产,一般都要求项目公司将资产及收益账户放在一家中立机构,这家机构称为担保受托方,担保受托方一般为一家资信等级较高的银行或独立的信托公司。

### 12. 国际金融机构

国际金融机构参与项目融资可降低融资成本,它们通常为发展中国家的项目提供长期低息的优惠贷款,世界银行的贷款通常不要求担保。很多发展中国家的项目是由世界银行及其商业贷款分支机构,即国际金融公司或区域发展银行(如亚洲开发银行)共同提供融资的。国际金融机构的参与减轻了其他项目参与方对东道国政治风险的担心。国际金融机构对项目融资有其政策和标准,很多机构的附加条件非常苛刻,对项目结构具有重要影响。

## 第三节 项目融资结构

项目融资结构是投资者、贷款机构、项目产品购买方、设备供应商、原材料供应商以及政府部门等多方反复协商后形成的最优融资方案。由于项目所在行业、投资结构、投资者信用支持及融资策略的差异,每个项目的融资结构都具有独特性,很少出现两个项目融资结构完全相同的情况。

大型项目的融资结构往往十分复杂。以三峡工程建设项目为例,其建设资金采用多元化的方法筹集,包括三峡工程建设基金、葛洲坝水电站收入、三峡电站施工期发电收入、国家政策性银行贷款、商业银行贷款、企业债券、国外出口信贷及商业贷款,以及股份制集资等。

融资结构设计的基本原则是争取适当条件下的有限追索权,实现项目风险的合理分担,最大限度地降低融资成本,努力实现发起人对项目较少的股本投入,处理好项目融资与市场之间的关系,争取实现投资者非公司负债型融资要求,实现资金来源、融资方式、融资成本、融资期限、币种和利率等结构的最优化。

项目融资结构具有以下特征。

(1) 贷款形式方面的特征。

一是贷款方为借款方提供有追索权或无追索权的贷款,贷款偿还将主要依靠项目的现金流量;二是通过远期购买协议或产品支付协议,由贷款方预先支付一定的资金购买项目的产品或一定的资源储量。

(2) 信用担保方面的特征。

贷款机构要求对项目资产享有第一抵押权,并对项目现金流量实施有效控制,且一般要求借款人将其与项目有关的一切契约性权益转让给贷款机构。项目公司根据"或付或取"合同取得项目收入的权利、承包商的各类担保权益等都必须转让给贷款者。此外,贷款机构要求项目投资者设立单一业务实体,隔离项目经营活动与投资者的其他业务,除项目融资外限制该实体筹措其他债务资金。在非公司型合资结构中,需要巧妙地设计项目的投资结构和融资结构。在项目的开发建设阶段,要求项目发起人提供项目的完工担保。在项目经营阶段,则需订立类似"无论提货与否均需付款"或者"提货与付款"性质的销售协议,以确保稳定的现金流量。

(3) 时间结构方面的特征。

在项目开发建设阶段,贷款机构风险最高,通常要求完全追索权及发起人的法律担保,且可能提高利率,同时要求提供承包合同的担保及相关的履约担保。贷款随工程进度逐步划拨,利息可递延至投产后分期偿还,也可以选择从银行贷出新款还旧债。项目完工后,贷款机构对项目发起人的追索权可能会被撤销或降格,贷款利率也可能会随之下调。在项目投产经营阶段,项目的现金流入开始偿还贷款后,贷款可转为有限追索权或无追索权,贷款机构会进一步要求以项目产品销售收入和项目其他收入作为担保。贷款利息和本金的偿还速度通常与预期产量、销售收入和其他应收款项相关联,固定比例的项目净现金流量的会自动用于债务偿还。此外,贷款协议中一般还会规定,在某些特殊情况下,用于偿还贷款的比例可以增加到100%。例如,产品需求或产量明显低于预期,项目的前景以及项目所在国的政治、经济环境发生恶性逆转等。

## 一、投资者直接安排融资

当投资者直接安排融资并承担相应的责任和义务时,这构成了最简单的项目融资结构。这种模式适用于投资者公司财务结构不是很复杂的情况,有利于优化投资者的税务安排。对于资信良好的投资者,直接安排融资模式成本较低,此方式常用在非公司型合资结构。其操作方法有两种。

1. 共同贷款机构融资和市场销售模式

在这种模式下,项目投资者共同选择贷款机构和销售市场。操作过程如下。

(1) 由项目投资者根据合资协议成立非公司型合资结构,并按照投资比例合资组建项目管理公司。该公司根据管理协议和销售代理协议,负责项目的建设和项目产品的生产销售。

(2) 根据合资协议,投资者按比例投入自有资金,并统一安排项目融资,各自独立与贷款机构签订融资协议。

(3) 在项目建设期间,项目管理公司代表投资者与工程公司签订建设合同,监督项目的建设,支付项目建设费用。在产品的生产销售期间,项目管理公司负责生产管理,并作为投资者的代理人销售项目产品。

(4) 项目销售收入进入贷款机构监控下的账户,用于支付项目产品的生产费用、资本再投入,以及偿还贷款机构的到期债务,最后按照融资协议的规定将利润返还给投资者。

2. 独立安排融资和承担市场销售模式

项目投资者组成非公司型合资结构,由投资者组织产品销售和债务偿还,该模式在安排融资时更具有灵活性。其操作过程如下。

(1) 项目投资者根据合资协议组建项目管理公司,负责项目的建设和项目产品的生产管理。

(2) 投资者按照投资比例支付项目的建设费用和项目产品的生产费用,根据自己的财务状况自行安排融资。

(3) 项目管理公司代表投资者安排项目建设、产品生产,组织原材料供应,并根据投资比例将项目产品分配给投资者。

(4) 投资者以"无论提货与否均需付款"协议的规定价格购买产品,根据与贷款机构之间的现金流量管理协议,其销售收入进入银行监控账户,并按照资金使用顺序进行分配。

这种融资结构的特点是投资者可以在多种融资模式、多种资金来源方案之间充分选择和组合,债务比例安排比较灵活;可以利用投资者的商业信誉得到优惠的贷款条件;可利用项目的税务优惠优化债务结构,降低融资成本。直接安排项目融资的模式操作比较复杂,如合资结构中的投资者在信誉、财务状况、市场销售和生产管理能力等方面不一致,会增加以项目资产及现金流量作为融资担保的复杂性。

## 二、项目公司融资

项目公司融资是指投资者共同出资组建项目公司,以项目公司的名义拥有、经营项目和安排融资。对于经济前景良好的项目,项目公司融资模式可以设置为无追索权贷款。其操作过程如下。

(1) 项目投资者依据股东协议注册成立项目公司,并注入一定的股本资金。

(2) 项目公司作为独立法人,负责签署与项目建设、产品生产和销售有关的合同,安排项目融资,拥有项目的所有权和经营权。

(3) 在项目建设期间,项目融资采用有限追索权贷款,投资者向贷款机构提供完工担保。

（4）项目投入运营后，如果生产经营状况和现金流量达到预期标准，可将项目融资转为无追索权贷款。

项目公司融资结构的优点包括：便于银行取得项目资产的抵押权和担保权，实现对项目现金流量的控制；便于项目公司在条件许可时进入资本市场，通过股票上市和发行债券等形式筹集资金；项目资产所有权相对集中，投资者之间股权转让较为灵活。该结构的缺点包括：投资者缺乏对现金流量的直接控制；税务结构灵活性差；无法利用项目亏损冲抵其他项目的利润。

## 三、产品支付项目融资

产品支付项目融资是针对项目贷款的还款方式而言的，借款方在项目投产后不以项目产品销售收入来偿还债务，而是直接用项目经营期间的产品来还本付息。在贷款清偿前，贷款方拥有对项目部分或全部产品的所有权。需要注意的是，产品支付转移的是产权而非产品本身，贷款方可以要求项目公司回购或代理销售这些产品。产品支付项目融资适用于资源储量已经探明、项目产生的现金流量可预测的资源开发项目，如石油、煤炭、金属等矿产资源开发项目。其主要操作过程如下。

（1）贷款机构成立一个特别目的的金融公司，负责从项目公司购买一定比例的资源产品作为融资基础，该金融公司一般由信托基金机构组成。

（2）贷款机构向金融公司提供贷款，金融公司根据产品协议将资金支付给项目公司，表示金融公司从项目公司购买一定量的产品。产品定价要在市场价基础上考虑利息因素。

（3）金融公司以产品的所有权和购买合同作为对贷款机构的还款担保。

（4）项目公司利用金融公司的购货款进行项目开发建设。

（5）金融公司直接销售产品或委托项目公司代理销售，销售收入用于偿还银行贷款。贷款机构仅对协议约定的那部分产品享有权益，若销售收入不足以偿还贷款，贷款方无权追索其他补偿。

产品支付项目融资本质是信贷机构通过购买特定资源的未来销售收入权益来实现融资担保。其信用保障来源于直接拥有项目产品，而非传统抵押或权益转让。对于资源属国家所有的项目，投资者仅拥有开采权，此时融资信用保证是项目未来产生的现金流量、资源开采权和项目资产的抵押。

如果还款来源可靠，贷款可以被安排为无追索权形式。融资期限通常短于项目预期的经济生命周期。如果项目开采期为15年，则贷款最长期限可能只有10年。贷款机构一般只为项目的建设费用提供融资，而不承担生产费用的融资，并且要求项目发起人提供最低生产量、质量标准等方面的担保等。

## 四、BOT模式

BOT（Build-Operate-Transfer）模式，即建设-运营-移交模式，其基本思路是由政府机构对项目的建设和运营提供一种特许经营权协议作为项目融资的基础，由项目公司作为投资运营主体安排融资以及开发建设,并在特定期限内负责运营,获取商业利润,最后根据协议将该项目移交给政府机构。BOT模式的优点是能减少政府财政负担和债务压力,有利于提高项目运行效率,提高技术和管理水平。该模式已成为国际项目融资的主流形式。在实际应用时,BOT模式有多种具体表现形式。

BOOT(Build-Own-Operate-Transfer)模式,即建设-拥有-运营-移交模式,是指企业负责项目融资建设,在规定的期限内拥有项目的所有权并进行运营,运营期满后移交给政府部门。相较于BOT模式,BOOT模式下企业不仅享有运营权还拥有所有权,且特许经营期限通常更长。

BOO(Build-Own-Operate)模式,即建设-拥有-运营模式,是指企业根据政府赋予的特许经营权建设并运营某项基础设施,但不移交给政府部门。

BTO(Build-Transfer-Operate)模式,即建设-移交-运营模式。该模式适用于涉及国家安全的项目,项目建设完成后,企业将所有权移交给政府,由政府授权企业进行运营。

BLT(Build-Lease-Transfer)模式,即建设-租赁-移交模式,是指政府出让项目建设权,在项目运营期内政府成为项目的租赁人,企业成为项目的承租人,租赁期满后资产移交给政府。

DBFO(Design-Build-Finance-Operate)模式,即设计-建设-融资-运营模式,是指从项目设计阶段开始,政府就授予企业特许经营权,企业仅享有项目运营权而无所有权,直至特许期满。

FBOOT(Finance-Build-Own-Operate-Transfer)模式,即融资-建设-拥有-运营-移交模式。这种形式比BOOT多了一个融资环节,只有成功融资,政府才考虑授予特许经营权。

TOT(Transfer-Operate-Transfer)模式,即移交-运营-移交模式,是指政府与企业签订特许经营协议后,把已经投产运营的基础设施项目移交给企业经营,企业在未来若干年内获得项目运营的收益,政府一次性地从企业获得融资,用于建设新的基础设施项目。特许经营期满后,企业将该设施无偿移交给政府。

BOT模式有四个阶段,即准备、建设、运营和移交。

(1) 准备阶段。政府确定实施一个具体项目,如建设发电厂、建设跨海大桥,分析采用BOT模式融资的可行性;有时也会由项目单位确定一个项目后向政府提出建议。如果决定采用BOT模式,首先要撰写邀请书,邀请投标者提交具体的设计、建设和融资方案。然后通过招标选择项目承办人,承办人选择合作伙伴,项目公司与政府就最后的特许经营协议进行谈判,并就贷款协定、建筑合同、供应合同及实施项目所必需的其他附属合同进行谈判。项目公司提交项目融资与实施方案,政府授予项目公司特许经营权。接着,项目公司与银行签订融资主合同,与项目建设、运营等参与方签订子合同,提出开工报告。经过谈判达成并签署上述协议后,项目开始进行财务交割,贷款人和股本投资者开始预缴用于详细设计、建设、采购设备等的资金。

(2) 建设阶段。一旦进行财务交割,建设阶段即正式开始。某些情况下,一些现场组装或开发工作,甚至某些初步建设工作可能先于财务交割,但主要建筑工程和主要设备的交货一般是在财务交割后。项目建成通过验收后,项目建设阶段即结束。

(3)运营阶段。项目运营期从项目建成持续到特许经营权协议期满,项目公司直接经营或与经营者签订合同,按照项目协定的标准和各项贷款协议及投资者协定的条件来组织运营。在项目运营期间,贷款人、投资者和政府等可以对运营情况进行检查。

(4)移交阶段。特许经营权期满后,项目公司将项目资产移交给政府,保证项目产品处于良好状态,能够继续运营。项目移交给政府一般是无偿的,个别情况下可获得象征性补偿。

## 五、PPP模式

PPP(Public Private Partnerships)模式,即政府和社会资本合作模式,是指公共部门与私人部门建立伙伴关系,提供公共产品或服务的一种方式。联合国开发计划署(1998)认为,PPP模式是政府、营利性企业和非营利组织基于某个项目形成的相互合作关系的形式,合作各方参与项目时共同承担责任与风险。国家发展和改革委员会(2014)提出,PPP模式是指政府为增强公共产品和服务供给能力、提高供给效率,通过特许经营、购买服务、股权合作等方式,与社会资本建立的利益共享、风险分担及长期合作关系。财政部(2014)提出,PPP模式是在基础设施及公共服务领域建立的一种长期合作关系,通常由社会资本承担设计、建设、运营、维护基础设施的大部分工作,并通过"使用者付费"及必要的"政府付费"获得合理投资回报。政府部门负责基础设施及公共服务价格和质量监管,以保证公共利益最大化。

按照项目资产权属,PPP模式分为三类。一是外包类。社会资本承担项目的建设、运营等过程中的一项或几项任务,政府购买其提供的产品或服务。社会资本不参与项目运营,不分享项目收益,项目投资和经营风险由政府承担。二是特许经营类。政府向社会授予特许经营权,社会资本参与项目的投资和运营,特许经营期满将项目移交给政府。该模式由政府和社会资本分担风险。从此意义上来讲,BOT模式是PPP模式中常用的一种类型。三是私有化类。社会资本负责项目投资、建设和运营,承担全部风险,项目的所有权归社会资本所有,政府负责监督、引导和维护公共利益。

PPP模式具有悠久的历史。1663年,英国第一条收费公路得以建成。这段路设立了三座收费站,对过往车辆和牲畜按规定收取费用,收费期为21年。随着收费公路的增多,英国议会陆续通过数百项地方性《收费公路法案》,规定了详细的收费标准。1792年,美国第一条收费公路开工建设,从费城通往兰卡斯特,2年后建成投入使用。到19世纪40年代,美国累计成立约1600家收费公路公司。1782年,巴黎市政府授予佩里耶兄弟特许经营权,由其负责巴黎部分地区的供水管网建设与运营。19世纪后半叶,法国更广泛地使用特许经营模式,铁路、水、电和有轨电车线路都由私营企业和银行设计、建设、融资和运营。1854年,埃及赫迪夫赛义德·帕夏与法国合作方达成协议,并于1856年正式授予国际苏伊士运河公司特许经营权,期限为运河通航后99年。运河于1869年通航。1956年,埃及政府将运河国有化,提前终止该特许经营权。

PPP模式具有多个方面的特征:该模式涉及两个以上主体,至少一方是公共机构,每一方都参与协商并签订合同;合作关系是持久的;各参与方需贡献相关资源(如资金、财产、权力和声誉);各参与方共同承担责任及风险(涵盖财务、环境、社会等领域);合约框架提供合作规则与确定性。

在我国,PPP模式具有以下功能。

(1)提高公共服务质量。社会资本关心投资回报,可通过市场化运作优化服务。政府退出不擅长的专业领域,把重心放在项目协调、政策支持和安全监督方面,从而改善公共服务质量。

(2)分散风险、降低成本。政府将项目建设与运营风险分散给能以较低成本运营的社会资本,社会资本为了提高利润,会对项目可行性进行详细研究,将前期设计、建设、项目交付及收益来源的下游环节进行系统管理,以降低项目建设、运营和维护成本。

(3)缓解财政压力,规范财政管理。引入PPP模式后,政府无需一次性支付巨额建设资金,可以在较长时间内分摊建设成本,缓解了基础设施建设和财政支付能力不足的矛盾。在PPP模式下,基建项目往往不列入政府财务报表,项目融资、运营、维护费用不再是政府的直接费用,不会增加政府的长期债务。

(4)转变政府职能,提高国家治理能力。在基础公共服务领域推广PPP模式,以市场化手段,实现政府授权、社会资本投入的机制,既能发挥社会资本的能动性和创造性,也能让政府回归管理职能。

需要注意的是,仅将PPP模式视为一种融资工具是不恰当的。PPP模式的本质在于公共部门不再是购买一项资产,而是按照规定条款和条件购买一整套服务。该模式创造了合理的经济激励机制,实现了政府与企业的可持续合作(Grimsey,2004)。

我国在推广PPP模式的过程中,存在项目融资难、收益回报不稳定、信息不透明和社会资本退出渠道不畅的问题,也存在相关法规不健全的问题。现有法律文件多为政府各个部门颁布的规章,很多问题没有界定清晰。比如,非经营性项目中社会资本如何获得合理的投资回报;政府和社会资本的合作关系是民事关系还是行政关系;国有企业能否代表政府作为项目实施机构,国有企业投资是否纳入财政支出的责任范围,项目风险由国企承担还是政府承担,国有企业能否作为社会资本;具有施工资质和施工能力的社会资本组建项目公司后,是否需要公开招标选择施工方等。

## 六、融资租赁

融资租赁有直接租赁(Direct Lease)和杠杆租赁(Leveraged Lease)两种形式。直接租赁是指设备购置成本全部由出租人承担,杠杆租赁是设备购置成本的小部分由出租人承担,大部分由银行等金融机构提供贷款补足。杠杆租赁可以利用减免税收、加速折旧、低息贷款等优势,使出租方、承租方和贷款方获得更多利益。租赁对象可以是机械设备、其他资本品,甚至整个项目。出租人可以是专业租赁公司、银行和财务公司或设备制造商,项目发起人及关系人也可以采取租赁形式将资金投入项目。

对项目发起人及项目公司来说,采用融资租赁筹集项目所需资金,既能继续持有对项目的控制权,又能拥有租赁资产的使用、维护和维修权等。采用融资租赁方式可实现全额融资,无需额外投入股本资金,仅需租赁公司的部分股本资金加上银行贷款即可满足项目全部资金或设备需求。此外,融资租赁的成本低于银行贷款,租金可以作为费用直接计入项目成本,享受税收优惠。如京东方科技集团融资租赁机器设备和青年公寓。

融资租赁在结构上较为复杂,参与者较多,具体操作步骤如下。

(1)项目公司签订项目资产购置和建造合同,购买开发建设所需的厂房和设备,并在合同中约定将这些厂房和设备的所有权转移给金融租赁公司,然后再以租赁方式租回使用。

(2)由两个以上的专业租赁公司、银行及其他金融机构等组成合伙制金融租赁公司。对于大型项目,可由多家租赁公司分别购置并出租,或由这些租赁公司组成一个新的合伙制结构来完成租赁业务。

(3)合伙制金融租赁公司向银行融资,以无追索权贷款筹集租赁资产购置资金的60%—80%。金融租赁公司将项目公司签订的租赁协议和转让过来的资产抵押给贷款机构,贷款机构的债务在杠杆租赁中享有优先取得租赁费的权利。

(4)合伙制金融租赁公司根据项目公司转让的资产购置合同购买厂房和设备,再将其出租给项目公司。项目公司需为杠杆租赁提供项目完工担保、长期市场销售保证及其他信用支持。

(5)在项目开发建设阶段,项目公司根据租赁协议获得设备的使用权,并向租赁公司支付租金。

(6)在生产销售阶段,项目公司根据产品承购协议将产品出售给项目发起人或其他用户,向租赁公司补交建设期租金,并偿还银行贷款的本息。

(7)租赁公司监督或直接管理项目公司的现金流量,保证项目现金流量的分配和使用按以下顺序进行:生产费用、项目的资本性开支、租赁公司经理人的管理费、相当于贷款机构利息的租金支付、相当于租赁公司股本投入的投资收益的租金支付、作为项目发起人投资收益的盈余资金。

(8)租赁公司的成本收回并且获得了相应的回报后,杠杆租赁即进入新阶段,项目公司只需缴纳少量租金。租赁期满时,项目公司以事先商定的价格将资产回购或者出售,销售收入的大部分作为代销手续费由租赁公司返还给项目公司。

## 第四节　股权型项目融资

### 一、股权众筹

众筹融资是指项目发起人通过众筹平台或社交媒体向公众募集资金的行为,这种方式不仅能够筹集资金,还能整合人脉、智力和社会资源。依据实现方式,众筹分为线下众筹和线上众筹。线下众筹是指不超过200名股东各自出资,共同投资某一项目。例如,众筹咖啡馆的股东以咖啡馆为平台聚集,通过发掘和整合各自拥有的社会资源,可在项目之外获取额外价值。

线上众筹则根据回报形式的不同,分为股权众筹、产品众筹、公益众筹和经营权众筹。

(1)股权众筹:项目发起人给予投资者的回报是公司股份,可以是已成立公司的股份,也可以是未来设立公司的股份。

(2)产品众筹:项目发起人给予投资者的回报是某项产品。产品众筹具有提前锁定消费者、发布广告、募集生产资金、检验产品的市场价值等多种功能。

(3)公益众筹:公益性组织通过网络平台筹措公益项目资金,支持者不获得经济回报。公益众筹提高了资金使用的透明度,既满足了支持者的捐赠意愿,也降低了资金管理费用。

(4)经营权众筹:项目发起人以标的物或标的公司的项目经营权作为回报。

股权众筹为项目发起人和投资者搭建了投融资渠道,能够帮助创业者找到更多的投资人,为投资者提供了更多项目信息。互联网众筹平台有效解决了双方信息不对称问题,降低了寻找项目以及寻求投资的成本。股权众筹将天使投资小额化,普通人也可以尝试做天使投资,拓宽了投融资渠道,提高了投融资匹配的效率,是解决创业企业资金不足问题的新途径。

股权众筹适合创业初期的项目,公司尚未注册成立,项目的不确定性极大,难以受到机构投资者关注,融资极为困难。众多小额投资者参与进来,可以大大分散投资风险。如果一个好的创意和创业方案能够通过股权众筹资金启动,将极大推动万众创业。公司成立后,如果相关产品进入研发阶段或初步运行阶段,可寻求天使投资人进行A轮融资。实施到中后期的项目一般估值比较高,融资额度较大,适合通过B轮融资引入战略投资者。

股权众筹的成功取决于几个关键因素。一是融资者拥有良好的项目,项目具有良好的发展前景,商业模式有创新且可行,有一支良好的创业团队,项目估值合理等。二是建立投资者权益保障机制,提供完善的合格投资人认证与审核服务、安全的投资人资金保障服务。众筹平台应设立合格投资人注册及认证门槛,防止不具有早期项目股权投资经验与能力的人或机构成为合格投资人,进而影响投资活动的质量和效率。建立投资后的管理及权益保障机制,众筹平台应保障网络系统的安全性,防止因安全漏洞引起资金丢失、挪用及处置的风险。三是提高投资方和融资方的合作意向与匹配速度。由于股权众筹项目参与人很多,为了便于操作并降低交易成本可以采取合投方式,即由一个或几个投资主体进行投资。

2012年4月,美国颁布的《初创期企业推动法案》(JOBS法案)允许私人公司通过股权众筹平台向合格投资者和非合格投资者(普通公众)募集资金。但需满足以下条件:①以在SEC注册的经纪商或众筹平台作为中介。②12个月内募集上限。若向合格投资者募集,无金额限制。若向非合格投资者(公众)募集,需遵守众筹豁免条款(Title III, Regulation Crowdfunding),12个月内募集总额不超过100万美元。③证券类型为发行受限证券(如转让限制),但无需在 SEC 注册公司或公开发行文件(如 IPO 所需的招股书)。

《中华人民共和国证券法》规定,未经依法注册,任何单位和个人不得公开发行证券。证券发行注册制的具体范围、实施步骤,由国务院规定。有下列情形之一的,为公开发行:向不特定对象发行证券;向特定对象发行证券累计超过二百人,但依法实施员工持股计划的员工人数不计算在内;法律、行政法规规定的其他发行行为。非公开发行证券不得采用广告、公开劝诱和变相公开方式。我国的股权众筹在操作过程中存在法律制约。

## 二、天使投资

天使投资(Angelinvest)是指具有一定资金的合格投资者,包括个人或机构,对于极具发展潜力的初创项目进行权益资本投资的一种资本运作模式。天使投资人具有丰富的管理经验、广泛的商业关系和人脉,能够对投资的项目开发与运营提供有益的帮助。知名的天使投资机构有创新工场、真格基金、联想之星等。

深圳市于 2009 年建立了天使投资者备案制度,制定了针对个人和机构两种天使投资人的登记条件。经备案登记的天使投资人,其进行天使投资时,可以获得有关政府创业投资引导资金配投参股的间接支持,该资金主要用于种子期和起步期的创业企业。

天使投资的特点包括:一是投资期限早,通常在项目概念阶段或开发初期介入,此时投资标的刚刚成立,没有完整的团队和原型产品,投资风险极高。二是投资额度小,一般为几十万元到几百万元不等,主要以小型项目为投资对象,对项目的考察、判断和决策流程相对简单。因此,天使投资人常采取共同投资的方式规避风险。三是投资成本较低。由于介入时间早,天使投资人能以较低成本获取较高比例的股权。同时,天使投资资金多为投资者自有资金,资金管理成本极低。另外,部分天使投资人会为项目提供指导和资源支持。

天使投资的目的不是长期经营企业,而是获得投资回报,成功的退出方式是项目公司上市、财务并购、战略性并购、管理层回购等。失败的退出方式是企业破产清算。

缺乏资金的科技型项目往往适合寻求天使投资。天使投资人青睐的项目通常要具有独特的技术优势或成本优势;具有创造新市场的潜力,并能够迅速占领市场;项目财务模型清晰,预期收益稳定,投资者预期获得 5—10 倍的回报;拥有良好的创业团队;有明确的天使投资资金退出渠道等。要想获得天使投资,项目发起人必须准备一份能够打动天使投资人的商业策划书。

## 三、风险投资

风险投资(Venture Capital,VC)是指将资本投向蕴含高风险的高新技术及其产品研发领域,旨在加速高新技术成果的商品化与产业化,从而获取高额资本回报的一种投资行为。从运作方式看,它是投资中介向具有潜能的高新技术企业注入风险资本的过程,也是协调风险投资人、技术专家和投资者的关系,实现利益共享、风险共担的投资方式。根据接受风险投资的企业的发展阶段,风险投资通常分为种子资本、导入资本、发展资本和风险并购资本四类。当项目开发出较成熟的产品或实现销售,且前期天使投资资金已经耗尽、企业面临后续资金不足时,寻求风险投资就是最佳选择。风险投资数额往往比天使投资大得多,从数百万元到数千万元,甚至上亿元不等。风险投资的目的不是取得企业控制权,而是通过资金支持和增值服务推动企业高速增长,通过上市或并购方式退出企业,在产权流动中实现资金的高回报。风险投资青睐有上市潜力的项目。知名的风险投资机构有红杉资本、IDG资本、达晨创投、深创投、毅达资本等。

通常认为,风险投资起源于20世纪40年代的美国,一些愿意以高风险换取高回报的投资人发明了此种投资方式。风险投资不需要抵押,也不需要偿还。如果投资成功,投资人将获得几倍、几十倍甚至更高的回报;如果投资失败,投进去的资金就付诸东流了。对创业者来讲,接受风险投资无需偿还债务,这使得资金匮乏但有良好创意的年轻人创业成为可能。近年来,风险投资在我国成功推广,催化了一大批中小企业的成长。

风险投资机构以投资换取股权,积极参与新兴企业投资,通过协助企业经营管理、参与重大决策来追求投资回报,而非控制企业所有权。投资方与创业者的关系建立在互信合作基础上。

风险投资的项目运作过程可为四个阶段。

(1)融资阶段:解决钱从哪儿来的问题。风险资本的来源可能是保险公司、商业银行、投资银行、大公司、大学捐赠基金、富有的个人及家族等。在融资阶段,要解决投资者和管理人的权利义务及利益分配机制。

(2)投资阶段:解决钱往哪儿投的问题。风险投资机构通过项目初步筛选、估值、谈判、条款设计、投资结构安排等一系列程序,把资本投向那些具有巨大增长潜力的创业项目。

(3)管理阶段:解决价值增值的问题。风险投资机构主要通过监管和服务两种手段帮助被投资企业提升价值。监管手段主要包括在企业董事会获得席位、在业绩达不到预期目标时更换管理团队成员等;服务手段主要包括帮助企业完善商业计划、优化公司治理结构以及帮助获得后续融资等。

(4)退出阶段:解决收益如何实现的问题。风险投资机构主要通过首次公开募股(IPO)、股权转让和破产清算三种方式退出所投资的企业,实现投资收益。

## 四、私募融资

私募融资,是指以非公开方式向特定投资者募集资金并以特定目标为投资对象的投资基金。私募机构选择投资的项目大多已发展至后期,已经形成较大规模,项目企业为了获取更多的资源,迅速占领市场,需要投入大笔资金,寻求私募机构合作。私募融资方式分为私募股权融资和私募债务融资。私募股权融资是指融资人通过协商、招标等方式,向特定投资人出售股权进行融资,包括股票发行以外的各种组建企业时的股权筹资和随后的增资扩股。在交易实施过程中附带考虑了将来的退出机制,即通过上市、并购或管理层回购等方式出售持股获利。私募债务融资是指融资人向特定投资人出售债权进行的融资,包括债券发行以外的各种借款。私募机构可以向项目企业提供数千万元到数亿元的资金,换取一般不超过20%的股份。有较大上市潜力的公司容易获得私募资金。

严格来讲,风险投资也是私募融资的一种形式,只是二者在投资阶段、投资规模、投资理念和投资特点等方面存在不同。

## 第五节 项目融资的审查

项目融资贷款往往贷期长、风险高,银行对项目融资的审查与放款过程极为严格,操作过程中主要环节如下。

### 一、项目融资对象审查

项目融资对象审查包括审查项目发起人、贷款用途和还款来源。

借款人通常是为建设、经营某项目或为某项目融资而专门组建的企事业法人,包括主要从事该项目建设、经营或融资的既有企事业法人。法人应信用状况良好,新设项目法人的控股股东应有良好的信用状况。法人应符合国家对拟投资项目的投资主体资格和经营资质要求。

贷款用途应明确,通常用于建造一个或一组大型生产装置、基础设施、房地产项目或其他项目,包括对在建或已建项目的再融资。项目符合国家产业、土地、环保和投资管理等相关政策,按规定履行了固定资产投资项目管理程序。贷款人应与借款人约定明确、合法的贷款用途,并按照约定检查、监督贷款的使用情况,防止贷款被挪用。

### 二、风险审查

银行设置风险审查责任部门和岗位,根据定量或定性的指标和标准,识别和评估融资项目中的建设期风险和经营期风险。以偿债能力分析为核心,重点从项目技术可行性、财务可行性和还款来源可靠性等方面评估项目风险,分析政策变化和市场波动等不确定因素的影响,预测项目的未来收益和现金流量。从借款人、项目发起人、项目合规性、产品市场、技术和财务可行性、融资方案、还款来源可靠性、担保、保险等角度进行风险评价。最终,银行风险审查责任部门形成风险评价报告。

### 三、贷款金额与利率的确定

按照国家关于固定资产投资项目资本金制度的有关规定,综合考虑项目风险水平和自身风险承受能力等因素,合理确定贷款金额。根据风险收益匹配原则确定贷款利率。根据项目融资在不同阶段的风险特征和水平,采用不同的贷款利率。根据项目预测现金流量和投资回收期等因素,合理确定贷款期限和还款计划。多家金融机构参与一个项目融资时,原则上采用银团贷款方式。

## 四、项目融资的担保

银行要求将符合抵质押条件的项目资产和项目预期收益等作为贷款担保,依据项目发起人持有的项目公司股权为贷款设定质押担保。银行应当成为项目所投保商业保险的第一顺位保险金请求权人,或采取其他措施有效控制保险赔款权益。

## 五、风险控制

银行采取措施有效降低和分散融资项目在建设期和经营期的各类风险。要求项目相关方签订总承包合同、投保商业保险、建立完工保证金、提供完工担保和履约保函等,最大限度降低建设期风险。可以要求借款人签订长期供销合同、使用金融衍生工具或者发起人提供资金缺口担保等方式,有效分散经营风险。通过提供财务顾问服务,为项目设计综合金融服务方案,组合运用各种融资工具,拓宽项目资金来源渠道,有效分散风险。

银行按照《固定资产贷款管理办法》设计账户管理、贷款资金支付、借款人承诺、财务指标控制、重大违约事项等项目融资合同条款,促进项目正常建设和运营,有效控制项目融资风险。

## 六、贷款的支付

银行根据项目的实际进度和资金需求,按照合同约定的条件发放贷款,并按照合同约定的方式对贷款资金的支付实施管理与控制,必要时可以与借款人在借款合同中约定专门的贷款发放账户。单笔金额超过项目总投资5%的贷款资金支付,采用银行受托支付方式,即根据借款人的提款申请和支付委托,银行将贷款通过借款人账户支付给符合合同约定用途的借款人交易对象。必要时可以要求借款人、独立中介机构和承包商等共同检查设备建造或者工程建设进度,根据符合合同约定条件的共同签证单拨付贷款。

贷款发放并支付后,银行对借款人和项目定期进行贷后检查,重点检查借款人和项目发起人的履约情况及信用状况、项目建设情况、运营情况、资金运用和回笼情况、担保的变动情况等。借款人若信用状况下降、不按合同约定支付贷款资金、项目进度落后于资金使用进度、违反合同约定,或以化整为零方式规避银行受托支付、贷款资金挪用等,影响了贷款安全,银行将根据合同约定停止贷款的发放,并采取针对性措施,包括提前收回部分或全部贷款、追加担保、提高管理要求,直至解除贷款合同。

## 七、贷款归还

银行与借款人约定专门的项目收入账户,要求所有项目收入进入约定账户,按照事先约定的条件和方式对外支付,对项目收入账户进行动态监测,当账户资金流动出现异常时,查明原因并采取相应措施。合同约定专门还款准备金账户的,贷款人对项目或借款人的收入现金流量进入该账户的比例和账户内的资金平均存量提出要求。贷款存续期间,银行持续监测项目的建设和经营情况,根据贷款担保、市场环境、宏观经济变动等因素,定期对项目风险进行评价,建立贷款质量监控制度和风险预警体系,出现可能影响贷款安全的情况时采取相应措施。

# 第三章
# 商业项目组织管理

### 学习目标

- 1. 了解项目组织的基本知识。
- 2. 了解项目组织设计的内容。
- 3. 掌握项目组织的结构。
- 4. 掌握项目经理的职责和应具备的素质。

## 第一节 项目组织的概述

在一个既定的项目中,项目组织是影响项目内部和外部的活动中心,其主要目的是充分发挥项目管理的功能,提高项目管理的整体效率,以实现项目管理的目标。由于项目本身的特性,项目组织管理对于项目的成功至关重要。

### 一、组织的含义

组织是管理的一种重要职能,是指各生产要素相结合的形式和制度。前者表现为组织结构,后者表现为组织的工作制度,通常所说的组织是指组织结构。组织结构一般又称组织形式,是指有意识形成的职务或职位的结构,反映了生产要素相结合的结构形式。例如,一个企业从上到下、从左到右会确定若干纵向、横向的职务或职位,而这些职务或职位之间并不是孤立的,而是为了实现组织目标,它们之间存在密切的相互联系,从而形成了组织结构,这种组织可以用组织结构图来清晰表示。例如,图3-1就是某公司的部分组织结构图。

组织作为一个动词,也称组织过程、组织设计,其一般过程是首先进行工作划分,即将组织要承担的任务按目标一致及高效的原则进行分解。其次进行工作归类,将分解后的工作划分为不同类别,为后续职务和职位的设定奠定基础。最后是确定不同类别的工作之间的关系,从而形成组织结构,其过程如图3-2所示。

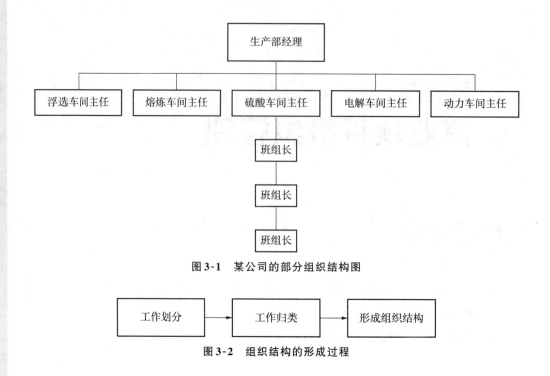

图 3-1　某公司的部分组织结构图

图 3-2　组织结构的形成过程

## 二、项目组织的含义及特点

项目管理作为一种新型的管理方式,其组织与传统组织的最大区别在于项目组织具有临时性,更强调负责人的作用,更强调团队的协作精神,其组织形式具有更大的灵活性和柔性。

1. 项目组织的含义

项目组织是为完成项目而建立的组织,是为完成项目任务而由不同部门、不同专业人员组成的临时性的特别组织。它不完全受现存职能组织构造的束缚,但也不能完全替代各种职能组织的职能活动。项目组织中的业务流、知识流、信息流、物流更多地表现为横向流动,而职能组织中各要素更多地表现为纵向流动。项目组织与其他组织一样,要有良好的领导、计划战略、内外沟通、人员配备、激励机制以及积极向上的组织文化等。

项目组织的具体职责、组织结构、人员构成和人数配备等会因项目性质、复杂程度、规模大小和持续时间长短等而有所不同。项目组织可以是另外一个组织的下属单位或机构,也可以是单独的一个组织。项目组织的一般职责是进行项目规划、指挥、协调和控制。项目组织要对项目范围、人力资源、时间、成本、质量、采购、沟通、风险等多方面进行管理。

2. 项目组织的特点

项目是一次性的活动,客观上同样存在着组织设计、组织运行、组织更新和组织终结的生命周期,要使组织活动有效地进行,就需要建立合理的组织结构。项目组织具有以下特点。

（1）项目组织具有生命周期。

项目组织与项目一样有其生命周期,要经历建立、发展和解散的过程。项目组织是具有生老病死规律的有机体,不可能长盛不衰。

（2）项目组织具有柔性。

项目组织万不能是"来了走不了,定了变不了,不用去不得",变成一个迟钝、僵化、无生命的机体。项目组织的天性还反映在各个项目干系人之间的联系都是有条件的、松散的；他们是通过合同、协议、法规等结合起来的；项目组织不像其他组织那样有明晰的组织边界,项目干系人及其有关成员在某些事务中属于其他组织。

（3）项目组织具有目标单一、内容复杂的特点。

项目组的目标很明确,即进度快,质量好、费用省。为了实现这一目标,需要进行的工作内容十分复杂,这是一个纵横交错的系统工程。因此,项目组织要有计划、有组织地处理好各种横向与纵向关系,争取得到各方面的理解、支持和配合,使项目能够按预定计划顺利实施和完成。

（4）项目组织具有一次性的特点。

一般来说,项目完成后,项目组织就解散。有些项目组织虽然不解散,但会由原班人马或经过改组继续承接新项目,或将完成的项目投入使用,自己成为永久性的经营者。在所有项目组织中,其成员的身份都是临时的,很少有人视项目组织为自己的长久归宿。

（5）项目组织强调专业化。

专业的人员做专业的事,专业化可提高成员的工作效率,提升熟练度。但专业化需要付出相应的代价,如可能产生的协调问题等。项目组织是解决此类问题的有效工具。项目组织内人员必须协调一致,整合组织内个体行为,以实现效率最大化。

（6）项目组织注重权威和统一指挥。

项目组织领导的权威有助于贯彻命令和形成组织凝聚力。统一指挥可避免因政令不一而造成的推诿和混乱。

## 三、项目组织的制度及文化

1. 项目组织制度

以项目为主业的组织,其业务主要由项目构成。这些组织分为下列两类。

（1）根据合同为其他组织实施项目,并以此为主要收入来源的组织,如本教材涉及案例中的NEU工商管理学院项目顾问组。

（2）采用项目化管理模式的组织。这类组织通常已具备成熟的管理制度,便于项目管理的实施。

不以项目为主业的组织往往缺少专门为高效支持项目而设计的管理制度,这会给项目管理增加困难。在某些情况下,这类组织可能设立类似以项目为主业的部门或其他下属单位,并配备相应的管理制度。

## 2. 项目组织文化

大多数组织都已形成了独特的、可以言表的文化。这些文化反映在众多因素之中,包括但不限于以下方面:①共同的愿景、使命、价值观、规范、信念和期望;②规章、政策、规范和办事程序;③激励和奖励制度;④风险承受能力;⑤对领导力、层级体系和权力关系的看法;⑥行为准则与职业道德;⑦项目环境。

组织文化往往对项目有直接影响。例如,提出不寻常或者风险较高方案的项目团队,在一个进取心较强或具有开拓精神的组织中比较容易获得赞许。工作作风中有强烈参与意识的项目经理,在等级界限分明的组织中会遇到麻烦;而作风专横的项目经理在鼓励全员参与的组织中同样不受欢迎。在全球化的大环境下,对于那些涉及多个组织、分布在全球不同地理位置的项目而言,了解文化对项目的影响更为重要。文化已经成为决定项目成功的关键因素之一,多元文化能力已经成为项目经理应具备的重要能力。

## 四、项目组织的作用

任何项目的运作与实施工作都要依托组织来进行,科学合理的组织制度和组织结构是各类项目成功的有效保证。

### 1. 项目组织是社会资源有效配置的手段

任何项目的展开过程,并非孤立存在的单体运行过程,而是在一个广泛联系的社会环境中的项目运作过程。在项目实施过程中,会面临不同部门组织及项目经理的协调,这就要求必须建立项目组织,进行有效的管理工作。项目组织是合理配置社会资源、整合各方优势、共同努力实现项目目标的有效手段。

### 2. 项目的全过程管理需要有效的组织

每个项目必然经过启动、规划、执行、监控和收尾几个阶段,有的还包括项目的运营。这样一个完整的项目管理过程,离不开卓有成效的组织工作。项目启动时期,需要组建项目工作团队;在项目规划阶段,需要考虑是自己完成规划还是邀请咨询公司协助完成;在项目执行阶段,要选择是自己实施还是委托承包商实施;在项目收尾阶段,要考虑如何组织范围核实、竣工验收和合同收尾,保证项目目标的最终实现。

### 3. 项目实施过程要求系统而全面的组织

项目规划完成之后,就转入项目的执行阶段。项目执行过程的组织管理,在很大程度上决定了项目目标实现的可能性。以本教材案例中提到的"SDFT管理提升"项目而言,是FT公司自己组织开展该项目,还是选择专业的咨询团队来开展,这是董事长无法回避的问题。怎样才能做出正确的决策呢?需要考虑企业自身拥有的资源条件与能力,即智力资源、时间、资金、信息等。最后,董事长经过周密的考虑和全面的组织,选择了专业的咨询团队来实现目标。

### 4. 项目管理参与各方必须建立各自的项目组织机构

项目管理过程需要有专门的组织来具体操作,承担各项管理职责。无论是项目需求方还是项目合作方,都需要建立各自的项目组织机构——项目团队。这些组织机构随项目的规模大小、复杂程度、项目周期的长短而有所变化。各种项目组织结构的合理性、科学性会极大地影响项目实施的效果。

5. 合理的组织结构是项目组织完成使命的基本保障

为了实现项目的总目标,各项目参与方临时建立了一个个的项目团队。建立科学合理的组织结构、制定合理完备的组织制度,可以充分发挥团队的集体作用,成员齐心协力,共谋对策,整个团队加强分工协作,责任到人,从而使项目得以顺利进行并实现目标。

## 第二节 项目组织设计

项目组织的设计,就是把实现项目组织目标所需完成的工作任务划分为性质不同的业务工作,然后按照工作性质组建不同的部门,同时确定各部门的职责与权限。随着现代项目的大型化、复杂化要求的日益提高,对项目管理提出了新的要求,众多的管理学专家和项目管理者不断从不同的角度对项目组织结构进行了许多有益的探讨。随着系统论、数学技术以及计算机网络技术在管理上的应用,项目组织的设计也日益趋于完善。

### 一、项目组织设计过程

项目组织设计是对项目管理机构进行的系统性规划。项目组织设计成果的质量直接影响项目各项工作开展的效果,也直接影响项目各项分目标、子目标和总目标的最终实现。无论项目规模大小,其组织设计都是一个完整的过程。每一个项目的组织设计过程都需要回答以下基本问题:①谁来设计;②设计什么;③组织设计的成果④组织设计的程序;⑤组织设计的原则;⑥组织设计无法回避的问题。

1. 谁来设计

项目组织设计应由项目经理负责。项目组织机构设计要涉及所在公司的管理体制、决策程序、公司内部的集权与分权、监管与控制体系、公司人力资源的配置等核心问题,只有高层管理人员或项目经理才能全面掌握相关信息并统筹考虑。由于信息不对称,基层工作人员无法代替项目经理完成组织方案的构思工作。

2. 设计什么

项目组织设计需要完成项目组织结构体系、组织内部各部门的设置,以及各部门责任与权力的划分,有的还要提出部门负责人的候选人以及建立组织结构体系的协调机制、组织结构体系的补偿措施等。这是一项系统性工作,不仅要完成组织体系的设计,还要考虑这一组织体系在运行中可能出现的问题,寻找相应的对策。

**3. 组织设计的成果**

项目组织设计不应该仅停留在形成概念和思想上,而应应产出实质性成果,这个成果至少包括两部分。

(1)项目组织结构图:由项目组织全部职能部门和单位组成的框图,完整展示所有职能部门及其相互关系,明确命令链、权责划分和协作关系。

(2)项目组织管理制度:为保障组织结构有效运行而制定的配套制度。该制度对日后的组织运行有很大的帮助。项目管理的实践告诉我们:必须有相应的管理制度相配合,并进行实时的沟通与调整,组织体系应有的效能才能发挥出来。

**4. 组织设计的程序**

项目组织设计是一个智力劳动过程。整个设计工作可以按照以下程序进行(见图3-3)。

**5. 组织设计的原则**

项目组织设计的原则是组织设计的指导思想,也是设计构思过程中必须遵守的工作原则。项目组织设计的原则包括目标性原则、精干高效原则、业务系统化原则、管理幅度原则、指挥统一原则、利于控制原则。

(1)目标性原则。

项目组织形式设计的根本目的是产生组织功能,实现项目管理的总目标。从这一根本目标出发,就会因目标设事,因事设机构、定编制,按编制设岗位、定人员,以职责定制度、授权力。

(2)精干高效原则。

项目组织机构的人员配置,应以能实现项目所要求的工作任务为原则,尽量简化机构,做到精干高效。人员配置要从严控制二三线人员,力求一专多能、一人多职。同时,该原则还要求提升项目管理班子人员的知识水平,着眼于实用和学习锻炼相结合,以提高人员素质。

(3)业务系统化原则。

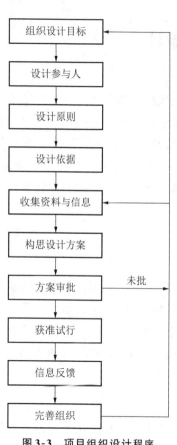

图3-3 项目组织设计程序

项目是一个开放的系统,是由众多子系统组成的大系统。多个子系统之间、系统内部各单位工程之间,以及不同组织、工种和工序之间,存在着大量交叉点,这就要求项目组织恰当分层和设置部门,以便在交叉点形成一个相互制约、相互联系的有机整体,防止产生职能分工、权责划分和信息沟通上的相互矛盾或重叠。这就要求设计组织结构时要周密考虑层间关系、分层和跨度关系、部门划分、授权范围、人员配备及信息沟通等,使组织结构自身成为一个严密的、封闭的组织系统,并能够围绕项目管理总目标而进行合理分工及协作。

(4) 管理幅度原则。

管理幅度亦称管理跨度,是指一个主管人员直接管理的下属人员数量。跨度大,管理人员的接触关系就会增多,处理人与人之间关系的数量也随之增大。跨度N与工作接触关系数C的关系公式如下:

$$C=N(2N-1+N-1) \tag{3-1}$$

跨度太大时,管理者和下属人员都会疲于应对,故必须使管理跨度适当。需要注意的是,跨度大小与组织层次密切相关:层次多则跨度小,层次少则跨度大。这需要根据领导能力和项目规模进行权衡。项目经理在构建组织结构时,必须认真设计切实可行的跨度和层次,绘制结构系统图以便讨论修改,并按设计方案组建团队。

(5) 指挥统一原则。

组织结构中应设置合理的层次和岗位,安排具备相应能力且在其职责范围内具有权威的人员,并赋予其适当的决策权和指挥权。然而,若只强调统一指挥而忽视个人专长,压制人员的主动性和创造性,组织也难以实现目标,因此组织结构中需要合理分权和分工。

(6) 利于控制原则。

失控是失败的前兆,有效控制才能实现目标。合理的管理跨度有助于实现有效控制,关键问题在于信息沟通。因此,组织结构设计还必须考虑各种报告、汇报的方式、方法和制度。

6. 组织设计无法回避的问题

在实际工作中,项目的组织设计将面临一些无法回避的问题,这些问题处理不好,组织设计就无法取得成功,新建的组织机构会麻烦不断。这些问题包括:①因事设岗还是因人设岗;②集权与分权的平衡;③项目组织设计与人力资源管理制度;④项目组织设计与公司治理结构;⑤项目组织设计与公司战略;⑥公司文化与文化变革;⑦公司总经理的领导风格;⑧项目可用的人力资源。

## 二、项目组织设计依据

项目组织设计的依据有项目目标分析、项目工作分解结构内容分析和项目环境分析三个方面。项目目标分析涉及目标的分解与层次划分;项目工作分解结构内容分析涉及项目的规划、过程、成果、资源以及组织等多个方面;项目环境分析涉及外部的政治、经济、技术、商业、利益相关者以及内部的文化、氛围等方面。

1. 项目目标分析

项目组织是为了实现项目目标而专门设计的系统,其核心任务就是确保项目的投资、进度和质量三大目标的达成。因此,项目组织的设置必须围绕这些目标,并建立相应的控制机制。

(1) 项目目标的优先次序。

在有限的资源条件下,不可能满足各方面的最高要求。某些项目要求在保证一定质量的基础上追求高速,即进度优先;而某些项目质量的要求严格,进度次之;有些项目则以成本控制为首要目标,力求节约。

(2)项目目标的层次性。

项目目标的层次如图3-4所示。

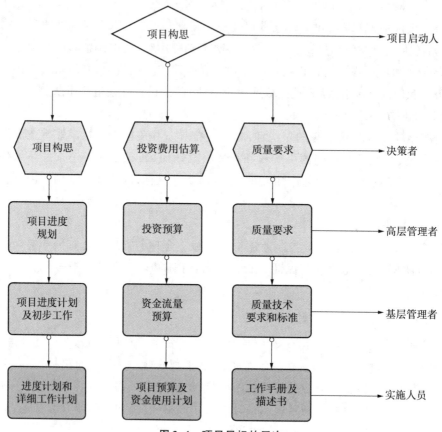

图 3-4　项目目标的层次

(3)项目目标的阶段性。

项目生命周期中每一阶段的主要任务都不同,其主要目标也不同。许多项目的实施具有明显的阶段性,即各阶段任务既相对独立又相互关联。因此,项目管理组织的人员配置需要根据项目目标的阶段性变化进行灵活调整,既要确保关键人员到位,又要避免人力资源的浪费。

2. 项目工作分解结构

项目工作分解结构源于工作分解结构(WBS)。项目工作分解结构是一个以项目的可交付成果为中心,旨在完成项目目标和生成可交付成果,由项目团队进行的一种对项目工作有层次的分解。项目工作分解结构是为了将项目分解成可以管理和控制的工作单元,以便更易于且更准确地明确各工作单元的成本、进度和质量要求。项目工作分解结构的准备和完成过程是项目组织规划的基础,项目经理可以将其与组织结构的设计结合起来,根据工作单元的技术和任务要求,赋予各项目团队成员以相应的职责。项目工作分解结构采用的编码系统也为跟踪和控制项目进展情况提供了便利。

1) 项目工作分解结构的目的

项目工作分解结构的最基本目的是将项目产品、项目过程和项目组织这三种不同的结构有机地综合为项目工作分解结构的成果。这种分解以项目结构的分解为主要路径,同时将项目的过程和项目的组织进行相应的划分,涵盖了整个项目系统。通过这种综合分解,人们能较为容易地识别出项目系统内所有的工作组成及其规律,并安排相应的组织去实现系统的目标。

2) 项目工作分解结构的形式

对于一个系统来说,存在多种系统分解的方式,只要这些子系统是相互关联的并且能综合构成系统的整体。项目是一个系统,同样也有多种分解的方式,但主要的两种方式为根据项目组成结构进行分解和根据项目的过程或阶段进行分解。

(1) 根据项目组成结构进行分解。

根据项目组成结构进行分解是一种常用的方式,其分解可以根据物理的结构或功能的结构进行划分(见图3-5)。

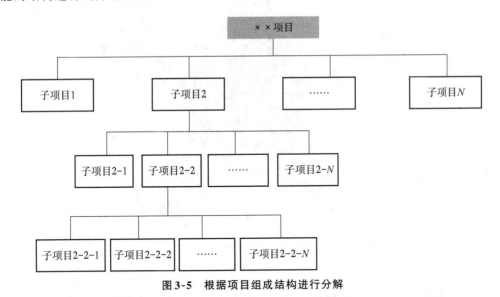

图3-5 根据项目组成结构进行分解

(2) 根据项目的过程或阶段进行分解。

根据项目的过程或阶段进行分解也是项目结构分解的一种方式。这种阶段的划分并非随意,而是要根据项目实施的特点进行,有时为突出某一阶段的重要性,也可将其进一步细分。

项目工作分解结构的确定是整个项目定义过程和项目实施规划的一个重要部分,同时也是组织设计的重要依据之一。它不仅仅是简单地将项目结构分成各种物理单元,还必须兼顾过程结构(项目实施周期的各阶段)和组织结构,以确保覆盖项目的所有工作。这三种结构的结合,为组织如何构成、组织间如何联系、工作流程如何确立提供了重要的基础。

3. 项目环境分析

一般来说，项目经理的主要任务是进行投资控制、进度控制、质量控制以及组织协调等。但是，实践经验表明，一个项目的成功与失败常常取决于项目经理直接控制之外的一般环境中的各种因素。经过研究发现，项目经理的确需要对项目目标进行定义，编制各种计划，规划各种资源，并对投资、质量和进度进行控制。然而，这些内部的管理机制对项目的成功实施是不够的，成功的项目经理还必须对项目环境中关键性的参与者和各种因素进行有效管理。

（1）宏观环境。

对于大多数项目，宏观环境是既定不变的；但对于大型长期项目，必须关注宏观环境的各种变化以及对项目的可能影响。项目的宏观环境如图3-6所示。

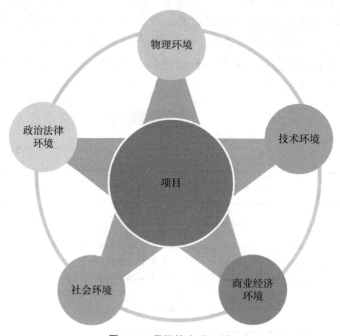

图 3-6 项目的宏观环境

（3）微观环境。

项目的微观环境是指与项目系统存在直接关联，并对项目实施产生直接影响的各种因素。其中最为关键的影响因素包括项目主管部门以及相关的公共团体和机构。在项目实施过程中，项目主管部门往往会运用其行政管理权力对项目执行过程施加干预，这种行政干预通常会对项目实施产生重大影响。

## 三、项目组织设计内容

项目被视为一个系统，项目组织同样也是一个系统，因此项目组织设计是一项系统性的工作。该系统包含由人员构成的组织结构、由工作构成的任务结构，以及这些结构之间的相互关系。项目组织结构设计的主要内容主要包括系统结构设计、组织规划设计和系统流程设计。

1. 系统结构设计

项目的系统结构主要是指项目的构成方式,即项目各组成部分基于技术或组织联系所形成的整体系统。

(1) 分析项目本身的结构,即分析项目的组成,以及各组成部分的相互关系。项目的各组成部分实际上可以视为一个个小的项目单元。通过对项目结构的分析,能清楚地得到对项目范围的定义,以及项目多组成部分之间的组织和技术的联系。我们可以更进一步地将项目分解为具体的任务,并将区块任务进行分类,以此作为组织设计的依据和基础。

(2) 在项目实施中,各项目利益相关者之间具有一定的组织联系,如各组织之间的合同关系、管理关系、供货关系等。这种联系使若干个组织形成一个项目的组织系统。项目管理人员可以在项目规划阶段,对这种组织联系进行模式设计,以保障项目实施中组织协调工作的顺利和有效进行。

2. 组织规划设计

组织规划设计是指根据项目目标和任务,设计相应的组织结构,包括部门划分、职责界定及协作机制,以确保各部门各司其职又协同合作。组织规划设计应该明确谁做什么,谁要对何种结果负责,并且有非常明确的任务分工和管理职能分工,以消除分工含糊不清导致的执行障碍。此外,还要提供能反映和支持项目目标的控制、决策和信息沟通网络。在组织结构中,任何部门的设置和分工都是为项目的目标和任务服务的,没有任务或对项目建设无任何贡献的部门,对于项目管理来说都是毫无意义的,也不是组织规划设计所考虑的。在组织结构中设立组织职务时,都应确定其存在的意义和价值,必须体现各种明确的目标、主要责任和有关活动的定义。此外,还应明白,项目组织结构并非静止不变,而是由具体的项目目标和任务决定的,目标和任务发生了变化,组织结构就应相应地进行调整优化。

3. 系统流程设计

系统的结构会对系统的功能产生重要影响。因此,一个项目系统是否成功并实现其目标,实质上取决于各构成因素之间的关系网络和这种相互关系的集成程度。

通过项目结构分解得到项目组成的各工作单元,同时在组织规划中得到各组织单元,所有这些工作单元之间、组织单元之间的相互关系,以及它们与外部环境之间的相互关系,可以划分为信息关系和物质关系。信息关系主要存在于管理范围中的各工作单元之间,以及各项目管理组织单元之间、项目实施组织与外部项目环境之间。信息流程的设计,就是将项目系统内各工作单元、组织单元的信息渠道及其内部流动着的各种业务信息、目标信息和逻辑关系作为对象,确定在项目组织内的信息流动的方向、交流渠道的组成和信息流动的层次。信息流程的设计直接影响项目管理工作的效率,必须密切结合组织结构,以满足项目有关各方的信息交流和沟通的需求。物质关系主要存在于管理系统内的各工作单位的物质流组成、数量和方向等。

当组织中的工作部门、工作部门的等级,以及管理层次和管理幅度设计确定以后,由于各个工作部门之间内在关系不同,就会形成不同的组织结构模式。同时,内外部因素的变化也会影响组织结构模式,促使其动态调整。

## 第三节 项目组织结构

为了有效实现项目目标,必须建立相应的项目组织。项目组织结构的确定,实质上决定了项目组织实施项目获得所需资源的可能方法与相应的权限。不同的项目组织结构对项目的实施会产生不同的影响。在多重项目组织结构中,并不存在最佳的组织结构形式,每一种结构都有其独特的优点与缺点,以及特定的使用场景。因此,在进行项目组织设计时,应具体问题具体分析,选择合适的、令人满意的组织结构。

项目组织结构的基本类型有职能型、项目型,矩阵型和复合型。

### 一、职能型组织结构

1. 职能型组织结构的形式

职能型组织结构是目前最为常见的组织形式。职能型组织结构的原理是根据项目管理中工作任务的相似性,将从事相似活动的人组织在一起,形成一个部门。职能型项目组织是一个金字塔形的结构,高层管理者位于金字塔的顶部,中层和基层管理者则沿着塔顶向下分布,具体结构形式如图3-7所示。

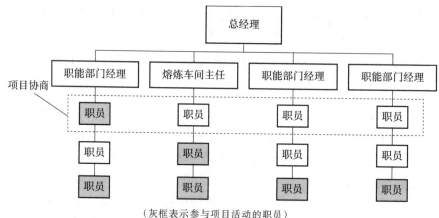

(灰框表示参与项目活动的职员)

图3-7 职能型组织结构的形式

2. 职能型组织结构的特点

职能型组织结构最显著的特点就是管理层次较分明,高层、中层、基层管理者按照管理的结构层次分布,是一种传统的组织形式。在采用职能型组织结构进行项目工作时,各职能部门根据项目的需要承担本职能范围内的工作,也就是说,执行主管根据项目任务需要,从各职能部门抽调人员及其他资源组成项目团队。

1) 职能型组织结构的优点

（1）有利于企业技术水平的提升。

由于职能型组织是按职能划分部门,同一部门人员可以在一起交流经验、共同研究,这样既有利于专业人才专心钻研本专业领域的理论知识,又有利于其积累经验与提高业务水平。

（2）资源利用灵活且成本较低。

项目成员及其他资源仍归职能部门领导,因此职能部门可以根据需要灵活调配资源。当某成员从某项目退出或闲置时,部门主管可以安排他到其他项目工作,从而降低资源闲置成本。

（3）有利于整体协调企业活动。

各部门仅承担本职能范围内的责任,最终成果由企业领导统筹协调。由于各部门直接向高层汇报,企业领导可从全局角度进行协调与控制。

2) 职能型组织结构的缺点

（1）协调有难度。

由于缺乏明确的项目经理,各职能部门可能仅从本部门的角度去考虑问题。一旦出现部门间的冲突,部门经理之间往往很难进行协调。

（2）项目成员责任感较弱。

由于项目成员只是临时从职能部门抽调而来,工作重心可能仍在职能部门,易将项目任务视为额外负担,很难树立积极承担项目责任的意识。这种职能型组织结构难以保证项目责任的完全落实。

（3）缺乏与客户的沟通。

项目和客户之间存在着多个管理层次,使得客户需求的响应迟缓。此外,职能部门有自己的日常工作,项目客户的需求可能未被优先考虑,项目及客户利益难以得到充分保障。

## 二、项目型组织结构

1. 项目型组织结构的形式

项目型组织结构指将主要资源集中于项目运作的组织形式。在项目型组织结构中,每个项目由专门的项目团队负责,是组织中独立的业务部门。在需要的时候,企业会从职能部门中直接调配必要的资源至项目。在项目型组织结构中,项目经理对本部门使用的资源具有唯一的控制权。职能部门的主要作用是同项目经理协作,并确保项目经理拥有足够的资源。项目型组织结构的形式如图3-8所示。项目型组织结构常用于一些规模大、项目多的公司。

2. 项目型组织结构的特点

1) 项目型组织结构的优点

（1）目标明确且统一指挥。

项目型组织是基于某项目而组建的,圆满完成项目任务是项目组织的首要目标,

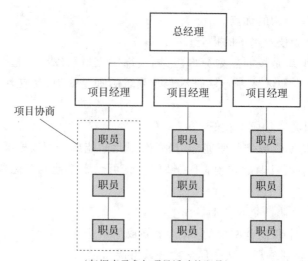

（灰框表示参与项目活动的职员）

**图 3-8 项目型组织结构的形式**

而每个项目成员的责任及目标也是通过对项目总目标的分解而获得的。同时，项目成员仅受项目经理领导，不会出现多头领导导致无所适从的现象。

（2）有利于项目控制。

由于项目型组织按项目划分资源，项目经理在项目范围内具有绝对的控制权，可以像企业管理者一样管理整个项目，调动整个组织内部和外部的资源，从而有效保障项目进度、成本与质量的控制协调。

（3）有利于全面型人才的成长。

一方面，项目管理涉及计划、组织、协调、指挥与控制等多种职能，项目型组织结构提供了全面型人才的成长之路，从管理小项目的小项目经理，到管理大中型项目的经理，再到管理多项目的项目群经理，直至最后成长成为企业的主管。另一方面，项目型组织结构中拥有不同才能的成员，成员之间的相互交流学习也为员工的能力开发提供了良好的平台。

2）项目型组织结构的缺点

（1）机构重复与资源闲置。

项目型组织需为每个项目单独配置组织架构和资源，虽满足项目需求但易造成机构重复。资源（包括人力资源）由项目独占，即使处于闲置状态也难以跨项目调配，导致资源利用率低下。

（2）不利于企业专业技术水平的提升。

项目型组织更关注项目所需技术，缺乏专业人员跨项目交流机制，难以形成深耕专业领域的氛围，不利于企业整体技术水平提升。

（3）组织稳定性差。

项目的一次性特点使项目型组织结构随项目的产生而建立，也随项目的结束而解体。从企业整体角度看，其资源及结构会不停地发生变化。而在项目组织内部，由新成员刚刚组建的组织需要时间进行磨合，随着项目推进而进入相对稳定期。但在项目末期，成员可能会因预见到项目的结束，为自己的未来做出相应的考虑，易出现"士气波动"，导致组织稳定性呈现周期性变化。

### 三、矩阵型组织结构

职能型组织结构和项目型组织结构都有各自的不足之处，为解决这些问题，需在职能部门积累专业技术的长期目标和项目的短期目标之间找到恰当的平衡点。矩阵型组织结构正是为最大限度地发挥职能型组织结构和项目型组织结构的优势，同时尽量规避其缺点而产生的一种组织形式。

1. 矩阵型组织结构概述

矩阵型组织结构就是在同一组织结构中，将按照职能划分的纵向部门和按照项目划分的横向部门相结合而产生的一种组织形式。事实上，职能型组织和项目型组织是两种极端的情况，矩阵型组织则是两者的结合，它在职能型组织的垂直层次结构上，叠加了项目型组织的水平结构。这种组织结构不仅最大限度地发挥了两种组织结构的优势，还在一定程度上克服了它们的不足。

在矩阵型组织结构中，纵向可以按管理职能设立工作部门，实行专业汇报。表3-1所示为"无缝"接口模型，将项目经理和职能经理的职责区分开来。

表3-1 "无缝"接口模型

| 项目经理 | 职能经理 |
| --- | --- |
| (1) 要做什么；<br>(2) 何时进行该项工作；<br>(3) 为什么要进行该项工作；<br>(4) 有多少资金可以投入该项工作；<br>(5) 项目完成程度 | (1) 如何进行这项工作；<br>(2) 在哪里进行这项工作；<br>(3) 谁来进行这项工作；<br>(4) 职能部门对项目的支持有效程度 |

在矩阵型组织结构中，项目经理在项目活动的内容和时间等方面行使权力，而各职能部门负责人决定"如何"支持。项目经理直接向最高管理层负责，并由最高管理层授权。而职能部门负责资源分配和控制。职能经理既要对他们的直线上司负责，也要对项目经理负责。

2. 矩阵型组织结构的形式

作为职务型组织结构和项目型组织结构的结合体，矩阵型组织结构可以采取多种形式，取决于其偏向于哪一端。根据项目经理和职能经理在某些项目关键决策上的权力分配，矩阵型组织结构可以进一步细分为偏向于项目型组织结构的强矩阵型组织结构和偏向于职能型组织结构的弱矩阵型组织结构，以及处于二者之间的平衡矩阵型组织结构。

(1) 弱矩阵型组织结构。

弱矩阵型组织结构基本保留了职能型组织结构的大部分主要特征，但为更好地实施项目，其结构中建立了明确的项目管理团队。该团队由各职能部门下属的职能人员或职能小组组成,如图3-9所示。

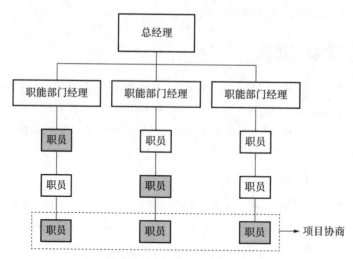

(灰框表示参与项目活动的职员)

图3-9 弱矩阵型组织结构

在这种组织结构中,项目可能只有一个全职人员,即项目经理,项目成员并非直接从职能部门调派,而是利用他们在职能部门的工作时间为项目提供服务,项目所需要的各种支持也由相应的职能部门提供。项目经理虽然负责协调本项目的各项工作,但对参与项目的团队成员并无直接的管理权力。项目经理主要向职能经理反馈其下属在项目团队中的表现,而职能经理则拥有充分的权力决定哪些人参加项目,对下属在项目中的表现负责,并有权决定员工的薪资和职务晋升。

(2)强矩阵型组织结构。

强矩阵型组织结构类似于项目型组织结构,但项目并未从企业组织中完全分离出来作为独立的单元,如图3-10所示。

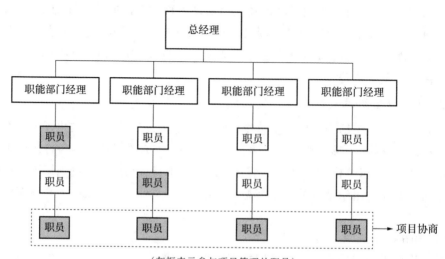

(灰框表示参与项目管理的职员)

图3-10 强矩阵型组织结构

在这种组织结构中,项目成员来自各自所属的职能部门,根据项目的需要,全职或兼职地为项目工作。项目经理对项目负有主要责任,因而对项目的各个关键问题拥有决策权,其能够决定项目成员的工作内容和进度安排。职能经理在关键问题上则主要通过协商的形式提出参考性意见,并在项目涉及本职能部门时提供合适的人选和技术支持。

(3)平衡矩阵型组织结构。

处于强矩阵型组织结构和弱矩阵型组织结构之间的是平衡矩阵型组织结构,平衡矩阵型组织结构是对弱矩阵组织结构的改进,旨在加强对项目的管理,其形式如图3-11所示。

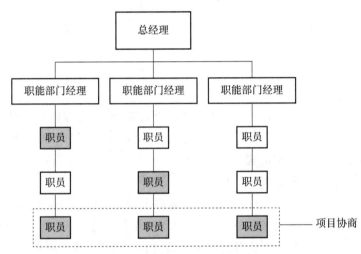

(灰框表示参与项目管理的职员)

图3-11 平衡矩阵型组织结构

平衡矩阵型组织主要是在强矩阵型组织和弱矩阵型组织之间寻求一个平衡点,明确项目经理和职能经理在项目开展中的职责权限,不明显突出谁在项目中的决策优先权,而是鼓励通过协商和谈判来达成一致的意见,共同进行决策。

3. 矩阵型组织结构的特点

1)矩阵型组织结构的优点

(1)项目是工作的焦点。

项目经理负责管理整个项目,负责在规定的时间、经费范围内按质量要求完成项目。因此,矩阵型组织结构具有项目型组织结构的优点。

(2)能够共享各个部门的技术人才。

由于矩阵型组织结构建立在职能部门之上,可以临时从各部门抽调所需人员。当多个项目并行时,这些人员可灵活调配,从而显著减少项目型组织中常见的人员冗余问题。

(3)减轻项目组成员的顾虑。

项目成员对项目结束后去向的担忧减少,他们既与项目紧密关联,也与所属职能部门保持密切联系。

(4) 响应迅速且灵活。

矩阵型组织结构对客户需求的响应与项目型组织结构一样迅速、灵活，而且对企业内部的要求也能做出较快的响应。

(5) 提升决策层对项目的信任。

矩阵型组织结构的项目中会有来自行政部门的人员，他们会在企业规章制度的执行过程中保持与企业的一致性，这有助于增强管理层对项目的信任。

(6) 应用广泛。

项目型组织结构和职能型组织结构是两种极端的情况，而矩阵型组织结构在这二者之间，具有较广的选择空间。职能部门可以为项目提供人员，也可以只为项目提供服务，从而使得项目的组织具有很大的灵活性，因此矩阵型组织结构可以被许多不同类型的项目所采用。

2) 矩阵型组织结构的缺点

(1) 权力均衡影响工作效率。

在职能型组织结构中，职能部门是项目的协调者；在项目型组织结构中，项目经理是项目的权力中心；而在矩阵型组织结构中，权力是均衡的。由于没有明确的责任人，项目的一些工作可能会受到影响。

(2) 容易使项目经理之间产生矛盾。

多个项目在进度、费用和质量方面能够取得平衡，这既是矩阵型组织结构的优点，又是它的缺点，因为这些项目必须被当作一个整体严密监控，这是一项艰难的工作。此外，资源在项目之间流动容易引起项目经理之间的竞争，每个项目经理都更关心自身项目的成功，而不是企业的整体目标。

(3) 项目与职能部门的权责界限模糊。

在矩阵型组织结构中，项目经理主管项目的行政事务，职能经理管理项目的技术问题。尽管这一分工看似明确，但实际执行中清晰划分权责并不容易。项目经理必须就各种问题，如资源分配、技术支持及进度等，与职能经理进行谈判。项目经理的这种谈判、协调能力对一个项目的成功是非常重要的，如果项目经理在这方面没有很强的能力，那么项目的前景将受到质疑。

(4) 违背命令统一性的原则。

在矩阵型组织结构中，项目成员至少有两名上司，即项目经理和职能经理。当他们的命令有分歧时，项目成员可能陷入两难境地。项目成员需要对这种窘境有清楚的认识，否则难以适应这种工作环境。

## 四、复合型组织结构

多数现代组织在不同层次上包含所有上述项目组织结构。复合型组织结构如图 3-12 所示，它兼具了职能型组织结构、项目型组织结构、矩阵型组织结构的许多特点。

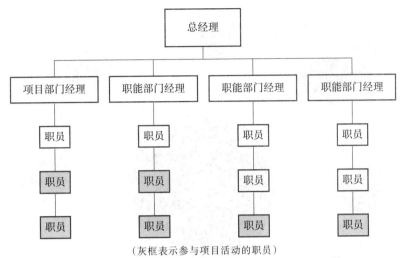

（灰框表示参与项目活动的职员）
图 3-12　复合型组织结构

这类组织中既有自己的直线职能部门，又有为完成各类项目而建立的具有项目型组织结构特性的专门项目团队。该项目团队可以设立自己的一套管理规章和制度，不受企业直线职能部门规章制度的约束，甚至可以建立独立的报告和权力体系。同时，直线职能部门与项目部门也可按矩阵型结构组建临时项目团队，待项目完成后，团队成员可回归原部门或团队。

这种复合式组织结构使企业在建立项目组织时具有较大的灵活性，但也存在一定的风险。同一企业的若干项目往往采取不同的组织方式，利益分配的不一致容易导致资源的浪费和各种矛盾。

## 五、虚拟组织结构

随着科技发展、环境变化，以及市场竞争的加剧，企业经营日趋复杂，以项目为载体的组织形式逐渐发展起来，组织结构的扁平化和虚拟化成为重要发展趋势，虚拟组织结构应运而生。虚拟组织结构是指两个以上的法律意义上独立的公司、机构和（或）个人，包括供应商、制造商和客户，为迅速响应市场需求，而组成的一种临时性、非固定化的互相信任与合作的组织形式。在项目管理领域，虚拟组织的概念需要进一步细化以适应其特点。虚拟组织是以特定项目的成功完成为共同目标，依托信息技术和计算机技术，通过网络虚拟空间整合多个企业或单位的优势资源，形成核心能力以实现项目目标的一次性、开放型动态经济组织。山地车虚拟项目如图 3-13 所示。

虚拟组织是围绕特定项目的成功建设这一共同目标而建立的，任何可能参与项目建设的企业或单位都可以成为它的成员，且其成员不丧失各自的独立经济地位，但必须在项目建设成功的共同目标下协同合作。虚拟组织充分利用现代信息技术和计算机技术，确保组织高效率、灵活敏捷、协调一致地运行。另外，虚拟组织不需要完整的组织机构、确定的营业地点、严格的工作时间和固定的职能分工，而是呈现出一种网络化的虚拟形态。虚拟组织通常在项目准备阶段形成，有时甚至可以在项目计划研究和立项阶段就着手建立，在项目进程中发挥作用，随着项目的完成而终止。

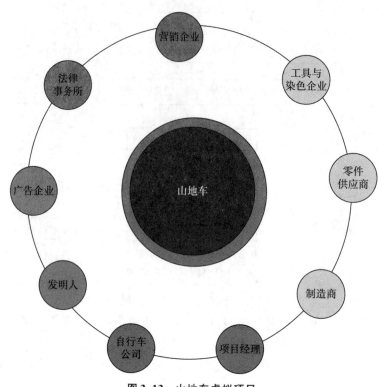

图 3-13　山地车虚拟项目

1. 虚拟组织形式的优点

(1) 降低成本。

企业可通过外包服务(尤其是海外外包)降低成本。由于外包后企业内部不再需要维持相关服务,管理费用大幅降低。

(2) 获取专业技术和人才。

企业无需自行保持技术领先,而是专注于核心竞争力的开发,同时借助外部专业团队完成项目的特定部分。

(3) 灵活性更高。

企业不再受自身资源的限制,而是可以将自己的资源和其他企业的专长结合起来,在更广的领域实施项目。

(4) 整体利益得到保障。

传统项目组织中,各参与方缺乏协同平台,可能因追求自身利益而影响整体目标。而虚拟组织成员以共同利益为基础,局部利益与整体利益紧密关联,从而更易建立信任与合作关系。

(5) 沟通高效。

虚拟组织利用网络技术实现信息的快速传递和处理,能够迅速协调行动并做出决策。通过各方的信息交流和知识交互,可以克服一般项目管理中分散化、高成本和低效率的问题。

2. 虚拟组织形式的缺点

（1）协调难度大。

不同组织的专业人员之间的协作具有挑战性，尤其在需要紧密配合和相互适应的情况下。若各方任务边界清晰且相对独立，则协作会更顺畅。

（2）可能会对项目失去控制。

如果核心团队依赖其他组织但缺乏直接管理权限，一旦无法创造出成果，整个项目可能会陷入停滞，核心团队的长期生存受限于参与的各组织的实际绩效。

（3）较容易出现人际冲突。

由于成员来自不同组织，价值观和文化背景差异较大，且沟通有限，项目成功的关键要素——信任难以快速建立，容易引发冲突。

## 六、项目组织结构的选择

实施项目之前，企业需要决定采用哪种形式的组织结构。即使是经验丰富的专业人士，也不能保守死板，因为目前尚没有一套完美的组织结构完全适用于项目管理和类似的临时性任务管理。

1. 项目组织结构的变化

前面介绍的项目组织结构，即职能型组织结构、项目型组织结构和矩阵型组织结构，各有各的特点。其实这三种组织结构有着内在的联系，它们可以被视作一个变化的系列：职能型组织结构在一端，项目型组织结构在另一端，而矩阵型组织结构介于职能型组织结构和项目型组织结构之间。基于项目成员在自己部门的工作时间和项目组织中的工作时间比，图3-14列出了职能型组织结构、项目型组织结构、矩阵型组织结构的系列变化。

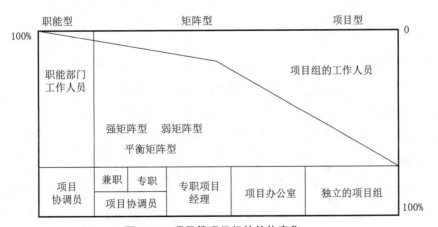

图3-14 项目管理组织的结构变化

组织结构的变化范围较广。其中，弱矩阵型组织结构接近于职能型组织结构，而强矩阵型组织结构接近于项目型组织结构。图中的百分比分别表示项目成员为企业职能部门工作和为项目工作的时间百分比。而在一个职能型组织结构中，项目团队可能根本没有自己的全职工作人员。

弱矩阵型组织结构中具有兼职的项目协调员,向强矩阵型组织结构变化时,则开始出现专职的项目协调员、项目经理,最后到项目办公室。项目协调员与项目经理的差别仅表现在综合协调项目与实际决策权的责任分配上。项目经理在强矩阵型组织结构中的权力和责任要比在弱矩阵型组织结构中大很多。

另外,强矩阵型组织结构和项目型组织结构之间的差别也是非常明显的。项目型组织结构中的一些职能,如财务、维修等,通常由职能部门来完成,并不是所有的人员均集中于项目组和项目团队中。

2. 项目组织结构对项目的影响

项目组织结构往往决定着项目能否获得所需的资源,以及项目在企业中受重视的程度。组织结构可以作为连续的频谱,其一端为职能型组织结构,另一端为项目型组织结构,中间是形形色色的矩阵型组织结构。表3-2列出了主要项目组织结构类型的关键特征。

表3-2 主要项目组织结构类型的关键特征

| 项目特征 | 职能型 | 矩阵型 | | | 项目型 |
| --- | --- | --- | --- | --- | --- |
| | | 弱矩阵型 | 平衡矩阵型 | 强矩阵型 | |
| 项目经理权限 | 很少或没有 | 有限 | 少到中等 | 中等到大 | 很高 |
| 全职工作人员比例 | 几乎或没有 | 0%—25% | 15%—60% | 50%—95% | 85%—100% |
| 可利用的资源 | 很少或没有 | 有限 | 少到中等 | 中等到多 | 很多 |
| 项目经理投入时间 | 半职 | 半职 | 全职 | 全职 | 全职 |
| 控制项目预算者 | 职能经理 | 职能经理 | 职能经理与项目经理 | 项目经理 | 项目经理 |
| 项目管理行政人员 | 兼职 | 兼职 | 半职 | 全职 | 全职 |

从一般的职能型组织结构,到弱矩阵型、平衡矩阵型和强矩阵型的组织结构,再到项目型组织结构,项目经理从无到有,跨部门协作效率从低到高,项目经理权力由小到大,项目管理力度由小到大。当项目涉及部门越多,涉及内容越新颖,涉及各职能部门利益越深,所需协调能力越强,就越需要采用更能有效支持项目管理的组织结构。

3. 影响项目组织选择的因素

项目组织结构是开展项目管理工作的基础。针对具体的项目情况和实施要求,选择合适的组织结构至关重要。在具体的项目实践过程中,选择什么样的项目组织结构没有一个可循的公式,必须充分结合各组织结构的特点、项目特点和项目所处的环境等因素做出比较合适的选择。因此,在选择项目组织结构时,需要了解哪些项目特征影响组织结构的实际选择。

影响项目组织结构选择的项目特征主要为不确定性、技术难度、复杂程度、持续时间、规模、重要性、客户类型、对内依赖性、对外依赖性、时间限制(见表3-3),根据这些特征,可选择与之相适应的项目组织结构类型。

表3-3 影响项目组织结构选择的项目特征

| 项目特征 | 职能型 | 矩阵型 | 项目型 |
| --- | --- | --- | --- |
| 不确定性 | 低 | 高 | 高 |
| 技术难度 | 标准 | 较高 | 高 |
| 复杂程度 | 低 | 中等 | 高 |
| 持续时间 | 短 | 中等 | 长 |
| 规模 | 小 | 中等 | 大 |
| 重要性 | 低 | 中等 | 高 |
| 客户类型 | 各种各样 | 中等 | 单一 |
| 对内依赖性 | 弱 | 中等 | 强 |
| 对外依赖性 | 强 | 中等 | 弱 |
| 时间限制 | 弱 | 中等 | 强 |

职能型组织结构适用于规模较小、模块界限清晰、技术难度不高的项目。当一个公司涉及众多项目,或项目规模大、技术难度高时,则应选择项目型组织结构。与职能型组织结构相比,在对付不稳定的环境时,项目型组织结构显示出了自己潜在的长处,这来自项目团队的整体性和各类人才的紧密合作。同前两种组织结构相比,矩阵型组织结构无疑在充分利用企业资源上显示出了巨大的优越性,由于其融合了两种结构的优点,这种组织结构在进行技术难度较高、规模较大的项目管理时呈现较明显的优势。

## 第四节 项目经理

项目经理的能力、素质和工作表现直接影响项目的成败,是项目团队的核心人物。由于项目经理对项目承担全面责任,他既是项目的领导者、组织者、管理者和项目管理决策的制定者,也是项目重大决策的执行者。项目经理的管理素质、组织沟通能力、知识结构、经验水平、领导艺术、责任心,甚至身体素质等都对项目管理的成败具有决定性的影响。

### 一、项目经理的角色

项目经理是项目全过程管理的核心,是项目团队的领导者,也是项目各方协调配合的纽带。大量实践证明,能力强的项目经理能够大大提升项目管理的成效。项目经理就像企业的CEO,对项目承担主要责任。因此,项目经理必须在实施项目的过程中充当多重角色，确保项目的全部工作在项目预算范围内按时、优质地完成，使客户满意。

项目经理承担的主要角色如下。

1. 领导者/决策者

在项目实施过程中，项目经理需要确定项目各阶段的目标、范围和任务。在平时，项目经理必须能够及时解决问题，能够指导来自不同职能部门的成员，领导全体团队成员开展工作，并通过激励调动成员积极性。同时，项目经理必须能够适时做出正确的管理决策，包括资源分配、进度与成本权衡、项目实施效果评价、变更管理、风险判断等方面的问题。

2. 计划者/分析师

虽然一个项目团队会有自己的项目计划管理人员，但项目经理是各阶段计划的主要构思者、制订者和审批者，项目计划管理人员只是计划的辅助者，负责工作计划或作业计划的拟定。同时，项目经理又扮演着项目分析师的角色，在项目的计划和安排过程中，他必须全面地分析项目所处的外部环境和内部环境，并分析这些环境可能给项目带来的风险和机遇，同时深入分析项目或项目阶段所需要的各种资源，综合判断项目面临的各种风险，并制定应对这些风险的措施，以保证项目各阶段工作顺利完成。

3. 组织者/合作者

项目经理是项目资源的组织者，需根据目标调配人力、物力和财力，设计团队结构并分配任务。同时，作为合作者，项目经理需与团队成员、客户及供应商协同工作。除了项目内部组织工作外，项目经理还要组织客户和供应商参与项目实施过程。

4. 沟通者/利益协调者

项目实施过程中有不同的组织与个人参与，矛盾与冲突不可避免。要很好地解决这些问题，沟通与交流是必需的。项目经理是关键的沟通者，他处于全体项目成员的中心位置，如果项目经理不能及时解释和传递相应的信息，就会引起误解，妨碍项目的顺利进行。因此，一方面，项目经理应当充分地与全体团队成员进行沟通，努力营造有利于项目成功的团队氛围；另一方面，项目经理要善于在客户与供应商之间斡旋，平衡各方面的利益，减少矛盾与冲突。

5. 监督者/控制者

作为监督者，项目经理要随时掌握项目实施各方面的进展情况，并客观地衡量和评价各项目或项目阶段的质量、进度、成本和效益，及时评价和判断各种偏差的性质及其对项目未来的影响等。如有必要，及时做出调整和纠偏的决定，采取有效的措施，确保项目朝着既定目标发展。同时，作为项目的控制者，项目经理需要按照项目目标制定控制标准，组织项目成员按照控制标准执行，并进行考核。

6. 创新者/企业家

项目经理是项目管理创新的设计者和实施者，只有针对各个项目的具体特点，创造性地建立一套管理制度与方法,并确保其有效执行以加强项目管理,才能提高各项目的绩效并最终实现项目的预期目标。项目的运作管理过程近似于企业管理过程,需要发挥项目经理的企业家精神。实践证明,项目经理的事业心、责任感、风险意识和全力投入是项目成功的关键。

## 二、项目经理的职责

简而言之,项目经理的职责是领导项目团队达成项目目标,即协调团队成员的活动,使其成为高效统一的整体,从而有效完成各自任务。

通常,项目经理的职责可分为对外职责和对内职责。

1. 项目经理的对外职责

(1) 确保项目目标成功实现,争取客户的最大满意度。

这是项目经理的根本职责,他的一切工作,包括团队组建、制订计划、控制管理、实现有效沟通等都要以此为核心。

(2) 不断开拓团队生存的外部空间。

项目经理要努力为整个团队工作、为整个项目目标的实现,协调好团队与公司各职能部门的关系,营造出一个有利于团队发展和项目运行的良好环境。

(3) 负责对外谈判。

项目经理可以直接参加谈判,但更主要的责任还是要做好谈判的组织管理工作,并对整个谈判小组的工作及谈判结果负责。

(4) 对客户应支付的费用负责。

按合同或设计变更的协议,确保客户按时、足额向公司支付费用,这也是项目经理的一项重要的对外职责。这项工作可以由项目经理直接去做,也可以由团队中的其他成员去完成,但项目经理必须对此负责。

2. 项目经理的对内职责

(1) 确定项目目标。

为了确保项目尽可能地一次性成功,满足客户需求,项目经理需要根据具体情况确定项目的总目标和阶段性目标。目标明确之后,项目经理才有进行后续工作(如组织团队、制订计划等)的依据。

(2) 组建项目团队。

在组建团队的时候,项目经理首先要获得足够的人力资源,然后再选择合理的组织结构,使项目团队运转顺畅。其次,明确团队成员在费用、进度和质量方面的责任,使项目的控制落到实处。最后,还应对项目不同部分之间的接口进行协调,以实现各方面的有效沟通。

(3) 传达工作意图。

向团队成员阐明项目目标和自己的工作设想,一方面可以展示自己的领导能力,树立自己的威信;另一方面也能激励团队成员,为项目顺利开展奠定基础。

(4) 制订计划并监督执行。

在制订计划的过程中,项目经理可以集合团队成员来共同完成。计划尽可能详细,要充分发挥各种资源的作用。计划一经制订,项目的各方面都要严格按照计划执行,项目经理需负责监督。

(5) 确保资金到位并合理配置。

项目经理要保证项目资金充足,取得应当由团队使用的款项,并确保团队有足够的资金。同时,项目经理还要使资源在团队内部得到合理的配置。

(6) 负责组织并提出项目报告。

项目经理要向客户和上级提出项目报告,反映项目进展中遇到的困难和问题。这并不是说这些工作全部都要由项目经理亲自去完成,而是说项目经理要对项目报告负责。项目经理不可能对每一个问题的全部细节都了如指掌,但对一些关键性问题应该掌握清楚,做到心中有数。

## 三、项目经理应具备的素质

项目经理在项目中扮演着重要角色,对其知识结构、能力和素质的要求也日益提高。实践证明,仅具备单一或部分能力的专业人员难以胜任项目经理工作。项目经理不仅应具备一般领导者的素质,还应满足项目管理的特殊要求。出色的人际交往能力、领导能力、培养员工的能力、决策能力、处理压力和解决问题的能力、非凡的沟通技巧以及管理时间的技能等,都是一个优秀的项目经理不可或缺的素质。下面将对部分项目经理应具备的素质进行说明。

1. 人际交往能力

项目经理所具备的良好人际交往能力会深刻影响其他团队成员的思想和行为。在项目开发过程中,项目经理要与客户、项目团队和公司的高层进行协调,只有维护良好的人际关系,才能产生预期的良好效果。

项目经理也需要具备良好的人际关系和交往能力,来处理团队成员之间的不和谐与分歧。

2. 领导能力

项目经理是通过项目团队来取得工作成果的,其工作主要是激励项目成员齐心协力完成计划,实现项目目标。

有效的项目管理需要采取参与式和顾问式的领导方式。这种方式比等级制的独断指挥更有效。参与式和顾问式的领导方式要求项目经理提供指导而不是指挥工作。项目经理需要做的工作是制定准则和纲要,然后由项目成员自己决定怎样完成任务。领导有方的项目经理从不直接教导成员具体工作方法。

项目领导工作需要项目成员的参与和授权。项目经理应让成员参与涉及自身的决策,并在职责范围内拥有决定权。这样,成员会更负责任,不辜负信任,确保工作在预算和时间内完成。授权意味着成员可以做出与工作相关的决策,但项目经理需明确界限。例如,项目成员有权力在预算和进度计划范围之内,补偿自己因解决问题所受的损失;如果这种补偿超出了预算的范围,就应与项目经理进行协商。

### 3. 培养员工的能力

成功的项目经理会对项目成员进行培养。项目经理应将项目视为每个成员提升自我价值的良好机会,确保每个人在项目结束时拥有更丰富的知识和能力。项目经理应营造学习环境,让成员从工作和实践中汲取经验,并强调自我发展的重要性。另外,项目经理可以在分配项目任务时约见团队成员,鼓励他们根据自己的任务去扩展知识和技能。优秀的项目经理应相信所有成员对组织都是有价值的,他们通过不断地学习,可以为项目做出更大的贡献。

### 4. 决策能力

杰出的项目经理必须具有果断的决策能力。决策就是在某种工作方针的各个方案中做出选择。决策是计划工作的核心。决策是在多种方案中选择最佳路径,是计划的核心。没有决策,资源分配和承诺就无法实现,计划也就失去意义。决策只是计划的一环,需与其他计划和分析衔接,不能孤立判断。决策前需系统研究,确保科学性。

### 5. 处理压力和解决问题的能力

工作中会出现一些压力,项目经理要有能力处理这些压力。当项目因成本超支、进度延误、技术问题或客户变更陷入困境时,压力可能激增。这时,项目经理不能急躁,他们必须保持冷静。成功的项目经理应当具备应对不断变化的局势的能力,因为即使制订了周密的计划,项目在执行过程中仍可能遇到不可预见的情况。项目经理要保持冷静,不要因惊慌和挫折而使项目陷入困境。在某些情况下,项目经理要在项目团队与客户或企业上层管理层之间起到缓冲作用。如果客户或企业上层管理者对项目进程不是十分满意,项目经理应承担责任,以免项目团队士气受到打击。在与项目团队就不足之处进行沟通时,要用可接受方式,鼓励他们迎接挑战。项目团队有时也会抱怨客户需求或不愿做出变更,这时项目经理需化解矛盾,将抱怨转化为奋斗的力量。

项目经理还应是问题解决专家。良好的问题解决始于及早发现潜在风险。早发现问题,就有更充裕的时间来设计成熟的解决方案。另外,如果及早发现问题,解决问题的花费会小一些,对项目其他部分的影响也会小一些。要做好发现问题这一工作,需要有一个及时准确的信息传递系统,要在项目团队、承包商及客户之间进行开放而及时的沟通,以及基于经验的果断行动。

## 四、项目经理的权限

权力与职责是相辅相成的。要有效实施项目管理,项目经理必须具备相应的权限。这些权限是项目经理履行职责的基本保障,主要包括决策权、用人权和财务权。

1. 独立的决策权

除少数重大决策需上报审批外,项目经理应有权对大多数问题直接做出决策,避免因冗长的请示流程延误时机。许多问题和商业机会具有时效性,决策迟缓不仅影响效率,还可能导致错失良机,甚至造成无法挽回的损失。此外,快速响应客户需求是提升满意度的关键因素之一。项目经理应具备充分的决策权,能够对项目干系人的要求做出直接的、负责的回应,并在必要时做出合理承诺。

2. 有效的用人权

用人权涵盖项目管理团队的组建与管理,包括人员招聘、岗位安排、工作调配、绩效考核、奖惩措施,以及解聘等权限。

3. 足够的财务权

实践证明,掌握财务权并将其个人得失和项目盈亏联系在一起的项目经理,往往能更审慎地评估自身决策的影响。然而,现实中仍存在一些项目经理既无法解读财务报表,也无法通过数据准确反映项目的财务状况。这类人员显然难以对项目负起全面责任,更无法确保决策的科学性和有效性。

## 第五节 项目团队

项目团队是项目组织的核心,构建高效的项目团队对项目成功起着非常重要的作用。现代项目管理十分强调项目团队的组织和建设,注重按照团队的方式开展项目工作,这就使得项目团队的建设和发展成为项目组织管理中的一项重要内容。

### 一、项目团队的概念和特点

1. 项目团队的概念

团队是由若干遵循共同规范、相互协作的个体组成的正式群体,其目的是实现某一共同目标。项目团队是为适应项目管理而建立的团队,根本使命是实现项目目标和完成项目确定的各项任务。建设一个团结、和谐、士气高昂、工作高效的团队,对最终完成项目目标至关重要。一个高效的项目团队不一定能决定项目的成功,一个低效的团队必然导致项目失败。

2. 项目团队的特点

团队是一种先进的组织形式和运作方式。20世纪70年代,当沃尔沃、丰田等公司率先把团队的概念引入生产过程时,曾经在企业界轰动一时,甚至成为新闻热点。而如今,拒绝采用团队管理方式的现代企业可能沦为笑柄。

项目团队具有以下特征。

(1)目的明确性。

项目团队在组建之初,就被赋予了明确的目标和任务,项目团队的唯一工作是完成项目的任务,实现项目的目标。正是这一共同的目标,将所有成员凝聚在一起,形成了一个团队。

(2)临时性。

项目团队是基于完成项目任务和项目目标而组建的,一旦项目任务完成,团队的使命也就宣告终结,项目团队即刻解散。

(3)合作性。

项目团队是一个整体,它按照团队作业的模式开展项目工作,这就要求团队成员必须具有高度的合作精神,团队合作精神是项目成功的有力保障。

(4)开放性。

项目团队在组建的初期其成员可能较少,随着项目进展的需要,项目团队会逐渐扩大,而且团队成员的人选也会随着项目的发展而不断进行相应的调整。

(5)规范性。

项目团队都具有自己的各种规定和纪律,如具体的工作指标、绩效考核指标、工作进度评价标准等,团队成员必须共同遵守,只有这样,项目团队才可以正常开展项目工作。

## 二、项目团队的生命周期

多数情况下,项目团队成员来自不同的职能部门或不同组织,以前从未在一起工作过。要想使这样一些人聚集起来并发展成为一个高效的团队,需要经过一个过程。根据美国俄亥俄州立大学 Bruce Tuckman 的研究,通常可将这一过程分为五个阶段:形成阶段(Forming)、震荡阶段(Storming)、规范阶段(Norming)、执行阶段(Performing)和解体阶段(Adjourning)。一个团队投入运行后,它的团队精神、工作绩效在各个发展阶段的状态及其之间的关系是不同的,如图3-15所示。

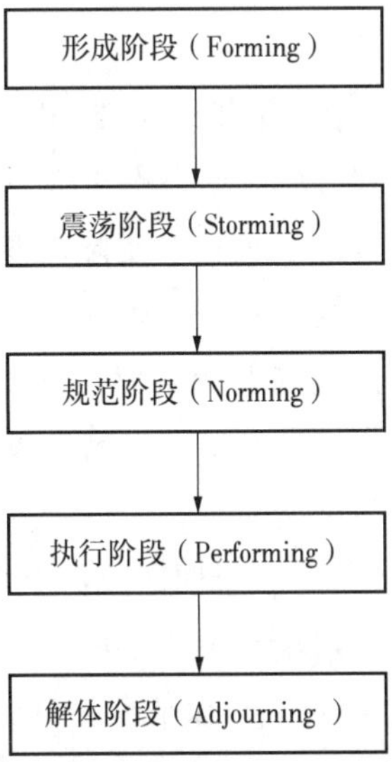

形成阶段(Forming)
↓
震荡阶段(Storming)
↓
规范阶段(Norming)
↓
执行阶段(Performing)
↓
解体阶段(Adjourning)

图3-15 团队成长阶段

1. 形成阶段

形成阶段是项目团队发展过程的最初阶段,它将个体转化为项目团队成员。这一阶段的特征是,项目团队成员具有一种积极向上的精神,并急于开展工作并展示自己的能力,项目团队也在努力建立自己的形象,并尝试对将要开始的工作进行分工和制订计划。

2. 震荡阶段

震荡阶段是团队内冲突较激烈的阶段。随着工作的开展,各方面问题会逐渐暴露。成员们可能会发现现实与理想不一致、任务繁重而且困难重重、成本或进度限制过于严苛,或者在工作中与某个成员合作不愉快。这些都会导致冲突产生、士气低落。作为项目经理,应把握这一关键时期,积极创造理解与支持的工作环境。具体可采取以下措施。

(1) 允许成员表达不满,了解他们所关注的问题,包容负面情绪。

(2) 做好思想工作,积极解决问题、矛盾。

(3) 引导团队成员共同解决问题,共同决策。

3. 规范阶段

经过一段时间的磨合后,项目团队就会进入正常发展的规范阶段。这一阶段的特征是,项目团队的矛盾减少,同时随着成员的期望和实际情形的统一,他们的不满情绪也逐步降低。项目的规章制度得到改进和完善,具体的控制和决策权也逐步从项目经理转移到项目团队成员。

这一阶段项目团队成员之间开始建立相互信任、相互帮助的关系,开始互相交流看法,合作意识明显加强。在这一阶段,项目经理应努力做到以下几点。

(1) 尽量减少指导性工作,给予团队成员更多的支持和帮助。

(2) 在确立团队规范的同时,要鼓励成员的个性发挥。

(3) 培育团队文化,注重培养成员对团队的认同感、归属感,努力营造相互协作、相互帮助、相互关爱、努力奉献的团队气氛。

4. 执行阶段

执行阶段中项目团队成员之间的关系更为融洽,团队的工作绩效更高,团队成员的集体感和荣誉感更强,项目团队全体成员能开放地、坦诚地、及时地交换信息;同时,项目团队也根据实际需要以团队、个人或临时小组的方式开展工作。此时,项目团队成员之间相互依赖程度提高,项目经理给予项目团队成员的授权增多,甚至在项目工作出现问题时主要由项目团队成员自行解决,因此团队成员对团队有了较高的满意度。这一阶段项目团队成员的情绪特点是开放、坦诚、依赖。在这一阶段,项目经理工作的重点如下。

(1) 授予团队成员更大的权力,尽量发挥成员的潜力。

(2) 帮助团队执行项目计划,集中精力了解掌握有关成本、进度、工作范围的具体完成情况,以保证项目目标得以实现。

(3) 做好对团队成员的培训工作,帮助他们获得职业上的成长和发展。

(4) 对团队成员的工作绩效做出客观的评价,并采取适当的方式给予激励。

5. 解体阶段

在解体阶段,项目团队完成任务,准备解散,这时项目团队成员面临离别,可能会感到失落。为了引导团队向新的发展阶段过渡,项目经理需向成员介绍新项目的规划。

## 三、项目团队绩效与项目团队精神

1. 项目团队绩效与项目团队精神的关系

项目团队绩效,即项目团队的工作效率以及取得的成果,它是决定项目成败的一个至关重要的因素。影响项目团队绩效的因素有很多,其中最具有影响力的因素就是团队精神。项目团队绩效和团队精神之间的关系非常紧密,而且在项目团队生命周期的不同阶段呈现不同的特征。具体情况如图3-16所示。

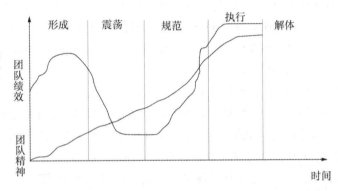

图3-16 项目团队绩效与团队精神在项目生命周期不同阶段的关系

2. 项目团队精神的内涵

项目团队精神是项目团队的思想支柱,是团队成员共有的精神总和,包括项目成员间的互相沟通、交流、真诚合作,以及为完成项目任务、实现项目目标而奋斗的精神。

(1)项目成员的高度自主性是项目团队精神的基础。项目团队绩效首先来自团队成员个人的成果,其次来自集体成果。项目团队依赖个体的共同贡献实现集体的共同目标。因此,项目团队精神形成的基础是尊重个人的兴趣和成就。项目的管理者应根据岗位需求选拔人才,给予差异化待遇、培养和肯定,让每一个成员都能发挥专长,实现自己的独特价值。

(2)项目成员之间的相互协作是项目团队精神的核心。项目团队的一大特色是团队成员在才能上是互补的。共同完成目标任务的保证就在于工作中加强沟通,发挥每个人的特长,利用个性和能力差异,在团结协作中实现优势互补,发挥积极协同效应,从而提高项目绩效。

(3)项目团队精神的最高境界是项目团队成员之间具有强大的凝聚力。团队成员的向心力、凝聚力是团队从松散的个人集合走向整体的重要标志。一个项目团队若丧失凝聚力,就会像一盘散沙,呈现低效的运行状态;反之,团队凝聚力强,项目成员工作热情高涨、做事认真,才会出现不断创新的行为。

3. 影响团队绩效的因素

团队绩效受到多种因素的影响,这些因素主要包括以下几个方面。

(1)团队成员的个体因素。

团队成员的个体因素是指团队成员自身特质对团队绩效的影响,既包括成员自身因素产生的影响,也包括成员之间的相互影响。团队成员具有的个体特征,包括成员的性格、外貌、行为、特点以及个人能力,会影响团队绩效。团队成员的个人能力与团队绩效呈正相关,而性格和行为在不同情况下对团队绩效会产生不同的影响,在特定时期会促进团队绩效的提高,有时也会产生降低团队绩效的作用。

此外,团队成员之间的熟悉程度也会影响团队绩效。团队成员之间越熟悉,他们在团队活动中越容易相互配合,凝聚力也越大。与此同时,也需要注意到,团队成员之间越熟悉,他们在团队活动中也越容易相互推脱责任,最终造成团队绩效降低。学者Harrison认为,在团队刚刚成立的初期,团队成员之间熟悉程度低;团队成员之间的默契度得到提高,团队绩效也随之提高。因此,团队成员之间的熟悉程度对团队绩效的影响在团队成立之初最为显著。

团队成员之间的沟通数量与质量也会影响团队绩效。团队成员之间沟通数量越多,质量越高,说明团队成员对团队活动了解越清楚,对团队活动的处理更符合多数人的意愿,因此更容易成功。如果团队成员沟通数量较少或者沟通数量较多,但质量较差,团队成员之间处理活动的方式越不容易统一,越容易出现矛盾。

团队成员的差异化程度也会影响团队绩效。有研究表明,团队成员的差异化程度与团队绩效密切相关,差异化程度较高的团队绩效高于差异化程度较低的团队绩效,原因在于差异化程度越高,团队成员自身的创造性就越强,团队决策就更优,因此团队更容易成功。

(2)团队自身因素。

团队自身因素主要有团队规模、团队领导角色、团队氛围、团队任务特征等。

基于团队规模的大小,团队会相应处理不同类型的活动。小规模的团队易于处理能够快速执行的活动或者规模相对较小的活动,小规模的团队若处理大规模的事务可能会导致团队绩效较低;同样的道理,大规模的团队若处理小规模的事务则大材小用,且团队在处理小事务时容易出现责任划分不清的问题。不同规模的团队适合处理不同难易程度的事务,合理分配事务能够提高团队绩效。

团队领导是影响团队绩效非常重要的因素之一。有研究表明,团队领导与团队成员之间的权责分配在很大程度上会影响团队绩效。若团队领导下放权力给团队成员,让其承担团队责任,团队成员的风险意识会加强,团队绩效有可能得到提高;相反,下放权力后团队成员滥用权力,也有可能会造成团队绩效降低。

团队氛围的好坏会影响团队绩效。团队成员之间关系亲密,团队氛围较好,会促进团队成员工作积极性提高,从而提高团队绩效。关于团队任务特征方面,有研究认为,任务依赖性与团队绩效呈显著正相关。当任务依赖性增强时,未尽心工作的成员会因拖延任务进度而产生压力和内疚感,从而提升工作投入度,促进团队绩效提升。

(3)组织因素。

团队所属组织也会对团队绩效产生影响。组织所处的外在环境也是团队所处的外在环境,组织所处的外在环境对组织产生的影响也会对团队绩效产生影响。外在环境发生变化时,组织如果不能及时调整自身适应外在环境,团队作为组织的一小部分会受到严重影响。此外,组织对团队提供的必要培训对团队绩效的提高也有很大促进作用。

## 第六节 项目管理办公室

由于近年来企业和各种组织的项目管理正在从只注重单一项目的管理转向重视企业或组织的多项目协调管理,项目管理办公室(PMO),或称战略项目管理办公室(SPMO)的组织形式得以出现和盛行。项目管理办公室是一个企业或组织为保障项目成功进行而设立的项目集成管理的组织机构。

### 一、项目管理办公室的内涵

项目管理办公室就是为创造和监管整个企业或组织的全部项目的管理体系,这个管理体系是为项目和项目管理更为有效和最大限度地达成组织目标而存在的。实际上,项目管理办公室就是一个企业或组织为集成其所有的项目经验和资源而设置的一种项目管理机构,它可以使组织或企业的各种项目资源实现共享,同时使企业或组织的各种项目和项目管理能够更好地协调发展。根据对项目的控制和影响程度的不同,可以把项目管理办公室划分为支持型(PMO)、控制型(PMO)和指令型(PMO)。

过去,建立项目管理办公室就是为了按项目管理的规则培养出最好的项目组,以确保项目管理的质量。它原被认为是项目管理信息的静态智囊团,主要承担着培训项目团队的职能。现在,这一概念由于实际需要而有所改变,确定了其对项目经理的指导、支持和管理职能。实际上,项目管理办公室是长期性组织的一个组成部分。很明显,它的作用是指导和支持项目经理的工作,为各个项目或者大型项目的经理制定标准和指导方针,收集与项目管理相关的数据,进行整理并向公司高层汇报。项目管理办公室应该确保项目与组织的战略和愿景一致。

### 二、项目管理办公室的职责

微观地讲,项目管理办公室的职责取决于企业的具体需求,而且会随这些需求的变化不断调整。通常,项目管理办公室被定位为负责企业项目组的管理机构,其主要职责包括以下几个方面。

1. 配置项目的资源和工作

项目管理办公室的重要功能之一是做好组织或企业中所有资源的集中与合理配置,协调好组织或企业各个项目对公共资源的争夺和有效利用。公用资源包括组织或企业的各种物质资源、人力资源、信息资源、财务资源等。同时,项目管理办公室还需要从整个组织或企业的角度去确定在既定资源情况下究竟何时开始启动哪些项目，从而实现整个组织或企业的资源的最佳配置和工作的集成计划与管理。项目管理办公室与项目经理、项目管理团队的管理职责不同，它从整个组织或企业的角度对各个项目开展管理与协调工作，而项目经理和项目管理团队则针对一个具体项目开展管理和协调工作。

2．建立项目管理信息系统

项目管理办公室的主要职责之一是收集、整理和报告项目情况，以供企业或组织的领导者和各项目团队使用，所以项目管理办公室的主要功能之一就是为组织或企业建立统一的项目管理信息系统。这种信息系统既可以是人工的信息系统，也可以是基于计算机的人机信息系统，它具有收集、处理和发布项目各种信息以及收集和推广项目管理经验教训和知识的功能。

3．组织项目管理方面的培训

项目管理办公室的另一项核心任务是组织项目管理人员的培训，从而促进一个组织或企业中各项目的管理水平不断提高。项目管理办公室并不负责每个具体项目的直接管理工作，但是项目管理办公室通过组织管理培训可以提升整个组织或企业的项目管理能力，因此组织项目管理方面的培训是项目管理办公室的主要职责之一。

4．制定项目管理的规范

所谓制定项目管理的规范是指由项目管理办公室制定一个组织或企业中通行的项目管理工作的流程、方法、模式、标准、方针和政策等。所有这些项目管理的规范都是企业或组织中各个项目团队开展项目管理的章程、准则和规定，为了使项目管理的规范能够适应组织或企业项目管理发展变化的需要，项目管理办公室必须不断地进行修订和改进。

5．开发项目管理的工具

项目管理办公室还应负责组织或企业使用的项目管理工具的开发工作，这主要包括制定项目立项和项目计划、总结报告的方法和工具等。具体项目的管理工具开发任务是由项目经理和项目团队在开展项目时完成的，但是企业或组织通用的管理工具是由项目管理办公室提出并开发的。当然，项目管理办公室要依靠、组织项目经理和项目管理者们去开发这些项目管理工具，并依靠项目团队去推广使用这些项目管理工具。

6．总结和推广项目经验

项目管理的知识来自项目管理的实践，根据项目管理实际结果总结出项目管理的经验和教训同样是项目管理办公室的主要职责之一。这种项目经验的总结又分两个层面：其一是项目团队自己所做的项目总结；其二是项目管理办公室所做的项目总结。前者主要是自我总结经验和教训，后者主要是吸取教训和推广经验。

7．对具体项目提供支持和指导

项目管理办公室较为重要的职责之一是对组织或企业中各个项目的管理人员提

供各种各样的指导、帮助和支持。这种帮助和支持既有资源方面的支持(如项目管理办公室为各个项目积极提供资源),也有方法和技术方面的指导(如项目管理办公室为具体项目管理者提供项目管理的帮助和支持)。项目管理办公室还可以组织企业或组织中各项目的项目经理或项目团队开展有关项目和项目管理的协作,并召开各种形式的信息交流和经验讨论会,从而分享不同项目经理各自的成功经验等。

8. 为组织提供多项目管理

项目管理办公室很重要的功能就是为整个企业或组织提供多项目或项目组合的管理,即从整个企业或组织的角度出发去开展多项目和项目组合的全面集成管理。这包括根据组织发展战略去设计、提出项目和项目组合,根据项目和项目组合的实际需要集成配置资源,根据项目和项目组合需要开展集成计划并实施,以及根据组织或企业的发展需要进行项目或项目组合的变更与变更总体控制等管理工作。

9. 项目管理办公室的其他功能

除了上述功能外,项目管理办公室还具有很多其他方面的功能,如企业或组织各种项目信息的集成管理功能、企业或组织的全部项目的合同管理功能、企业或组织的全部项目的文档和资料管理功能、企业或组织的项目与日常运营之间的协调功能、企业或组织开展项目而与外部组织发生的各种关系的统一管理功能(即统一对外的功能)等。实际上,一个企业或组织设立项目管理办公室的根本功能是提高其综合管理能力,从而能够更好地实现企业或组织的资源最佳配置和价值的最大化。

相关案例

# 第四章 项目范围管理

> **学习目标**
> - 1. 了解项目范围管理的基础知识。
> - 2. 掌握项目工作分解结构。
> - 3. 掌握项目范围控制的方法。

## 第一节 概 述

### 一、项目范围管理的概念

项目范围管理包括确保项目做且只做所需的全部工作,以成功完成项目的各个过程。管理项目范围的核心在于定义和控制哪些工作应该包括在项目范围内,哪些不应该包括在项目范围内。项目范围管理通过界定项目的范围并且在此基础上进行管理,它是项目未来一系列决策的基础。

在项目环境中,"范围"(Scope)一词包括两个方面的含义。

(1)产品范围:产品或服务所包含的特征或功能。

(2)工作范围:为交付具有规定特征和功能的产品或服务而必须完成的工作。项目工作范围的概念很容易被人理解为"项目所涉及的所有产出物的集合",然而这个概念是不正确的。实际上,构成项目范围的不是产出物的汇总,而是这些产出物所引发的所有工作的汇总。有形的产出物必定会引发相关的工作,所以在制订项目范围计划的时候,我们用有形的产出物进行表达会相对易于理解。但并非所有的工作都会有相关的产出物,如会议、沟通、验收之类的工作,它们虽然要占用时间和人力资源,但难以界定其产出的结果。在确定范围时,首先要确定最终产生的是什么,并明确它具有哪些可清晰界定的特性。需要注意的是,特性必须清晰且以认可的形式表达出来,如文字、图表或某种标准,确保能被项目参与人理解,绝不能含含糊糊、模棱两可,在此基础之上才能进一步明确需要做什么工作才能产生需要的产品。产品范围的完成情况是参照客户的要求来衡量的,项目范围的完成情况则是参照计划来检验的。这两个范围管理模型间必须有较好的统一性,以确保项目的具体工作成果能按特定的产品要求准时交付。

确定了项目范围也就定义了项目的工作边界,从而明确了项目的目标和主要的项目可交付成果。项目的可交付成果往往又被划分为更小的、更易管理的组成部分。因此,确定项目范围对项目管理来说较为重要,具体有以下几个方面的作用。

(1) 提高费用、时间和资源估算的准确性。项目的工作边界定义清楚了,项目的具体工作内容明确了,就能更准确地估算项目完成所需的费用、时间和资源。

(2) 确定进度测量和控制的基准。项目范围是项目计划的基础,项目范围确定了,项目进度的计划和控制情况也基本确定了。

(3) 有助于清楚地分派责任。确定了项目范围也就意味着确定了项目的具体工作和任务,为进一步分派任务打下了基础。

准确界定项目范围对成功完成项目非常重要,如果项目的范围不明确,可能会导致项目费用的增加,因为项目范围确定得不清晰容易引发意外的变更,从而打乱项目的实施节奏,造成返工,延长项目完成时间,降低劳动生产率,影响项目团队成员的积极性。

## 二、项目范围管理的主要程序

项目范围管理是对项目应该包括什么和不应该包括什么进行定义和控制,以确保项目管理者和项目利益相关者对作为项目结果的项目产品和服务以及生产这些产品和服务所经历的过程有相对一致的理解。也就是说,项目范围管理主要关心的是确定与控制哪些应该、哪些不应该包括在项目范围内的过程。《项目管理知识体系指南》(PMBOK指南)(第5版)将项目范围管理的过程描述如下。

(1) 收集需求:为实现项目目标而确定、记录并管理关系人的需要和需求的过程。

(2) 范围规划:制订项目范围管理计划,记载如何定义、确定和控制项目范围管理的过程。

(3) 范围定义:详细描述项目和产品的过程。

(4) 创建WBS:将项目可交付成果与项目工作划分为较小和更易管理组成部分的过程。

(5) 范围确认:正式验收已经完成的项目可交付成果的过程。

(6) 范围控制:监督项目和产品的范围状态,控制项目范围的变更的过程。上述过程不仅相互作用,还与其他知识领域产生交互作用。根据项目需要,每个过程可能涉及一个或多个个人或集体所付出的努力。每个过程在每个项目或阶段项目中的每一阶段至少出现一次。下面我们就围绕项目范围管理的各个过程进行详细阐述。

项目范围管理的启动方式始于由负责制订计划的成员参与的启动会议。这些成员包括:项目经理、项目经理助理(专门领域的专家和职能经理),某项目的启动流程如图4-1所示。

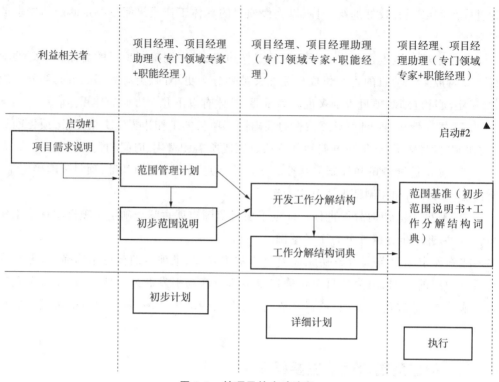

图 4-1　某项目的启动流程

## 第二节　项目需求收集

收集需求是为实现项目目标而确定、记录并管理项目利益相关者的需要和需求的过程。本过程的主要作用是为定义和管理项目范围(包括产品范围)奠定基础。让项目利益相关者积极参与需求的发掘和分解工作,并仔细确定、记录和管理项目利益相关者对产品、服务或成果的需求,能直接促进项目成功。需求是指根据特定协议或其他强制性规范,项目必须满足的条件或能力,或者产品、服务或成果必须具备的条件或能力。需求包括发起人、客户和其他项目利益相关者的已量化且有书面记录的需要和期望。应该足够详细地探明、分析和记录这些需求,将其纳入范围基准,并在项目开始执行后对其进行测量。需求将成为项目工作分解结构的基础。需求是成本、进度和质量规划的基础,有时也是采购工作的基础。

### 一、项目需求的种类

许多组织把需求分为不同的种类,如业务解决方案和技术解决方案。前者是项目利益相关者的需要,后者是指如何实现这些需要。把需求分成不同的类别,有利于对需求进行进一步完善和细化。这些需求的具体内容如下。

(1)业务需求:整个组织的高层级需要,如解决业务问题或抓住业务机会,以及实施项目的原因。

(2)项目利益相关者需求:项目利益相关者或项目利益相关者群体的需要。

(3)解决方案需求:为满足业务需求和项目利益相关者需求,产品、服务或成果必须具备的特性、功能和特征解决方案。需求又可进一步划分为功能需求和非功能需求。功能需求是关于产品能开展的行为,如流程、数据,以及与产品的互动;非功能需求是对功能需求的补充,是产品正常运行所需的环境条件或质量,如可靠性、安防性、性能、安全性、服务水平、可支持性等。

(4)过渡需求:从"当前状态"过渡到"将来状态"所需的临时能力,如数据转推培训需求。

(5)项目需求:项目需要满足的行动、过程或其他条件。

(6)质量要求:用于确认项目可交付成果的成功完成或其他项目需求的实现的任何条件或标准。

## 二、项目需求收集的方法

项目需求收集主要以访谈、焦点小组会议、引导式研讨会和问卷调查的形式进行。

### 1.访谈

访谈是通过与项目相关方直接交谈来获取信息的正式或非正式的方法。访谈的典型做法是向被访者提出预设和即兴的问题,并记录他们的回答。访谈经常是一个访谈者和一个被访者之间的"一对一"谈话,但也可以有多个访谈者和/或多个被访者参与。访谈有经验的项目参与者、发起人和其他高管,以及主题专家,有助于识别和定义所需产品可交付成果的特征和功能。此外,访谈也可用于获取机密信息。

### 2.焦点小组会议

焦点小组会议是召集预定的项目利益相关者和主题专家,了解他们对所讨论的产品、服务或成果的期望和态度。焦点小组会议通常由一位受过训练的主持人引导大家进行互动式讨论。焦点小组往往比"一对一"访谈的氛围更热烈。

### 3.引导式研讨会

通过邀请主要的跨职能项目利益相关者一起参加会议,对产品需求进行集中讨论与定义。由于群体互动的特点,被有效引导的研讨会有助于在参与者之间建立信任、改善关系、增进沟通,从而有利于项目利益相关者达成一致意见。此外,研讨会能够比单项会议更早发现问题,更快解决问题。

### 4.问卷调查

问卷调查是指设计一系列书面问题,向众多受访者快速收集信息的方法。问卷调查方法适用于多种情况,包括受访者多样化、需要快速完成调查、受访者地理位置分散,且收集到的信息适合开展统计分析。

## 第三节　项目范围计划

项目范围计划就是确定项目范围并编写项目说明书的过程。项目范围的确定与管理影响项目的整体成功。每个项目都必须慎重考虑与权衡工具、数据来源、方法系统、过程与程序，以及其他因素，确保为确定项目范围而付出的努力与项目的规模、复杂程度和重要性相匹配。例如，一个工程公司签订了设计一个石油处理工厂的合同，这就要求在设计具体目标时，界定好具体的工作范围。范围阐述形式的基础是通过确认项目目标和主要项目的子项目，使项目团队与项目客户之间达成协议。

在项目立项和完成需求收集以后，就要进行项目计划，其中一个很关键的环节就是确定项目的范围，形成详细的项目范围说明书。项目范围说明书阐释了为什么要开展这个项目以及项目的基本框架，使项目管理者能够系统且有逻辑地分析项目的关键问题及项目形成过程中相互作用的要素，使得项目的利益相关者在项目实施或项目有关文件书写以前，能就项目的基本内容和结构达成一致；产生项目有关文件格式的注释，用来指导项目有关文件的产生；形成项目结果核对清单，作为项目评估的一个工具，在项目终止以后或项目最终报告完成以前使用，以此作为评价项目成败的判断依据；同时也可以作为项目整个生命周期中监督和评价项目实施情况的背景文件，作为有关项目计划的基础。

在进行项目范围计划时，要依据项目说明书、历史资料、需求文件、组织过程资料，采用一定的工具和技术，形成包括项目范围说明书在内的项目范围计划。图4-2所示为项目范围计划的流程。

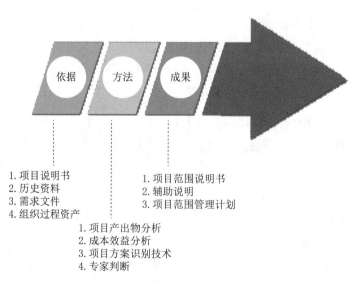

图4-2　项目范围计划的流程

## 一、项目范围计划的依据

项目和子项目都要编写项目范围说明书。一般来说,项目范围说明书要由项目管理团队来编写,项目管理团队编写项目范围说明书时必须准备好以下依据。

### 1. 项目说明书

所谓项目说明,就是项目初步范围说明书中对项目和产品特征的描述,包括项目审批要求。在项目说明书中,对要求交付的项目和产品特征必须有明确的要求和说明。

项目说明书是正式承认某项目存在的一种文件。它可以是一个特别的文件形式,也可以用其他文件替代。项目说明书应该由项目外部的企业高层领导发出,它赋予项目经理利用企业资源、从事项目的有关活动的权力。对于一个合同项目来说,签署的合同可以作为卖方的项目说明书。

### 2. 历史资料

历史资料包括以前项目选择决策的结果和以前项目执行的结果,在可获得的范围内对它们加以考虑。在项目启动阶段,就包含了对项目下一阶段工作的认可,有关前一阶段结果的信息通常是非常重要的。

### 3. 需求文件

需求文件用于描述各种单一需求将如何满足与项目相关的业务需求。一开始,可能只有高层级的需求,随着有关需求信息的增加而逐步细化。只有明确的、完整的、相互协调的,以及主要项目利益相关者愿意认可的需求,才能作为基准。

### 4. 组织过程资产

组织过程资产是指能够影响项目范围管理方式的正式和非正式的方针、程序和指导原则。与项目范围计划有具体关系的过程资产包括:与项目范围规划与管理有关的组织方针;与项目范围计划与管理有关的组织程序;可能存放于教训知识库中的历史资料。

## 二、项目范围计划的方法

做项目范围计划是一项非常严密的分析、推理和决策工作,因此需要采用一系列的逻辑性分析和推导方法。项目范围计划经常使用的方法主要包括以下几种。

### 1. 项目产出物分析

项目产出物分析可以加深对项目成果的理解。它主要运用系统工程、价值工程、价值分析、功效分析和质量功能展示等技术来评估其是否有必要、是否有价值。

### 2. 成本效益分析

成本效益分析就是估算不同项目方案的有形和无形费用和效益,并利用诸如投资收益率、投资回收期等财务计量手段估计各项目方案的相对优越性。

　　3. 项目方案识别技术

　　这里的项目方案是指实现项目目标的方案。项目方案识别技术泛指提出实现项目目标方案的所有技术。管理学中提出的许多现存的技术,如头脑风暴法和侧面思考法可用于识别项目方案。

　　4. 专家判断

　　可以利用各领域专家来提出或评价各种方案。专家判断常用来分析制定项目范围说明书所需的信息。专家判断和专业知识可用来处理各种技术细节。专家判断可来自具有专门知识或经过专门培训的任何小组或个人,也可从其他渠道获得,包括:组织内的其他部门;顾问;项目利益相关者,包括客户或发起人;专业与技术协会;行业团体;主题专家。

### 三、项目范围计划的成果

　　项目范围计划的最终成果主要有两个:一个是针对项目范围计划的项目范围说明书和辅助说明;另一个是项目范围管理计划。具体分述如下。

　　1. 项目范围说明书

　　项目范围说明书是比初步项目范围书更为详细的说明书,为制定未来项目决策,进一步明确或帮助项目的有关利益集团就项目范围达成共识,为项目实施提供了一个依据。作为项目的过程,阐述的这个范围可能需要修改或更精确些,从而很好地反映项目范围的变化。范围阐述的内容具体包括以下几个方面。

　　(1) 项目调整:商家的既定目标。项目调整要为估算未来的得失提供基础。

　　(2) 项目产品:产品说明的简要概况。确定项目成功所必须满足的某些数量标准,推定这些标准应包括费用、时间进度和技术性能或质量标准。

　　(3) 工作细目成果:一份主要的、具有归纳性层次的产品清单。这些完整且令人满意的产品标志着项目工作的完成。例如,为一个软件开发项目设置的主要子项目可能包括工作所需的电脑代码、工作手册等,当这些子产品都确定后,排除项(即不包含在内的部分)也明确了。

　　(4) 项目目标:考虑到项目的成功性,质量标准必须满足项目目标的要求。项目目标至少要包括成本、进度表和质量检测。

　　2. 辅助说明

　　为项目范围阐述做辅助说明,应该是根据需要记录和编写一些文件,并通过其他项目管理程序,将其转化为易于利用的形式。辅助说明包括所有已认定的制约因素和假设条件。

　　制约因素是指对项目或过程的执行有影响的限制性因素。需要列举并描述与项目范围有关且会影响项目执行的各种内外部制约。例如,客户或执行组织事先确定的预算、强制性日期或进度里程碑。如果项目是根据协议实施的,那么合同条款通常也是制约因素。关于制约因素的信息可以列入项目范围说明书,也可以独立成册。

假设条件是在制订计划时,不需要验证即可视为正确、真实或确定的因素。同时还应描述如果这些因素不成立,可能造成的潜在影响。在项目规划过程中,项目团队应该经常识别、记录并确认假设条件。关于假设条件的信息可以列入项目范围说明书,也可以独立成册。

3. 项目范围管理计划

项目范围管理计划用于描述如何对项目范围进行管理,以及项目范围怎样变化才能与项目要求相一致等问题。其内容包括:说明如何管理项目范围以及如何将变更纳入项目的范围;对项目范围稳定性的评价,即项目范围变化的可能性、频率和幅度;说明如何识别范围变更以及如何对其进行分类等。根据具体项目工作的需要,项目范围管理计划可以是正式的,也可以是非正式的,可以是很详细的,也可以是粗略的。

## 第四节 项目范围的定义

项目范围的定义是把项目的主要可交付成果分解为主要工作细目中的子项目,使其成为更易操作和管理的单元。项目范围的定义要以其组成的所有产品的范围定义为基础,这也是一个由一般到具体、层层深入的过程。即使一个项目可能是由一个单一产品组成的,但产品本身又包含一系列要素,有其各自的组成部分,每个组成部分又有其各自独立的范围。例如,一个新的电话系统可能包含四个组成部分——硬件、软件、培训及安装施工。其中,硬件和软件是具体产品,而培训和安装施工则是服务,具体产品和服务形成了新的电话系统这一产品的整体。如果项目是为客户开发一个新的电话系统,要定义这个项目的范围,首先要确定这个新的电话系统应具备哪些功能,以及定义产品规范;然后明确系统单个组成部分的功能和服务要求;最后明确项目需要做些什么才能实现这些功能和特征。

正确的项目范围定义是项目成功的关键。项目范围的定义主要从项目需求的识别和项目需求的表达两个方面来阐述。

1. 项目需求的识别

如果项目范围没有明确定义,项目就像一艘无舵的帆船,风吹向哪里,它就飘向哪里,但不一定是它应该去的方向。项目范围的定义来源于项目的需求,不能全面、正确地理解一个需求和其内在含义,或者不能正确地阐述或表达它,项目管理必将迷失方向。因此,将项目需求从开始的不确定,到逐步进化出一个清晰的框架,再到最终获得正确的理解,是项目管理一个至关重要的环节。

项目是针对满足客户需求的,但认识需求却是一件非常困难的事情。因此,对需求的认识需要充分了解客户及其政治、经济、社会背景,与之建立深入的合作关系,透彻地分析其需求、建议或观点,归纳整理出清晰的需求说明。改善需求认识的有效措施包括:一要全面理解项目已有的现行系统,只有对现实准确认识,才能更好地解决未来问题。二要按照优先顺序满足客户的需求。三要组织一个由项目不同利益方代表组成的需求认识任务小组,使项目利益相关者各方需求能充分协调,更好地定义项目需求。四要告知客户,让客户理解项目涉及的技术功能、问题,明确客户的责任,以配合需求定义。

2. 项目需求的表达

认识到需求之后,必须把它清楚地表达出来。在全面、不含糊地表达需求之后,就可以肯定地表达怎样做才能满足项目的需求。通常,我们可以按以下五个步骤来表达项目需求。

(1)让提出需求的人把他们的感觉尽可能清楚地表达出来。

(2)针对需求的真实性、可行性、重要性和影响向客户提出问题,以从不同的角度理解需求。

(3)从技术和方法的角度对项目做一些必要的研究,更好地处理需求。

(4)根据以上三步得出的结论,尽可能清楚地描述项目需求。

(5)邀请客户确认项目管理人员的需求认识是否反映了项目的真实需求,根据客户意见做适当修改。

需求自身所具有的模糊性和动态变化性,是需求认识困难产生的原因之一。需求产生时可能只是一闪念,它代表某种新鲜事物或某种不同的想法,具有非常强的不确定性。客户在陈述自己的需求时往往只能提供一些含混的信息:"我说不清楚我需要的是什么,但我见到成果时就会知道。"这说明,客户对自己的需求只是一种感觉,而且这种说不清的感觉还会随着环境的变化而变化,认识需求就像射击一个移动目标,但这并不能说明客户的需求不切实际,它是客观存在的,只是比较粗略。

项目人员需求认识能力的不足,是需求认识困难产生的原因之二。项目不可能满足所有项目利益相关者的需求,根据项目特征而选择需求来源和需求讨论对象是极其重要的,如在工程移民项目中,工程业主的需求和搬迁工程环境中居民的需求,以及些居民"迁得走、留得住、能发展"的需求对项目具有同等重要的意义,如果认识需求选择的需求讨论对象不对,必将导致需求认识方向的错误。其中,项目人员在需求认识中往往容易陷入"误解需求""镀金需求""选择性过渡需求""自我定义需求"等误区。

项目范围定义要进一步以组织过程资产、需求文件及历史资料为依据,同时充分运用在项目范围规划中所形成的项目范围说明书和项目范围管理计划,采用项目工作分解技术和专家判断,形成项目范围基准和项目范围计划更新。图4-3描述了项目范围定义的流程。

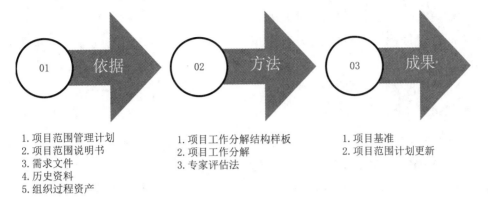

图4-3 项目范围定义的流程

## 一、项目范围定义的依据

项目范围定义的依据包括以下几个方面。

（1）项目范围管理计划。项目范围管理计划中提供了如何根据详细的项目范围说明书进行项目范围定义，以及如何维护和确认项目范围定义。

（2）项目范围说明书。项目范围说明书中描述了需要实施的工作及不包含的工作，同时说明了影响项目执行的各种内外部制约。

（3）需求文件。详细的需求文件对理解项目工作和项目产出物非常重要。

（3）历史资料。在项目范围界定期间，应该考虑以前项目计划的有关历史资料。其他项目的相关历史资料，特别是经验教训，也应在确定项目范围时考虑。

（5）组织过程资产。影响项目范围定义过程的组织过程资产主要包括：用于项目范围定义的政策、程序和模板；历史项目的项目档案；历史项目的经验教训。

## 二、项目范围定义的方法

项目范围定义包括以下三种方法。

### 1. 项目工作分解结构样板

项目工作分解结构是由项目各部分构成的、面向成果的树形结构。该结构定义并组成了项目的全部范围，一个组织过去所实施的项目工作分解结构常常可以作为新项目的工作分解结构的样板。虽然每个项目都是独一无二的，但仍有许多项目彼此之间存在着某种程度的相似之处。许多应用领域都有标准的或半标准的项目工作分解结构作为样板。

### 2. 项目工作分解

项目工作分解就是把项目及其主要可交付成果分成较小的、更易管理的组成部分。直到可交付成果定义得足够详细，足以支持项目将来的活动，如计划、实施、控制等，项目工作分解主要包括如下活动。

（1）识别项目的主要组成部分。

（2）确定项目工作分解的编排方法。

（3）确定每一组成部分是否分解得足够细致，以便可以对它进行费用和时间的估算。

（4）确定可交付成果的构成要素。

（5）核对分解是否合适。

3. 专家评估法

需要依据各种信息，把项目可交付成果分解为更小的组成部分。专家评估法常用于分析这些信息，以便创建有效的项目工作分解结构。借助专家评估和专业知识，可以处理有关项目范围的各种技术细节，并协调各种不同的意见，从而使用最合适的方法对项目整体范围进行分解。专家评估可以来自具备相关培训、知识或相似项目或业务经验的任何组织或个人，也可表现为预定义的模板。这些模板是关于如何分解某些通用可交付成果的指南，可能是某行业或专业所特有的，或来自类似项目的经验。项目经理应该在项目团队的协作下，做出最终决定，即如何把项目范围分解为独立的工作包，以便有效管理项目工作。

## 三、项目范围定义的结果

项目范围定义主要形成以下结果。

1. 范围基准

项目基准包括批准的详细项目范围说明书、工作分解结构和对应的工作分解结构字典。

（1）项目范围说明书。本阶段形成的项目范围说明书是项目团队控制整个项目范围的重要文件，它详细地说明了项目的可交付成果和为提交这些可交付成果而必须开展的工作；说明了项目的主要目标，是所有项目利害关系者对项目范围的共同理解，使项目团队能够实施更详细的规划，进而在执行过程中指导项目团队的工作，并形成评价变更请求或增加的工作是否超出项目边界的基准。

（2）工作分解结构。工作分解结构确定了项目的整个范围，也就是说，项目工作分解结构以外的工作不在项目范围之内。在项目范围说明的基础上，工作分解结构有助于加深对项目范围的理解。

（3）工作分解结构字典。工作分解结构字典是制作工作分解结构过程生成的并与工作分解结构配合使用的文件。工作分解结构字典针对每个工作分解结构组件，详细描述可交付成果、活动和进度信息，对工作分解结构提供支持。

2. 项目范围管理计划更新

项目范围管理计划是项目管理计划的组成部分，可能需要更新，以便将项目范围定义过程产生并批准的变更请求纳入其中。

## 第五节 创建项目工作分解结构

项目工作分解结构是对项目团队为实现项目目标、创建所需可交付成果而需要实施的全部工作范围的层级分解。工作分解结构每向下一层,意味着对项目工作的定义更加详细。

### 一、项目工作分解结构概述

项目目标的成功完成需要项目范围计划。该计划确定了项目中应做的所有工作,并将项目各项职责指派给专门的组织。项目工作分解结构是一个以项目产品或服务为中心的子项目组成的项目"家族树",它规定了项目的全部范围。项目工作分解结构是为方便管理和控制而将项目按等级分解成易于识别和管理的子项目,再将子项目分解成更小的工作单元,直至最后分解成具体的工作(工作包)的系统方法。工作包是项目工作分解结构最底层的单位,可对其成本和持续时间进行估算和管理。分解的程度取决于所需的控制程度,以实现对项目的高效管理。工作包的详细程度因项目规模和复杂程度而异。项目分解的最小单位工作包应满足以下原则。

(1) 可管理,能够分配专门的职权和职责。
(2) 独立,或同其他进行的要素有最小的依赖性。
(3) 可组合,以利于形成整个工作包。
(4) 根据进展可进行度量。

在 Microsoft Project 2000 中,工作分解结构(WBS)被定义为由一系列数字、字母或者二者组合在一起所表示的任务层次结构。项目工作分解结构以项目的范围说明书为依据,在明确的项目范围基础上对项目进行分解,确定实现项目目标必须完成的各项工作及其内在结构或实施过程的顺序,并以一定的形式将其表达出来,即项目工作分解结构图。项目工作分解结构图可以将项目分解到相对独立的、内容单一的、易于成本核算与检查的工作单元(或工作包),并能把各工作单元在项目中的地位与构成直观地表示出来。项目工作分解结构图是实施项目、提供项目最终产品或服务所必须进行的全部活动的一张清单,也是进度计划、人员分配、成本计划的基础。

### 二、项目工作分解结构的基本要素

项目工作分解结构的三个基本要素为分解层次与结构、编码系统和报告。

#### 1. 分解层次与结构

项目工作分解结构的设计对于一个有效的工作系统来说是个关键。根据项目管理和控制的需要,项目工作的分解既可参考项目的内在结构,又可参考项目的实施顺序;由于项目本身的复杂程度、规模大小各不相同,因此项目可分成很多级别,从而形成项目工作分解结构的不同层次。

项目工作分解结构每细分一个层次,就表示对项目元素更细致的描述。任何分支最底层的细目称为工作包。工作包是完成一项具体工作所要求的一个特定的、可确定的、可交付的以及独立的工作单元,为项目控制提供充分而合适的管理信息。项目工作分解结构应以等级状或树状结构来表示,其图层范围应该很大,代表详细的信息,能够满足项目执行组织管理项目对信息的需要,结构的上一层次应比下一层次要窄,而且该层次的用户所需的信息由本层提供,以此类推,逐层向上。项目工作分解结构的表达形式分为图形式和目录式两种,如图4-4所示。

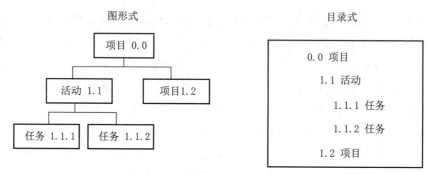

图4-4 项目工作分解结构示例

项目工作分解结构的原则主要包括:一是必须有效且要分等级,但不必在结构内构建太多的层次,层次太多反而不易于有效实施管理,一般情况下设计4—6个层次即可;二是必须保证信息在各层次之间能自然、有效地交流;三是必须使结构具有能够增加的灵活性,并易于理解。

2. 编码系统

在项目工作分解结构中,每项任务都被赋予一个独特的编码,以确保其在项目结构中的唯一标识。这些编码的集合构成了编码系统。编码系统同项目工作分解结构本身一样重要,在项目规划和以后的各个阶段,项目各基本单元的查找、变更、费用计算、时间安排、资源安排、质量要求等各个方面都要参照这一系统。利用编码技术对项目工作分解结构进行信息交换,可以简化项目工作分解结构的信息交流过程。编码设计与结构设计是相互对应的。结构的每一层次代表编码的某一位数,有一个分配给它的特定的代码数字。最高层级的项目本身无需编码;第二层级的关键管理项使用编码的首位数字;第三层级则用两位数编码表示上一层级关键活动包含的主要任务,依此类推。在项目工作分解结构编码体系中,任何等级的一级工作单元,是其余全部次一级工作单元的总和。因此,整个项目就是子项目的总和,所有子项目编码的首位数字相同,而代表子项目的数字不同;紧接着后面两位数字是零;后续层级的编码规则以此类推。

3. 报告

项目工作分解结构的报告内容为项目基准,项目基准包括详细项目范围说明书、工作分解结构和工作分解结构字典。

## 三、项目工作分解结构的步骤

在进行项目工作分解的时候,一般应遵从以下几个主要步骤。

(1) 确认项目的各主要组成部分,即明确项目的主要可交付成果和项目工作,项目的主要组成部分包括项目的可交付成果、项目工作细目和项目管理本身。

(2) 确定每个可交付成果的详细程度是否已经达到了足以编制恰当的成本估算和期限估算的要求。若是,则进入第四步,否则接着进入第三步。

(3) 确认可交付成果的组成元素,组成元素应当用有形的、可验证的结果来描述,以便进行绩效测量。有形的、可证实的结果既包括服务,也包括产品。

(4) 核实分解的正确性。核实分解的正确性需要回答下列问题:①最底层项目对项目分解来说是否是必须而且充分的? 如果不是,则必须修改组成元素(添加、删除或重新定义)。②每项的定义是否清晰完整? 如果不完整,则需要修改描述。③每项是否都能够恰当地编制进度和预算? 是否能够分配到接受职责并能够圆满完成这项工作的具体组织单元(如部门、项目队伍或个人)? 如果不能,需要做必要的修改。

## 四、创建项目工作分解结构的方法

创建项目工作分解结构的方法多种多样,主要包括类比法、自上而下法、自下而上法。

1. 类比法

类比法就是以一个类似的项目工作分解结构为基础,制定本项目的工作分解结构。虽然每个项目是唯一的,但是,项目工作分解结构经常被"重复使用",多数项目在某种程序上具有相似性。例如,从每个阶段看,许多项目的组织形式都有相同或相似的生命周期和因此而形成的相同或相似的工作细目要求。许多应用领域都有标准或半标准的项目工作分解结构,能够作为模板使用。例如,美国国防部发布了项目工作分解结构模板为防御材料项目服务,图4-5中展示出的模板是其中一个模板的一部分。

2. 自上而下法

自上而下法常被视为构建项目工作分解结构的常规方法,即从项目最大的单位开始,逐步将它们分解成下一级的多个子项,如图4-6所示。这个过程就是要不断增加级数,细化工作任务,这种方法对项目经理来说,可以说是最佳方法,因为他们具备广泛的技术知识和对项目的整体视角。

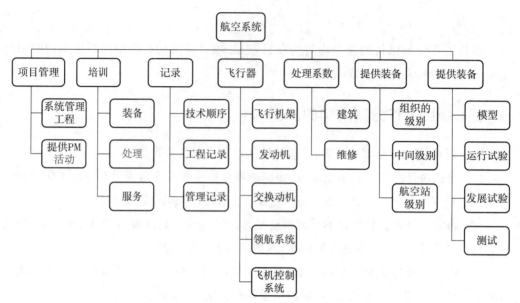

图 4-5  美国国防材料项目工作的项目工作分解结构模板(部分)

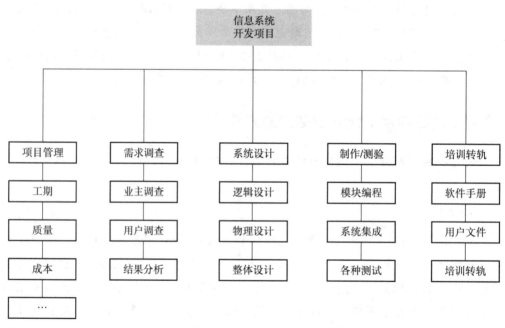

图 4-6  信息系统开发项目的项目工作分解结构示意图

### 3. 自下而上法

自下而上法是指从项目工作包或项目可交付物入手,逐层向上得出项目工作分解结构的方法。项目团队成员尽可能详细地列出他们认为完成项目必须做的工作,然后对其进行分类、整合,并归总到一个整体活动或项目工作分解结构的上一级内容当中(见图4-7)。自下而上法一般都很费时,但这种方法对项目工作分解结构的创建来说效果较好。项目经理经常用该方法来促进全员参与和项目团队的协作。

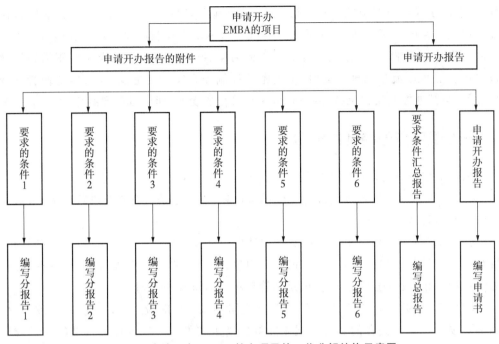

图4-7 申请开办EMBA教育项目的工作分解结构示意图

## 第六节 项目范围的控制

在项目的生命周期中,存在着各种因素不断干扰着项目的进行,项目总是处于一个变化的环境之中。项目管理得再好,采用的管理方法再科学,项目环境也避免不了会发生变化,根据项目管理的哲学思想,这种变化是绝对的。对项目管理者来说,关键的问题是能够有效地预测可能发生的变化,以便采取预防措施,从而实现项目目标。但实际上很难做到这一点,更为实际的方法则是通过不断的监控、有效的沟通和协调、认真的分析研究,力求弄清项目变化的规律,妥善处理各种变化。

项目范围的控制是监督项目和产品的范围状态,也是管理范围基准变更的过程。项目的变化主要是指项目的目标、范围、要求、内部环境,以及技术质量指标等偏离原来确定的项目计划。项目范围的变化在项目变化中是最重要、最受项目经理关注的变化。一个项目的范围计划可能制订得非常好,但是在实施中会随着实际情况做相应调整,因此对变更进行管理也是项目经理必须要做的。项目范围变化并不可怕,糟糕的是变更管理过程缺乏规范性。范围变更的原因是多方面的,如客户要求增加产品功能或项目中存在环保问题导致设计方案修改。项目经理在管理过程中必须通过监督绩效报告和当前进展情况等来分析和预测可能出现的范围变更,在发生变更时遵循规范的变更程序来管理变更。为规范项目变更管理,要制定明确的变更管理流程,其主要内容是找出并管理项目内外使项目范围扩大或缩小的所有因素。它包括三个主要过程:对引起工作规范变更的因素进行识别;确定确实需要发生的变更,并施加影响以保证变更是有益的;管理实际发生的变更。项目范围变更控制主要是对造成项目范围变更的因素施加影响,并控制这些变更产生的后果,确保所有变更请求及纠正措施均通过整体变更控制流程处理。同时,项目范围控制需在实际变更发生时,应协调管理变更过程;与其他控制流程保持协同;防范未经管控的变更(即项目范围潜变)发生。

### 一、项目范围控制的依据

项目范围控制的依据主要包括以下几个方面的内容。

(1)范围基准。用范围基准与实际结果比较,以决定是否有必要进行变更、采取纠正措施或预防措施。

(2)管理计划。项目范围控制的管理计划包括描述如何监督和控制项目范围的项目范围管理计划;管理项目变更的过程变更管理计划;针对配置项目的变更控制过程的配置管理计划;描述如何分析、记录和管理项目需求管理计划。

(3)需求文件。需求应该明确(可测量且可测试),同时应可跟踪、完整、一致,且得到主要项目利益相关者的认可。记录完好的需求文件便于发现任何批准的项目或产品范围的偏离。

### 二、项目范围控制的方法

项目范围控制可以采用多种方法,具体有如下几种。

(1)范围变化控制系统。建设和使用项目范围控制系统是开展项目范围控制的主要方法之一。项目范围控制系统主要包括项目范围变更控制的基本程序和方法、项目范围控制的责任划分和授权、项目范围变更的文档化管理、项目范围变更的跟踪监督、项目范围变更请求的审批等。当项目按照合同执行时,范围变更控制体系必须按所有相关的合同规定执行。

(2)绩效测量。绩效测量技术能帮助评估项目发生的任何重大变化。利用项目绩效测量结果,可评估偏离项目范围基准的程度。项目范围控制应关注确定偏离项目范围基准的原因和程度,并决定是否需要采取纠正和预防措施。

(3)附加规划。很少有项目能按合同的要求精确地运转。预期的范围变化需要依据附加规划对项目工作分解结构进行修改或对其他的入选方法进行分析。

### 三、项目范围控制的成果

项目范围控制的成果包括以下几个方面。

(1)项目范围变更文件。此类变更通常需要重新评估项目的成本、进度、质量等目标。所有变更信息应及时记录,并通过规划流程进行反馈,同时更新相关文件并通知项目相关方。

(2)项目范围变更结果。按照项目范围变更方案进行的项目范围变更是项目变更总体控制的结果,它需要满足项目范围控制和项目变更总体控制的要求。

(3)经验总结。我们应该整理并详细记录在项目范围控制过程中发生各种变化的原因、选择特定纠正措施的依据,以及从范围变更过程中收获的经验教训,这些资料为项目执行组织推进项目提供参考。

相关案例

# 第五章 项目时间管理

> **学习目标**
> - 1. 了解项目活动的定义、排序和时间估算。
> - 2. 掌握项目进度制定。

## 第一节 概述

项目时间管理(Project Time Management,PTM),又称为项目进度管理或项目工期管理,是指在项目的进程中,为了确保项目能够在规定的时间内实现项目的目标,对项目活动过渡及日程安排进行管理的过程。在项目生命周期中,时间是造成项目冲突的主要因素,对项目成功与否起着非常关键的作用。在项目的整个生命周期中,除了概念阶段,在计划、实施和收尾阶段,时间都是冲突的最主要来源,并且越到项目后期,时间冲突越严重,因此在项目的实施和收尾阶段要更加重视对时间的管理。

Thamhain H J 与 Wilemon D L 曾展开了一项关于项目生命周期中的冲突管理,他们邀请了 100 位项目经理,要求其按照标准的四分制,对 7 个潜在冲突源中的每一个所经历的冲突强度进行排名。最终,Thamhain H J 与 Wilemon D L 以冲突频率(%)和严重程度(分级为 0 到 3)的乘积作为冲突强度值,得出了表 5-1 的数据。

表 5-1 项目在不同阶段中不同冲突来源的冲突强度

| 冲突来源 | 概念阶段 | 计划阶段 | 实施阶段 | 收尾阶段 |
| --- | --- | --- | --- | --- |
| 时间 | 0.23 | 0.3 | 0.37 | 0.3 |
| 优先级 | 0.27 | 0.35 | 0.24 | 0.15 |
| 人力 | 0.21 | 0.24 | 0.25 | 0.16 |
| 技术观点 | 0.18 | 0.26 | 0.32 | 0.12 |
| 程序 | 0.26 | 0.27 | 0.15 | 0.08 |

续表

| 冲突来源 | 概念阶段 | 计划阶段 | 实施阶段 | 收尾阶段 |
| --- | --- | --- | --- | --- |
| 成本 | 0.2 | 0.13 | 0.15 | 0.13 |
| 个人冲突 | 0.15 | 0.19 | 0.15 | 0.16 |

(资料来源:Thamhain H J,Wilemon D L《Conflict management in project life cycle》,《Sloan Manage Rev》,1975。)

项目时间管理是采用一定的方法对项目范围所包括的活动及其相互关系进行分析,对各项活动所需要的时间进行估计,并在项目的时间期限内合理地安排和控制活动的开始和结束时间,制订合理的进度计划。在项目时间计划的执行过程中,要检查实际进度是否与进度计划相一致,若出现偏差,必须及时查找原因,采取必要的措施。如有必要,还要调整原计划,以保证项目按时完成。

项目时间管理主要通过以下五个步骤来实现。

(1)根据项目章程制定详细的范围说明书和项目工作分解结构,然后对项目工作分解结构中的活动进行完整的定义,并最终就项目工作分解结构达成一致意见。

(2)分析项目工作分解结构中活动的依赖关系,并形成网络图。

(3)对项目工作分解结构中的活动进行时间估计。

(4)利用CPM、PERT等技术确定项目工作分解结构中活动的开始与结束时间,编制项目进度计划。

(5)按照进度计划对项目的实际进展情况进行实时控制。

这五个步骤对应项目时间管理的五个过程:活动定义、活动排序、活动时间估计、制订进度计划、进度计划控制。具体来说,项目时间管理的过程如图5-1所示,这五个过程共同保证了项目能够按时完成。

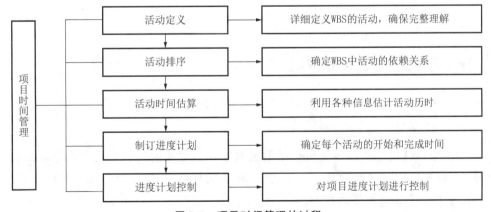

图5-1 项目时间管理的过程

项目时间管理的五个过程彼此影响且紧密相关,在实际项目中常常相互交叉或重叠,难以完全分割。在某些项目,特别是在一些小型项目中,项目的某些管理过程甚至可以视为一个阶段。例如,一些小型项目中的活动排序、活动持续时间估算和进度计划编制之间的关系极为密切,可以由一个人在较短时间内完成,因此可以视为一个过程。

项目时间管理的各个过程及使用的工具与技术,因应用领域而异,在这些内容确定之后,它们就是项目生命周期的一部分,并写入进度管理计划。进度管理计划则属于项目管理计划的一部分。进度管理计划可以是正式的,也可以是非正式的,可以是概括的框架,也可以非常细致的内容,具体因项目需要确定。

## 第二节 项目活动定义

项目活动定义是确定完成项目可交付成果必须进行的具体活动的过程。为了明确实现项目目标的路径,项目工作分解结构被细分为更小、更易管理的工作包。项目工作包是项目工作分解结构中底层的可交付成果。活动是为完成工作包而必须执行的任务,是工作包进一步细分的组成部分。活动是开展项目估算、编制项目进度计划以及执行和控制项目的基础。项目活动定义的具体过程如图5-2所示。

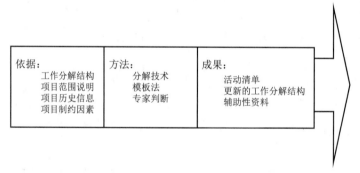

图5-2 项目活动定义的具体过程

### 一、项目活动定义的依据

项目活动定义的依据主要包括以下几个方面的内容。

1. 工作分解结构

工作分解结构是活动定义所依据的最基本和最主要的信息。在工作分解结构的基础上,通过运用项目活动分解方法,把一些活动分解成更小、更容易控制的小活动,以便对它们进行更好的管理控制。

工作分解结构的详细程度和分解层次的多少取决于两个因素:其一是分配给每个项目小组或个人的工作责任与他们的承接能力;其二是项目的管理与预算控制水平。一般情况下,项目组织划分越细,管理和预算控制水平越高,工作分解结构也会更详细。

2. 项目范围说明

在活动定义期间，必须明确考虑项目范围说明中列入的项目合理性说明和项目目标说明。

3. 项目历史信息

项目历史信息既包括本项目前期工作的实际执行情况，也包括过去开展类似项目的各种历史信息。例如，在类似项目活动中曾经开展过哪些工作，这些工作的内容与顺序，以及这些工作的经验和教训等，都属于项目的历史信息。这些资料对项目的后期进展以及今后的项目提供了参考价值。

4. 项目制约因素

项目制约因素是指项目所面临的各种限制条件。任何一个项目都会有或各种各样或多或少的制约因素。这些因素会影响项目活动的开展，因此这些制约因素是项目活动定义时必须考虑的关键因素。一个小区的开发项目会受到技术人员、资金、时间、土地资源等因素的限制，这些也是定义项目活动时必须考虑的重要因素。

## 二、项目活动定义的方法

项目活动定义的一个主要成果是项目活动清单。对一些小型项目来说，得到一份完整的项目活动清单可能要相对容易些，通常情况下，项目团队成员采用"头脑风暴法"进行集思广益就可以生成项目活动清单。但对于更大型的、更复杂的项目，可能难以获得符合要求的项目活动清单，这种情况下需要采用以下活动定义方法。

1. 分解技术

分解技术是为了使项目更易管理，以项目工作分解结构为基础，按照一定的层次结构把项目工作逐渐分解为更小的、更易操作的工作单元，直到将项目工作分解到具体活动为止的一种结构化的、层次化的活动分解技术。项目活动清单是项目活动分解的结果，为项目进度管理提供了依据。需要注意的是，分解技术最终得到的是项目活动定义，而不是对项目产出物进行描述。

2. 模型法

模型法是将已经完成的类似项目的活动清单或部分活动清单作为一个新项目活动定义的模板，并根据新项目的实际情况，进行适当的调整，制定出新项目的活动清单的一种方法。模型法的优点是快捷、方便，但在使用时一定要注意具体情况具体分析，因为不会存在完全相同的两个项目。

3. 专家判断

项目范围说明书、工作分解结构和项目时间计划方面具有经验和技能的项目团队成员或其他专家，可以为定义活动提供专业上的参考。基于历史信息，专家可以对项目环境及以往类似项目的信息提供有价值的见解，还可以对是否需要联合使用多种方法，以及如何协调方法之间的差异提出建议。

### 三、项目活动定义的成果

项目活动定义作为项目时间管理的第一个过程,往往要输出下列结果。

1. 活动清单

活动清单包括项目中所需进行的所有活动,但不能包括任何不属于本项目的活动。活动清单应详细阐述每个活动的工作范围,使项目成员知道需要完成什么工作。同时,活动清单中应详细阐述项目的"里程碑"。项目"里程碑"是指项目中的重要时点或事件。"里程碑"清单列出了所有项目里程碑,并指明每个"里程碑"是强制性的(如合同要求的)还是选择性的(如根据历史信息确定的)。"里程碑"与常规的进度活动类似,有相同的结构和属性,但是"里程碑"的持续时间为零,因为"里程碑"代表的是一个时间点。

活动清单与工作分解结构的关系表现为活动清单是对工作分解结构的细化和扩展,活动清单列出的是比工作分解结构更为详细的、具体的项目活动,工作分解结构可以作为活动清单开发的基础。

2. 更新的工作分解结构

在利用工作分解结构识别项目需要进行的活动时,项目管理人员可能会发现原有工作分解结构有遗漏、错误或不必要的地方,这时需要对原有工作分解结构进行修订和更新,因此更新的工作分解结构是活动定义的一个可能的成果。这里需要注意的是,工作分解结构更新后还必须同时更新与之相关的项目管理文件,如项目的成本估计文件等。

3. 辅助性资料

项目活动定义也会产生一些详细的辅助性资料,它将与具体活动相关的假设和约束条件形成相应的文件。在转移到项目进度管理的下一个过程以前,项目团队应该与项目利益相关者共同审查、修订辅助性资料。

## 第三节 项目活动排序

项目活动定义以活动清单的形式列出了完成项目所必须进行的各项活动,这些活动在实际的执行中必须遵循规定的顺序,其中一个原因是某些活动的执行必须依赖于其他活动的完成,因此接下来需要进行项目活动排序的工作。

项目活动排序就是对活动清单中各项活动的相互关系进行识别,并据此确定各项活动的先后顺序。由此可见,活动排序的首要任务是识别出各项活动之间的先后依赖关系。这种先后依赖关系有的是活动之间本身存在的、无法改变的逻辑关系,有的则是根据需要人为确定的。一般来说,活动排序应先分析确定活动之间本身存在的逻辑关系,再在此基础上确定各活动之间的人为关系,以便在既定的所有项目制约因素下获得最高的效率。项目活动排序可利用计算机软件或手工进行。对于小型项目,手工排序较方便;对于大型项目,可结合使用手工编制和计算机排序。

## 一、项目活动排序的依据

项目活动主要依据以下几点进行排序。

### 1. 活动清单

活动清单列出了项目所需的、待排序的全部进度活动。这些活动的依赖关系和其他制约因素会对活动排序产生影响。

### 2. 项目范围说明书

在活动排序时,需考虑项目范围说明书中记载的该产品或服务的特性。产品或服务的特性会直接影响项目活动的顺序,对项目产品特性进行分析可以帮助确定项目活动的顺序。

### 3. 项目活动之间的先后依赖关系

安排活动顺序时,要明确各活动之间的先后依赖关系。先后依赖关系有三种:必然性依存关系、选择性依存关系和外部依赖关系。先后依赖关系的类型及具体说明如表5-2所示。

表5-2 先后依赖关系的类型及具体说明

| 类型 | 具体说明 | 其他说明 |
| --- | --- | --- |
| 必然性依存关系 | 必然性依存关系是活动相互关系确定的基础,它是活动之间所存在的内在关系,通常是不可调整的,因此必然性依存关系的确定依据相对明确。通常,技术和管理人员的交流就可确定必然性依存关系,如建造一座大楼需要先打好地基,然后才能进行上部结构的施工 | 也称为硬逻辑关系 |
| 选择性依存关系 | 选择性依存关系是基于具体应用领域的最佳实践或项目特殊性质而采用的逻辑关系。选择性依存关系会影响总浮动时间并限制后续进度安排,因此这类关系必须全面记录。若计划快速跟进,则需审查相关选择性依存关系并评估是否需要调整或取消。在活动排序过程中,项目团队必须明确识别哪些依存关系属于选择性依存关系。 | 也称为优先逻辑关系或软逻辑关系 |
| 外部依赖关系 | 外部依赖关系是指项目活动与非项目活动之间的依赖关系,这类依赖关系需要来自项目团队外部的输入。例如,在建设项目中,现场准备工作开始之前可能需要先召开环境影响听证会。 | |

## 二、项目活动排序的方法

项目活动排序的方法有如下几种。

### 1. 顺序图法

顺序图法是创建进度模型的一种技术,用节点表示活动,用一种或多种逻辑关系连接活动,以显示活动的实施顺序。这种技术又称活动节点表示法,是大多数项目管理软件使用的方法。根据表5-2所列逻辑关系,可以把活动清单中的各项活动之间的关系分为四种类型:完成—开始,完成—完成,开始—开始,开始—完成。四种活动关系类型的说明如下。

(1)完成—开始:后续活动的开始要等到先行活动的完成。

(2)完成—完成:后续活动的完成要等到先行活动的完成。

(3)开始—开始:后续活动的开始要等到先行活动的开始。

(4)开始—完成:后续活动的完成要等到先行活动的开始。

这四种活动关系如图5-3所示。

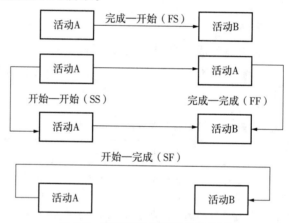

图 5-3　顺序图法的活动关系类型

在顺序图法中,完成—开始型最常用,开始—开始型和完成—完成型是运用较多的,开始—完成型比较少见。

现举例说明顺序图法的画法,某项目的活动关系如表5-3所示。

表 5-3　某项目的活动关系表

| 活动名称 | 紧前活动 | 紧后活动 |
| --- | --- | --- |
| A | — | B,F |
| B | A | C |
| C | B | D |
| D | C | E |
| E | D,F | — |
| F | A | E |

根据表5-3的资料,用顺序图表示出活动之间的关系,如图5-4所示。

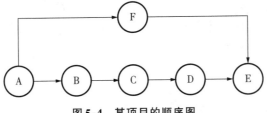

**图 5-4　某项目的顺序图**

在绘制节点图时,必须正确表达已确定的逻辑关系,如表5-4所示。

表 5-4　网络图绘制规则

| 绘制规则 | 图示 | 属性 |
|---|---|---|
| 流向性质 |  | 从左向右:<br>A之前没有活动,B发生在A之后,C发生在B之后 |
| 约束性质 |  | A,B,C可以同时开始<br>A,B,C都必须在D开始之前完成 |
| 编号法则 |  | i在前,j在后 |
| 首尾原则 |  | 如果A,B,C三项活动同时开始,那么在单代号网络图中可以虚拟一个虚活动K;在双代号网络图中,可以将A,B,C用一个节点连接,出现多个结束活动时依然可以用一个节点连接。 |

## 2. 箭线图法

箭线图法又称为双代号网络图法,它用箭线来代表活动,用节点表示活动之间的关系。这种方法虽然没有顺序图法应用广泛,但在某些领域也是一种可供选择的方法。某项目的箭线图如图 5-5 所示。

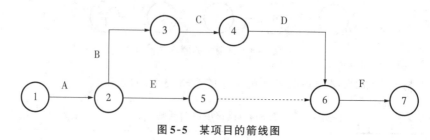

图 5-5 某项目的箭线图

在箭线图中,活动是由两个节点中间的箭线来表示的,所以项目的活动可以用两个节点的数字来表示,如活动 B 可以表示为活动(2,3),活动 C 可以表示为活动(3,4)。活动 D 和活动 E 分别完成于节点 6 和节点 5,因此用一个虚活动(表示不存在的活动,有助于表示其他活动的关系)把它们连接起来,表示活动 F 要在活动 D 和活动 E 完成之后才能进行。

## 3. 网络样板法

在编制项目计划活动网络时,可以利用标准化的项目进度网络图来减少工作量并加快工作速度。这些标准网络图可以涵盖整个项目或其中的部分。项目进度网络图的一部分往往称为子网络。当项目包括若干相同或者几乎相同的可交付成果时(如高层办公楼的楼层、药品研制项目的临床试验、软件项目的程序模块或者开发项目的启动阶段),网络样板法较为适用。

一般来说,绘制项目进度网络图需要遵循以下四个基本步骤。

(1)依据工作分解结构列出项目的活动清单,也就是活动定义所要完成的任务。

(2)界定各项活动之间的逻辑关系,即每项活动首先必须明确以下问题:① 哪些活动需要安排在此项活动之前?或者说,在进行此项活动之前,其他哪些活动必须完成?② 哪些活动需要安排在此项活动之后?或者说,在此项活动结束之前哪些活动必须完成?③ 哪些活动可以和此项活动同时进行?或者说,哪些活动可以和此项活动在同一段时间内进行?

(3)绘制出一张完整且可行的项目网络图。

(4)检查项目进度网络图的逻辑结构。为了得到最佳的项目网络图,需要对所绘制的项目进度网络图的逻辑结构进行检查。此时,通常需要对每项活动及活动之间的关系进行审查,保证所有活动都是必要的,所有活动之间的关系都是恰当的。另外,在这一步骤中,应注意把项目网络图和工作分解结构对照起来,这样可能会发现还存在着一些不必要的项目活动。

## 三、项目活动排序的成果

项目活动排序的成果有以下两个。

1. 项目进度网络图

项目进度网络图是表示项目进度活动之间的逻辑关系(也叫依赖关系)的图形。项目进度网络图可手工或借助项目管理软件来绘制。项目进度网络图可包括项目的全部细节,也可只列出一项或多项概括性活动。项目进度网络图应附有简要文字描述,说明活动排序所使用的基本方法。在文字描述中,还应该对任何异常的活动序列做详细说明。

2. 更新后的项目活动清单

在编制项目进度网络图的过程中,可能会发现一些需要更新定义的活动,这就要求及时对项目活动清单进行更新。

## 第四节 项目活动时间估算

项目活动时间估算是根据项目资源的情况,估算完成项目各项活动所需工作时间的过程。本过程的主要作用是,确定完成每个活动需要花费的时间,为制订进度计划过程提供主要依据。

随着时间的推移和经验的增多,对项目活动时间的估算会不断更新,因为在项目进展中可以获得更多的经验和认识,从而能够给出比事前更准确的估计。估算更新后,需要对剩余的活动进行重新安排,但无论采用何种估算方法,活动实际的持续时间和事前估算的时间总是会有出入,影响因素主要有以下几个方面。

(1) 参与人员的熟练程度。一般估算是以典型人员的熟练程度为基础进行的,而项目实际的参与人员的熟练程度可能高于也可能低于平均水平,这就使得活动实际的持续时间可能比估算的时间更短或更长。

(2) 不确定性因素。在项目的实际执行过程中,会发生各种突发事件,如战争与地震、项目成员生病等。在考虑所有可能的突发事件时,不确定性因素对活动的实际持续时间可能产生影响。

(3) 工作效率。在活动持续时间估算中,总是假设成员的工作效率保持不变,但在实际工作中,由于主观或客观上的原因,成员的工作效率很难保持稳定。

(4) 误解和失误。不管计划如何详尽,总是无法避免出现在实施过程中的误解和失误,这些误解和失误会导致活动所需时间与估算时间产生差异。

## 一、项目活动时间估算的依据

项目活动时间估算的主要依据包括以下几个方面。

（1）活动清单。在活动定义中得到可交付成果,列出项目所需开展的全部活动,是对工作分解结构的细化和扩展。

（2）资源要求。项目活动的时间取决于资源的数量和质量。大多数项目活动的时间受到该工作所分配的资源数量的影响,当人力资源减少一半时,工作的延续时间一般来说将会增加一倍。另外,大多数项目活动的时间也受到项目所能够得到的资源质量的影响,如对于同一个活动,高级工人花费的时间肯定比普通工人花费的时间少。

（3）项目范围说明书。项目范围说明书给出了项目产出物和工作的范围。在估算活动持续时间时,需要考虑项目范围说明书中所列的假设条件和制约因素。项目集成要求对项目范围、时间、成本、质量和风险等方面进行综合考虑,因此项目范围说明书是项目活动时间估算的重要依据之一。

（4）历史信息。许多类似项目的历史信息对于当前项目的活动持续时间估算是很有帮助的。

## 二、项目活动时间估算的方法

由于影响活动时间的因素有很多种,要对活动时间进行精确估算是不容易的。对于比较熟悉的业务可以进行相对准确的估计,而在缺乏经验的时候,估算会带有相当的不确定性。在项目的进展中,可以获得更多的经验和认识,从而给出比事前更准确的估算,相应地,就需要重新进行计划,重新安排剩余的工作。对项目活动的时间进行估算的方法主要有以下几种。

### 1. 专家评估法

专家评估法是由项目时间管理专家运用其经验和专业特长对项目活动持续时间进行估计和评价的方法。由于活动持续时间估算涉及众多因素,通常是相当困难的,很难找到一个通用的计算方法,在这种情况下,专家评估法是一个行之有效的方法。专家评估法是由专家根据历史信息进行评估的,如果找不到这样的专家,那么活动持续时间的估算就存在不确定性和高风险,当然专家评估主要依赖于历史的经验和信息,其估算结果也具有一定的不确定性。

### 2. 类比估算法

类比估算法也叫详细估算法或自上而下估算法,是依据以前的类似项目的活动持续时间来推测和估计当前项目各项活动持续时间的方法。当关于项目活动持续时间的信息较有限时,例如在项目的初期阶段,这是一种最为常用的方法。当前项目和类比项目在本质上相似,且估算人员掌握了必要的专门技术的条件下,类比估算法将非常可靠。

### 3. 模拟法

模拟法是以一定的假设条件为前提对活动持续时间进行估算的方法,这种方法也可用来对整个项目的工期进行估算。常见的模拟法有蒙特卡罗模拟法、三点估计法等,其中三点估计法相对比较简单。

三点估计法有以下要求：首先需要确定项目中各个活动所需要的时间分配，进而利用各个活动时间分配的结果确定各个活动可能的时间分配。项目各种活动的三种可能时间分别是最可能持续时间(M)、最乐观持续时间(O)、最悲观持续时间(P)，具体如下。

(1) 最可能持续时间：当为计划活动分配的资源、资源生产率、可供该计划活动使用的现实可能性、对其他参与者的依赖性以及可能的中断都已给定时，估算的持续时间就是该计划活动的最可能持续时间。

(2) 最乐观持续时间：当估算最可能持续时间依据的条件形成最有利的组合时，估算出来的持续时间就是活动的最乐观持续时间。

(3) 最悲观持续时间：当估算最可能持续时间依据的条件形成最不利的组合时，估算出来的持续时间就是活动的最悲观持续时间。

假设这三个时间服从 $\beta$ 分布，运用概率的方法可以得出各项活动时间的平均值 $T$。其计算公式如下：

$$T = \frac{O + 4M + P}{6} \tag{5-1}$$

【例 5-1】 某一简单项目由三个活动 A、B、C 组成，其项目网络图如图 5-6 所示。活动 A、活动 B、活动 C 在正常情况下的工作时间分别为 20 天、18 天、24 天；在最有利的情况下，工作时间分别是 15 天、16 天、20 天，在最不利的情况下其工作时间分别为 28 天、30 天、36 天，那么该项目各活动和整个项目最可能持续时间是多少？

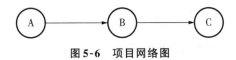

图 5-6　项目网络图

解：根据式(5-1)可知：
活动 A 最可能持续时间 $T_A=(15+4\times20+28)/6=20.5$(天)
活动 B 的最可能持续时间 $T_B=(16+4\times18+30)/6=19.7$(天)
活动 C 的最可能持续时间 $T_C=(20+4\times24+36)/6=25.3$(天)
所以，整个项目的最可能持续时间为 $T=20.5+19.7+25.3=65.5$(天)

## 三、项目活动时间估算的成果

项目活动时间估算的成果包括以下几个方面的内容。

### 1. 估算出的项目活动时间

项目活动时间的估算，是对完成某一活动所需的工作时间进行定量的估计，并且还要用一定的指标表示出项目活动时间的变动范围。

### 2. 估算依据的资料

项目活动时间估算的依据必须以资料的形式保留下来。

3. 更新活动清单

项目团队在估算时间后,可能会发现项目活动定义存在一些错误,需要对项目活动清单进行更新。

## 第五节 项目进度计划制订

项目进度计划制订包括分析活动顺序、持续时间、资源需求和进度制约因素,以及根据项目活动定义、活动排序及活动持续时间估算的结果和所需要的资源进行的进度计划编制的工作,其主要任务是确定各项目活动的起始和完成日期、具体的实施方案和措施。项目的主要特点之一就是有严格的时间期限要求,制订项目进度计划的目的是控制项目的时间,从而节约时间,因此进度计划在项目管理中具有重要的作用。制订进度计划时,项目经理要组织有关职能部门参加,明确对各部门的要求。各职能部门据此可拟定本部门的进度计划。

项目进度计划制订的主要作用是,把进度活动、持续时间、资源、资源可用性和逻辑关系带入进度规划工具,从而形成包含各个项目活动的计划日期的进度模型。目前,项目进度计划多采用网络计划技术的形式,这有助于明确反映项目各活动之间的相互关系,有利于项目执行过程中各工作之间的协调与控制。项目进度计划定稿前,其编制过程必须反复进行,为进度计划编制提供输入的过程也需要随之反复进行,尤其是活动持续时间估算和成本估算的过程。

### 一、项目进度计划制订的依据

项目进度计划制订的依据主要有以下几项。

1. 项目网络图

项目网络图确定了项目活动的顺序以及这些活动相互之间的逻辑关系,项目进度计划的制订主要就是按照项目网络图来确定项目活动之间的关系,项目进度计划制订需按照项目网络图确定项目活动之间的关系。

2. 活动持续时间的估算

项目持续时间的估算是通过上一节介绍的估算方法和估算程序得到的。

3. 项目范围说明书

项目范围说明书中包含了影响项目进度计划制订的假设条件和制约因素。

4. 资源要求

资源要求是指项目活动对资源数量和质量方面的要求,这会对项目进度产生影响。具体来说,就是各项活动在何时需要何种资源以及当项目的几项活动共用一种资源时,如何进行合理的资源平衡,从而确定各项活动的进度。

5. 日历

项目和资源的日历标注了工作的时间，项目和资源明确的日历是制订进度计划的基础。项目日历直接影响所有的资源，如一些项目仅在正常工作时间进行，而另一些项目采用三班倒的方式进行。资源日历影响某一具体资源或一类资源。

## 二、项目进度计划制订的方法

在制订项目进度计划时，先用数学分析方法计算出每个活动最早开始时间和结束时间、最迟开始时间和结束时间，得出项目网络图，再根据资源因素、活动时间等来调整活动的进度，最终形成最佳活动进度计划。

项目进度计划要说明哪些工作必须完成、何时完成和完成每一任务所需要的时间，但最好也能展现每项活动所需要的人数。常用的制订进度计划的方法有甘特图、关键路径法、PERT分析、GERT分析等，以下对前两种方法进行详细讨论。

1. 甘特图

甘特图又称为横道图、条形图。它通过日历形式列出项目活动工期及其相应的开始和结束日期，为反映项目进度信息提供了一种标准格式。

在甘特图中，项目活动在表的左侧列出，时间在表的顶部列出，可以依据计划的详细程度，以年、月、周、天或小时作为度量项目进度的时间单位。

甘特图可以明确显示出各活动所持续的时间，横道线显示了每项活动的开始时间和结束时间，横道线的长短代表了活动持续时间的长短。甘特图的优点是简单、明了、直观、易于编制，但是，甘特图不能系统地把项目性活动之间的复杂关系表示出来，难以进行定量的分析和计算，同时也没有指出影响项目进度的关键所在。因此，甘特图适用于比较简单的小型项目，对于复杂的项目来说，甘特图往往难以应对。

2. 关键路径法

关键路径法(Critical Path Method，CPM)是利用进度模型时使用的一种进度网络分析技术。关键路径法沿着项目进度网络路线进行正向和反向分析，从而在不考虑任何资源限制的情况下，计算出所有计划活动理论上的最早开始时间、最早完成时间、最迟开始时间、最迟完成时间。由此计算得到的时间不一定能确定项目的进度计划，它们只不过指明了计划活动在给定的活动持续时间、逻辑关系、时间提前量和滞后量以及其他已知制约条件下应当安排的时间的长短。

下面一些基本概念是比较重要的。

(1) 最早开始时间和最早完成时间。

最早开始时间(Early Start Date，ES)是指根据进度网络逻辑、数据日期以及任何进度方面的制约因素，某计划活动尚未完成部分可能开始的最早时间点。

最早完成时间(Early Finish Date，EF)是指根据进度网络逻辑、数据日期以及任何进度方面的制约因素，某计划活动尚未完成部分可能完成的最早时间点。

计算网络图中各项活动的最早开始时间或最早完成时间的具体原则如下：① 对于

一开始就进行的活动,其最早开始时间为零。②某项活动的最早开始时间必须等于或晚于直接指向这项活动的所有活动的最早完成时间中的最晚时间。③计算每项活动的最早开始时间和最早完成时间时,以项目预计开始时间为参照点进行正向推算。对于中间的活动,其活动的最早开始时间就是其前置活动的最早完成时间中的最晚时间。

根据项目的最早开始时间来确定项目的最早完成时间。最早完成时间可在这项活动最早开始时间的基础上加上这次活动的工期进行计算,活动工期为DU(Duration),即EF=ES+DU。最早开始时间、最早完成时间的关系图如图5-7所示。

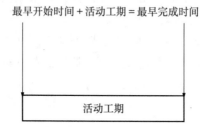

图5-7 最早开始时间、最早完成时间的关系图

(2)最迟开始时间和最迟完成时间。

最迟开始时间(Late Start Date,LS)是指根据进度网络逻辑、项目完成日期以及任何附加于计划活动的制约因素,在不违反进度制约因素或延误项目完成日期的条件下允许计划活动最迟开始的时间点。

最迟完成时间(Late Finish Date,LF)是指根据进度网络逻辑、项目完成日期以及任何施加于计划活动的制约因素,在不违反进度制约因素或延误项目完成日期的条件下允许计划活动最迟完成的时间点。

计算网络图中各项活动的最迟开始时间和最迟完成时间的具体原则如下:①对于最后完成的活动,其最迟完成时间就是项目规定的完工期。②某项活动的最迟完成时间必须等于或早于该活动直接指向的所有活动最迟开始时间的最早时间。③计算每项活动的最迟开始时间和最迟完成时间时,以项目预计完成时间为参照点进行逆向计算,对于中间的活动,其活动的最迟完成时间就是其后置活动的最迟开始时间的最早时间。

最迟开始时间可用该活动最迟完成时间减去该活动的工期得出,即LS=LF-DU。最迟开始时间、最迟完成时间的关系图如图5-8所示。

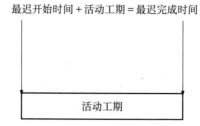

图5-8 最迟开始时间、最迟完成时间的关系图

(3) 时差。

时差F(Float)也称为"浮动时间",表示项目活动或整个项目的机动时间。时差分为两种类型:活动总时差和单时差。活动总时差是指在不影响项目在规定时间范围内完成的情况下,项目活动最迟开始时间和最早开始时间的间隔;活动单时差则是指在不影响下一个活动最早开始的前提下,该活动的完成所拥有的机动时间。由此可见,总时差是单时差的总和,但不是单时差的简单加总。时差越大,则表示项目的时间潜力越大。总时差可以通过式5-2来表示。

$$F = LF - DU - ES \text{ 或 } F = LF - EF \tag{5-2}$$

如果项目某条路线的总时差为正值,这一正的总时差可以为该路线上的所有活动共用,当该路线上的某项活动不能按期完成时,则可以利用该路线的总时差,而不必担心影响项目的进度;如果项目某条路线的总时差为负值,则表明该路线上的各项活动要加快进度,减少在该路线所花费的时间总量,否则项目就不能在规定的时间范围内顺利完成;如果项目某条路线的总时差为零,则表明该路线上的各项活动不用加速完成,但是也不能拖延时间。时差可以调整整个项目的进度。

(4) 关键路线

关键路线的确定是指将项目网络图中每一条路线的所有活动的历时分别相加,最长的路线就是关键路线,关键路线上的活动称为关键活动,关键路线的节点称为关键节点,关键活动的总时差为零。因此,关键路线就是网络图中由一系列活动构成的活动工期最长的那条路线,如果关键路线里的某项活动未能如期完成,则所有处于其后的工作活动都要拖延,最终的结果是项目不能按计划完成;反之,如果关键路线上的某活动能够提前完成,那么整个项目也有可能提前完成。由此可见,在编制项目进度计划时,关键路线上的活动是关注的重点。

确定关键路线的方法除了找出所有活动的历时相加最长的路线外,还有一种常用的方法是找出那些具有最小时差的活动,即用每项活动的最迟完成时间减去最早完成时间(或用最迟开始时间减去最早开始时间),然后找出时差值最小的各项活动(如果时差都是正的,则选择正时差值最小的活动;如果存在负时差,则选择负时差绝对值最大的活动),所有这些活动就是关键路线上的活动。

【例5-2】 某项目的网络图如图5-9所示,项目活动情况表如表5-5所示,该项目的规定完工时间为42天,试用以上两种方法确定该项目的关键路线。

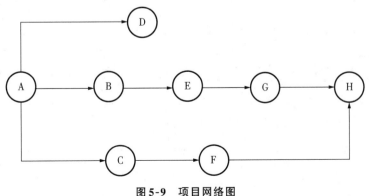

图5-9 项目网络图

表 5-5 项目活动情况表

| 活动 | 活动工期 | 最早开始时间 | 最早完成时间 | 最迟开始时间 | 最迟完成时间 | 总时差 |
|---|---|---|---|---|---|---|
| A | 3 | 0 | 3 | 0 | 3 | 0 |
| B | 10 | 3 | 13 | 3 | 13 | 0 |
| C | 8 | 3 | 11 | 8 | 16 | 5 |
| D | 15 | 3 | 18 | 9 | 24 | 6 |
| E | 7 | 13 | 20 | 13 | 20 | 0 |
| F | 20 | 11 | 31 | 16 | 36 | 5 |
| G | 12 | 20 | 32 | 20 | 32 | 0 |
| H | 6 | 32 | 38 | 32 | 38 | 0 |

解：① 运用"时差最小值"来确定项目的关键路线。由表 5-5 中总时差的值可以看出，活动 A、活动 B、活动 E、活动 G 和活动 H 的总时差均为 0。因此，活动 A、活动 B、活动 E、活动 G 和活动 H 构成了网络图的关键路线。

② 运用"活动的历时相加最长的路线"来确定项目的关键路线。在该项目的网络图上，有三条路线：A—D—G—H；A—B—E—G—H；A—C—F—H。这三条路线的活动时间相加分别为 36 天、38 天和 37 天，其中路线 A—B—E—G 和 H 活动历时相加是最多的，所以是关键路线。

【例 5-3】 通过分析可知，项目各项活动（工作）逻辑关系和历时如表 5-6 所示，试分析其关键路径。

表 5-6 新产品开发项目的活动资料

| 活动 | 活动内容 | 紧前活动 | 活动历时 |
|---|---|---|---|
| A | 市场调查 | — | 4 周 |
| B | 资金筹备 | — | 10 周 |
| C | 产品需求分析 | A | 3 周 |
| D | 产品设计 | A | 6 周 |
| E | 产品研制 | D | 8 周 |
| F | 制订费用计划 | C,E | 2 周 |
| G | 制订生产计划 | F | 3 周 |
| H | 筹备设备 | B,G | 2 周 |
| I | 筹备原材料 | B,G | 8 周 |
| J | 安装设备 | H | 5 周 |
| K | 调集人员 | G | 2 周 |
| L | 准备开工生产 | I,J,K | 1 周 |

可以运用图上作业和表上作业的方法寻求关键路径,如果网络图较为复杂则使用图上作业法就容易出错,所以常常采用表上作业法。表上作业要求列出计算用表,活动应严格按照箭尾事项编号由小到大排列,箭尾编号相同时,按箭头事项由小到大排列,如图5-10所示。

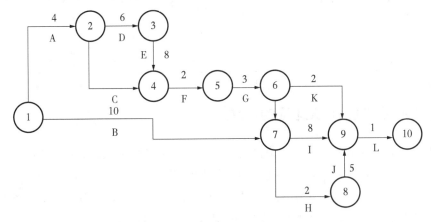

图5-10　项目活动箭线式网络图

① 计算活动的最早开始时间和最早完成时间,由上至下逐个计算,填入表5-7中第4列、第5列。

② 由下而上逐个计算活动的最迟开始时间和最迟完成时间,填入表5-7中第6列、第7列。

③ 计算总时差和单时差,其中总时差由各活动第6列减去第4列求得。单时差由之后活动的第4列与该项活动的第5列相应数字相减而得。

④ 按总时差为零识别出关键活动,填入表5-7中第10列,找出关键路线。

表5-7　关键路线的表上作业过程与结果

| 工作 | | 工作历时 | 最早开始时间 | 最早完成时间 | 最迟开始时间 | 最迟完成时间 | 总时差 | 单时差 | 关键工作 |
| --- | --- | --- | --- | --- | --- | --- | --- | --- | --- |
| 箭尾 | 箭头 | | | | | | | | |
| ① | ② | 4 | 0 | 4 | 0 | 4 | 0 | 0 | ①→② |
| ① | ⑦ | 10 | 0 | 10 | 13 | 23 | 13 | 13 | |
| ② | ③ | 6 | 4 | 10 | 4 | 10 | 0 | 0 | ②→③ |
| ② | ④ | 3 | 4 | 7 | 15 | 18 | 11 | 11 | |
| ③ | ④ | 8 | 10 | 18 | 10 | 18 | 0 | 0 | ③→④ |
| ④ | ⑤ | 2 | 18 | 20 | 18 | 20 | 0 | 0 | ④→⑤ |
| ⑤ | ⑥ | 3 | 20 | 23 | 20 | 23 | 0 | 0 | ⑤→⑥ |
| ⑥ | ⑦ | 0 | 23 | 23 | 23 | 23 | 0 | 0 | ⑥→⑦ |
| ⑥ | ⑨ | 2 | 23 | 25 | 19 | 31 | 6 | 6 | |

续表

| 工作 | | 工作历时 | 最早开始时间 | 最早完成时间 | 最迟开始时间 | 最迟完成时间 | 总时差 | 单时差 | 关键工作 |
| --- | --- | --- | --- | --- | --- | --- | --- | --- | --- |
| 箭尾 | 箭头 | | | | | | | | |
| ⑦ | ⑧ | 2 | 23 | 25 | 24 | 26 | 1 | 0 | |
| ⑦ | ⑨ | 8 | 23 | 31 | 23 | 31 | 0 | 0 | ⑦→⑨ |
| ⑧ | ⑨ | 5 | 25 | 30 | 26 | 31 | 1 | 1 | |
| ⑨ | ⑩ | 1 | 31 | 32 | 31 | 32 | 0 | 0 | ⑨→⑩ |

### 三、项目进度计划制订的成果

项目进度计划编制的结果就是包括关于项目进度计划的文件,具体如下。

(1) 项目进度计划。项目进度计划包括各项活动计划开始时间和预计完成时间,这是项目进度计划编制的主要成果。在资源配置之前,这种进度计划只是一个初步的计划,等资源配置确认后,才能形成正式的项目进度计划。

(2) 项目进度计划补充说明。补充说明主要包括假设条件和制约因素的说明、计划的具体实施细节、计划的风险估算等方面的内容。

(3) 项目进度管理计划。项目进度管理计划说明了项目团队应该如何应对项目进度的变动,它可以是正式的,也可以是非正式的。它是项目进度计划的补充部分。

## 第六节 项目进度控制

项目进度计划为项目的实施提供了科学、合理的依据,有利于项目如期完成,但并不是制订了好的进度计划就可以保证项目如期完成。因为计划是赶不上变化的,在项目的实施过程中,外部环境的变化无常会导致项目的实际进度与进度计划发生偏离。项目管理者不能简单地认为问题在不采取任何措施的情况下会自动消失。为了保证项目如期完成,项目管理者必须对项目进度进行严格的监控,及时、定期地将它与计划进度进行比较,并采取有效的纠正措施。

项目进度控制的主要内容包括以下几个方面。

(1) 确定项目的进度是否发生了变化,如果发生了变化,找出变化的原因,如果有必要就采取措施加以纠正。

(2) 对影响项目进度变化的因素进行控制,从而确保这种变化朝着有利方向发展。

### 一、项目进度控制的依据

项目进度计划控制的主要依据包括以下几个方面。

1. 项目进度基准计划

批准后的项目进度基准计划是项目进度控制的主要依据,为衡量进度的执行情况提供了基准尺度。

2. 执行情况报告

执行情况报告提供有关项目进度计划执行的实际情况,以及其他的相关信息,例如哪些活动已经如期完成、哪些活动尚未按期完成。执行情况报告还可以提醒项目团队关注那些可能会影响进度的活动。

3. 变更申请

变更申请就是项目团队对项目进度任务提出改动的要求,要求推迟进度或者加快进度。

4. 进度管理计划

进度管理计划提供了如何应对项目进度计划变动的措施和安排,这是进行进度控制的主要依据。

## 二、项目进度控制的方法

项目进度控制的方法有很多种,使用这些方法可以控制行业日进度各个方面的影响因素,并且得到人们想要的项目进度计划执行结果。

1. 绩效审查

绩效审查是指测量、对比和分析进度绩效,如实际开始和完成日期、已完成百分比及当前工作的剩余持续时间。绩效审查可以使用各种方法,其中包括如下几种。

(1) 趋势分析。趋势分析检查项目绩效随时间的变化情况,以确定绩效是在改善还是在恶化。图形分析技术有助于理解当前绩效,并与未来的目标绩效(表示为完工日期)进行对比。

(2) 关键路径法。通过比较关键路径的进展情况来确定进度状态。关键路径上的差异将对项目的结束日期产生直接影响。评估关键路径上的活动的进展情况,有助于识别进度风险。

(3) 增值管理。具体阐述详见第九章。采用进度绩效测量指标,如进度偏差(SV)和进度绩效指数(SPI,评价偏离初始进度基准的程度)。总浮动时间和最早结束时间偏差也是评价项目时间绩效的基本指标。进度控制的重要工作包括:分析偏离进度基准的原因与程度,评估这些偏差对未来工作的影响,确定是否需要采取纠正或预防措施。例如,非关键路径上的某个活动发生较长时间的延误,可能不会对整体项目进度产生影响;而某个关键或次关键活动的稍许延误,却可能需要立即采取行动。对于不使用挣值管理的项目,需要开展类似的偏差分析,比较活动的计划开始和结束时间与实际开始和结束时间,从而确定进度基准和实际项目绩效之间的偏差。还可以进一步分析,以确定偏离进度基准的原因和程度,并决定是否需要采取纠正或预防措施。

2. 项目管理软件

可借助项目管理软件,对照进度计划,跟踪项目执行的实际日期,报告与进度基准相比的差异和进展,并预测各种变更对项目进度模型的影响。

3. 进度计划编制工具

需要更新进度数据,并把新的进度数据应用于进度模型,来反映项目的实际进展和待完成的剩余工作。可以把进度计划编制工具及其支持性进度数据与手工方法或其他项目软件联合起来使用,进行进度网络分析,制订出更新后的项目进度计划。

## 三、项目进度控制的成果

项目进度控制的成果主要包括以下几个方面的内容。

1. 更新后的项目进度计划

在项目进度计划采取的纠偏措施对项目的进度计划进行相应的修订、更新,并将更新的项目进度计划分发给有关的项目利益相关者。

2. 纠偏措施

为了把项目预计的执行情况控制在项目进度计划规定的范围内,必须对项目进度存在的问题进行纠正,如针对进度滞后的情况要采取措施,以加快进度。

3. 经验教训

有关项目进度控制方面的各种经验教训要形成文档,使之成为本项目后续阶段或其他类似项目可以利用的数据库。

相关案例

# 第六章
# 商业项目人力资源管理

> **学习目标**
> - 1. 了解项目人力资源规划的工具和方法。
> - 2. 掌握项目人力资源的绩效管理。

## 第一节 概  述

### 一、人力资源与人力资源管理

#### (一)人力资源

人力资源(Human Resource)是人类用于生产产品或提供服务的知识、技能和能力的总和。人力资源是生产要素中最积极、活跃的一种要素,是推动社会和经济发展的最重要的力量。与其他的资源相比,人力资源具有以下特点。

(1)能动性。能动性主要表现在人的自我学习、自我激励和主观能动等方面上,人能不断提高自身的知识、技能,从而创造更大的价值。

(2)消耗再生性。同一般的自然资源一样,人力资源同样具有只能一次性使用的消耗性,但基于人口的再生和劳动力的再生,人力资源又可以通过不断"再生"获得再生性。这种再生性能在不断享用、继承和发扬中再生且其本身不但不"磨损",反而还能不断地进化和提升。

(3)社会性。人力资源的社会性表现在两个方面:一是人力资源只有通过社会化的配置才能创造价值,只有实现了社会化的配置才能真正体现其价值;二是人力资源本身具有很多社会性的需求,社会需求是人力资源的价值所在。

(4)智能性。人力资源在劳动过程中能不断地运用智能使自己从繁重的体力劳动和脑力劳动中解放出来,这种智能性使人们可以进行工作和使用设备,从而大大提高人力资源的能力和作用。这是人力资源与其他资源的最根本的区别。

### (二)人力资源管理

人力资源管理是随着现代企业管理的发展而逐步形成的,其形成与发展的过程包括以下阶段。

1) 科学管理阶段的人事管理

在19世纪末到20世纪初的科学管理阶段中,人事管理的主要理论包括劳资双方合作理论、工作定额管理理论和计件工资制等。

2) 行为科学阶段的人事管理

20世纪30年代前后的人际关系学派从心理学和社会学的角度研究了人事管理问题,他们提出的理论主要包括:人事管理应重视人际关系的管理,应关心人、培养人和满足人们不同的需求;人事管理的组织应采取集体报酬和奖励制度,并提倡员工参与企业决策与管理。

3) 从人事管理到人力资源管理

20世纪60年代末开始,人力资源管理的观点被广泛认可,人们认识到了人作为一种战略性资源的至关重要性,并开始将人看成可开发与利用的资源去管理。现在,人们已经将人作为一切资源之本,作为企业赚取利润和获得发展的最重要的战略资本去管理。

## 二、项目人力资源管理概述

### (一)项目人力资源管理的含义

项目人力资源管理(Project Human Resource Management)是指项目组织对该项目的人力资源所进行的科学计划、建设开发、合理配置、准确评估和有效激励等方面的一系列的管理工作。人力资源管理的目的在于充分发挥项目团队成员的主观能动性,使他们各尽所能,实现既定的项目目标和提高项目效益。

项目的特点决定了项目人力资源管理与一般的人力资源管理相比有很多不同之处,主要表现为以下几点。

(1) 团队性。由于项目的工程是以团队的方式来开展的,只有项目团队才能保证在规定时间内,以较低的成本,高效地完成项目目标。因此,在项目人力资源管理过程中,建立一支团结、高效的团队是非常必要的。

(2) 临时性。项目的临时性决定了项目团队的临时性,一旦项目完成后,项目团队就要解散,因此项目人力资源管理要针对这一特性,研究如何管理好临时团队。

(3) 生命周期性。项目所处的生命周期不同,其需要的人力资源在数量上和质量上也都有所不同,因此,项目人力资源管理要随着生命周期的不同而进行相应的调整。

### (二)项目人力资源管理的内容

项目人力资源管理涉及为确保项目参与人员得到最有效利用而所需的各种过程。

它包括所有项目利益相关者——赞助人、客户、合伙人、个别做贡献人员以及其他相关方。其内容与一般生产运营组织的人力资源管理既有相似之处,也有不同之处。

项目人力资源管理的基本内容包括以下几个方面。

1) 人力资源规划

项目人力资源管理的首要任务是项目人力资源的规划。项目组织规划是指项目整体人力资源的计划和安排,通过分析和预测,明确项目在人力资源数量和质量上的需求,并进行具体安排和规划。项目组织规划包括项目组织设计、项目组织职务与岗位分析和项目组织工作的设计。

2) 项目团队的组建

项目人力资源管理的第二项任务是项目人员的获得与配备。项目组织通过招聘或其他方式获得人力资源,并根据其技能、素质、经验和知识进行工作安排与配置,从而构建一个高效的项目组织或团队。

3) 团队人员的开发

项目人力资源管理的第三项任务是团队人员的开发,主要包括人员培训、绩效考评、激励措施。这项工作的目的是充分开发和发挥团队人员的能力。

4) 项目团队建设

项目人力资源管理的第四项任务是项目团队的建设,主要包括团队精神、冲突协调,以及问题解决。

项目人力资源管理工作的基本内容如图6-1所示。

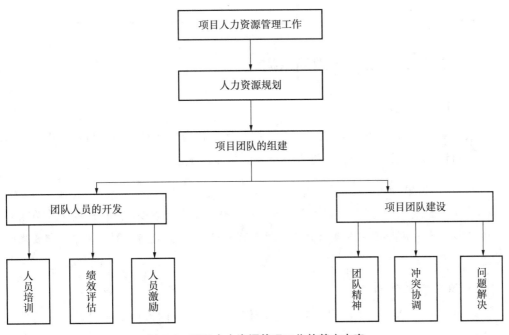

图6-1 项目人力资源管理工作的基本内容

## 第二节　项目人力资源计划

项目人力资源计划是指通过对未来人力资源需求的预测,确定完成项目所需人力资源的数量和质量、各自的工作任务,以及相互关系的过程。它确保了在适当的时候,为适当的职位配备合适数量和类型的工作人员,并使他们能够高效地完成总体目标。项目人力资源计划通常有以下三个步骤。

(1) 通过调查研究获取现有人力资源状况的相关信息,从而对现有的人力资源进行评价。

(2) 在对现有人力资源状况评价的基础上,预测项目未来所需要的人力资源。

(3) 制订项目人力资源计划,并据此制定出各项具体的人员管理政策。

项目人力资源计划的主要工作如表6-1所示。

表6-1　项目人力资源计划的主要工作

| 依据 | 工具和方法 | 结果 |
| --- | --- | --- |
| 项目目标分析<br>工作分解结构<br>项目进度计划<br>制约因素<br>历史资料<br>组织理论 | 人力资源的综合平衡<br>职务分析 | 角色和责任分配<br>人员配备计划<br>补充说明 |

### 一、项目人力资源计划的依据

#### 1. 项目目标分析

通过对项目目标的分析,把项目的总体目标分解为各个具体的子目标。根据这种分解,项目团队可以了解项目所需人力资源的总体情况。

#### 2. 工作分解结构

工作分解结构确定了完成项目目标所必须开展的各项具体活动,根据工作分解结构的结果,项目团队可以估算出完成各项活动所需的人力资源的数量、质量和要求等信息。

#### 3. 项目进度计划

项目进度计划提供了项目的各项活动何时需要相应的人力资源以及占用这些人力资源的时间,据此,可以合理地配置项目所需的人力资源。

4. 制约因素

在进行人力资源规划时,还要考虑到一些制约因素,如项目的组织结构,由于职能型组织结构中的项目经理权力有限,他们有可能无法及时获得项目所需的人力资源。

5. 历史资料

人力资源规划可以借鉴以前类似项目的成功经验,这样做有利于本项目人力资源规划的顺利完成,既节约了时间,又减少了风险。

6. 组织理论

项目人力资源计划是以各种组织理论为基础的,如马斯洛的需求层次理论,麦格雷戈的X理论与Y理论、赫茨伯格的双因素理论、亚当斯的公平理论和弗鲁姆的期望理论等。

## 二、项目人力资源计划的工具和方法

### (一)人力资源的综合平衡

人力资源的综合平衡首先要对人员的需求和供给进行预测,然后将人员的需求和供给进行平衡,主要包括总量综合平衡和结构综合平衡。总量综合平衡是指根据人员的总体数量对人力资源的需求和供给进行平衡。结构综合平衡是指在总量平衡的基础上对人力资源的结构进行平衡,从而实现项目执行人员和管理人员的平衡、不同工种人员的平衡、主要工作人员和辅助工作人员的平衡等人力资源结构方面的综合平衡。

### (二)职务分析

职务分析是指通过调查研究项目的实际情况,确定项目所需的各项职务或岗位以及任职条件和具体要求。职务分析主要解决以下几个问题:项目需要完成哪些工作;这些工作需要在何时完成;项目需要哪些职务;什么样的人能够承担这些职务。职务分析的主要方法包括问卷调查法、面谈法、文献资料分析法、观察法和关键事件法等。

## 三、项目人力资源计划的结果

### (一)角色和责任分配

通过职务分析,项目团队可以确定项目内部人力资源的角色和责任。角色和责任分配的结果通常以责任分配矩阵(Responsibility Assignment Matrix,RAM)来表示。表6-2显示了一个小型项目的责任分配矩阵情况。

表 6-2　某项目的责任分配矩阵情况

| 人员<br>任务 | 张文 | 曹强 | 胡琼 | 刘娜 | 杨洋 |
|---|---|---|---|---|---|
| 需求分析 | P | S | | | |
| 产品设计 | S | | P | | |
| 生产制造 | | P | | S | |
| 产品调试 | | | S | | P |

（注：表中字母 P 表示主要负责人，字母 S 表示次要负责人。）

随着项目的进展，项目团队成员的角色和责任可能会发生一定的变化，因此要根据项目的实际进展情况对责任分配矩阵图进行适当的调整。

## （二）人员配备计划

人员配备计划确定了何时以及如何增加或减少项目团队成员的人数。在编制人员配备之时要特别注意：当项目团队某个成员的工作已经完成且没有其他任务时，应该把他撤出项目团队，这样可以降低项目的成本。人员配备计划一般通过人力资源直方图来表示。图 6-2 表示了某项目在一个月内所需的人力资源状况。

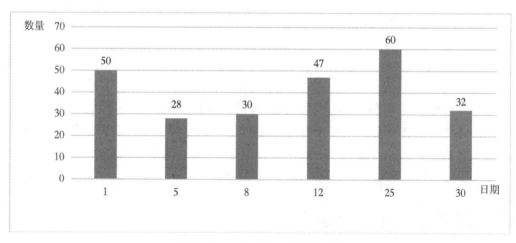

图 6-2　某项目人力资源需求直方图

## （三）补充说明

补充说明包括各项活动对人力资源在知识、能力、技能、经验等方面的要求；当人力资源的知识、能力、技能和经验等不能满足项目要求时，如何对他们进行培训。

## 第三节 项目人力资源的绩效管理

### 一、绩效管理概论

#### （一）绩效管理的概念

绩效管理是指为了达到团队的目标，通过持续开放的沟通，推动个人和团队有利于目标达成的行为，达成所期望的利益和产出的过程，即通过持续的沟通与规范化的管理不断提高成员和团队的绩效，并提高成员能力和素质的过程。

#### （二）绩效管理的基本要求

绩效管理是一个完整的管理过程，包括绩效计划制订、绩效实施与辅导、绩效评价和绩效反馈。绩效管理必须以团队战略为导向，与战略紧密相连，为实现团队战略服务。为使绩效管理发挥应有的作用，在绩效管理过程中需关注以下几个方面的问题。

（1）绩效管理必须以团队战略为导向，将项目的关键指标层层分解落实，以保证人人身上有目标。

（2）绩效管理过程需保证持续的双向沟通，因为团队成员的参与程度对绩效管理有较大的影响。如果没有与团队成员进行充分沟通，达成共识，而是将目标强加给成员，便无法得到成员对团队目标的理解和承诺，项目自然也得不到有效执行。

（3）要明确绩效管理的核心目的，即不断提高成员和团队的绩效。要提升成员的能力，不能以考评代替管理，也不能只重考评而忽视发展。绩效管理不仅仅是将成员的工作绩效分出高低，还要通过持续开放的双向沟通不断地对团队成员绩效进行辅导，及时解决工作中出现的问题，进而提高绩效和工作能力。

（4）绩效管理不仅仅是人力资源管理的范畴，还应当充分发挥各级管理者在绩效管理中的作用。人力资源部门作为绩效管理的服务部门，在绩效管理职能中起到组织、支持、服务和指导的作用，而不是绩效管理的主体。

（5）重视绩效管理与人力资源其他系统的有效对接。建立在目标管理和工作分析基础上的绩效管理，若不能与人力资源其他系统实现有效对接，就难以发挥其促进项目目标实现的作用。

#### （三）绩效管理在人力资源管理中的定位

绩效管理作为人力资源管理的核心内容和重要环节，通过对团队成员的工作实绩进行评定，帮助其认识实际工作中的问题和不足，促使他们不断改进；同时在绩效管理过程中发现成员个人的工作潜力并加以开发，促进其全面发展。绩效管理的具体意义主要表现在其作为人力资源管理其他环节的依据,绩效管理在人力资源管理中的地位如图6-3所示。

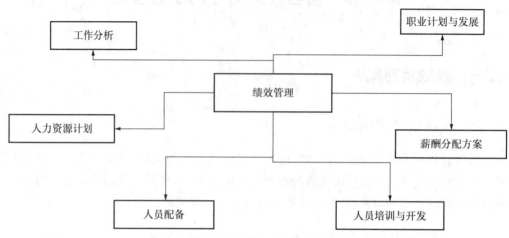

图6-3 绩效管理在人力资源管理中的地位

## 二、绩效管理的基本流程

绩效管理的流程通常被看成一个循环,这个循环周期可以分为绩效计划、绩效实施、绩效评估以及绩效反馈四个阶段,如图6-4所示。

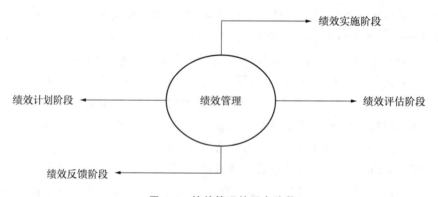

图6-4 绩效管理的四个阶段

(1)绩效计划阶段。它是绩效管理中的第一个环节,也是绩效管理过程的起点。该阶段的主要任务是依据工作目标和工作职责制订绩效计划;共同讨论明确做什么、需要做到什么程度、为什么要做这项工作、何时完成等。

(2)绩效实施阶段。它是在制订绩效计划后,按计划开展工作。在工作过程中,要进行一定的指导和监督,及时解决所发现的问题,并根据实际情况及时调整绩效计划。在整个绩效管理期间,项目管理者都要不断地对成员进行指导和反馈,即进行持续的绩效沟通。这种沟通是双方追踪计划进展情况、找到影响绩效的障碍以及得到双方成功所需信息的过程。

(3) 绩效评估阶段。绩效评估是在绩效期即将结束的时候,根据事先制订好的绩效计划,对成员的绩效目标的实际完成情况进行评估,即依据绩效计划阶段共同制定的关键绩效指标,根据绩效实施阶段收集到的能够说明被评价者绩效表现的事实和数据,对成员是否达到要求进行评价。可根据具体情况进行月考核、季考核、半年考核和年度考核。

(4) 绩效反馈阶段。绩效反馈是在绩效评价结束后,项目团队还要进行一次甚至多次的交流。通过面谈,成员能够明白自己的绩效,认识到自己有待改进的地方;项目管理者也可以从成员那里收集到整个项目过程中存在的问题与不足,从而为新的项目提供帮助。

## 三、绩效考核

### (一)绩效考核的含义

绩效考核是运用科学的考核方法,对项目成员在绩效周期内的工作过程、工作结果和工作潜力进行有组织、有步骤的考核与评价的过程。

绩效考核的含义具有时代特色和环境特色,它随着项目环境的不同而不同。

从内涵上看,绩效考核就是对人和事的考核。绩效考核包含两层含义:一是对人及其工作状况进行考核;二是对人的工作结果,即对人在组织中的相对价值或贡献进行考核。

从外延上看,绩效考核就是有目的、有组织地对日常工作中的人进行观察、记录、分析、考核和评价的过程。它有三层含义:第一,绩效考核是从项目目标出发对成员工作进行考核,并使考核之后的人事管理有助于项目目标的实现;第二,绩效考核是对组织成员在日常工作中所显示出来的工作能力、工作态度和工作业绩进行以事实为依据的评价;第三,绩效考核是人力资源管理的组成部分,它运用一套系统的规范、程序和方法进行考核。

### (二)绩效考核的原则

绩效考核具有如下原则。

(1) 定期化和制度化原则。

定期化可以使考核工作和成员的行为习惯有一定规律,可以促进考核工作向程序化的方向发展。制度化可以让考核的内容、程序、步骤和方法规范化,让全体成员都能明确绩效考核工作是如何开展的,也能防止考核工作的主观化倾向。

(2) 过程公开原则。

绩效考核的目标是启动激励机制,激发工作热情。因此,绩效考核的各项过程、各个环节都必须公开,其中包括绩效考核的内容和等级、考核的方法与程序、考核的评价与标准、考核的结果与使用,以及考核的机构与职责等。

(3) 客观公正原则。

绩效考核应当根据明确规定的考核标准,针对客观考核资料进行评价,尽量避免人的主观性和感情色彩。考核一定要建立在客观事实基础上,将考评者与既定标准做比较,而不是在人与人之间比较。

(4) 针对工作的考核原则。

绩效考核的内容应紧密围绕工作本身,不可将与工作无关的因素带入考核工作,更不可涉及成员的隐私。

(5) 评价差别化原则。

考核等级之间应有明确的界限,这种差异主要体现在考核等级和对应的评语上。考核的相同等级之内的不同成员也应该有所区别,这种差别主要体现在对其的评语上。一般来说,考核只是给出一个具体的分数,而评语能够比较详细地说明被评价者的优点和缺点。这样做具有以下几个方面的作用:一是可以更客观、全面地比较成员的表现;二是为成员指明改进方向,激励其持续进步;三是为成员的报酬、岗位配置、晋升、培训和发展提供参考依据。

(6) 时效性原则。

绩效考核应基于考核期间内成员的工作过程和工作结果进行评估,不得将考核期之前的行为纳入当期的考核结果,也不应以近期表现或个别突出事例代替整个考核期的绩效。

(7) 结果公开原则。

考核的分数、等级及评价应对成员本人公开,这是保证考核民主的重要手段。这样做有助于被考核者了解自己的优点和缺点,使表现优秀者再接再厉、保持先进,使表现不佳者心服口服、努力改进。同时,公开结果也有助于防止考核中出现偏见和误差,确保考核的公平性与合理性。

(8) 严格原则。

考核如果不严格,就会流于形式,形同虚设。不严格的考核不仅无法全面地反映成员的真实工作表现,还可能会带来消极影响。考核的严格性包括:明确的考核标准;严肃认真的考核态度;严格的考核制度、考核程序及方法。

(9) 可行性原则。

可行性原则主要体现在绩效考核方案所需的时间、人力、物力、财力应与使用者及其实施的客观环境和条件相吻合。

(10) 实用性原则。

应认真考虑考核的工具和方法是否有助于目标的实现,考核方案是否适应不同部门和岗位的人员素质特点和要求。

(11) 直接主管考核原则。

直接主管的考核结果是最重要的。直接上级通常是最了解被考核者的实际工作表现(成绩、能力、适应性),也最有可能反映真实情况。间接主管不应擅自修改直接主管给出的考核等级和评语。直接主管考核原则明确了考核责任的归属,并使考核系统与组织指挥系统保持一致,从而更有利于加强组织的指挥能力。

## 四、绩效考核的方法

### （一）传统的绩效考核方法

（1）基于目标管理的绩效考核。

目标管理法是将目标管理的计划、执行、检查和反馈的基本原理应用于绩效评价中的考核方法，具体分为绩效目标计划、绩效指导、绩效检查和激励四个阶段。这种基于目标管理的绩效考核方法会促使项目成员更加积极地为项目工作，不断提高个人的工作能力。实施目标管理法需要遵守以下基本要求：一是充分沟通目标管理；二是管理者与成员共同确立工作目标；三是严格执行目标管理；四是营造积极的组织环境。

（2）基于工作标准的绩效考核。

工作标准法是指事先制定工作标准、职能标准或者行为标准，将工作者的实际表现与标准进行对比，评定绩效分数或者等级的考核方法。常用的此类考核方法包括图尺度评价量表法、关键事件法、行为锚定评价量表法、混合标准量表法、评价中心法等。

（3）基于个体业绩比较的绩效考核。

个体业绩比较法是指考核人员将需要考核的成员与其他同样需要考核的成员的绩效进行比较。这种方法能够全面评估所有人的绩效，还可以把同一个部门的成员的绩效进行排序。将不同个体的绩效相互比较的方法主要有三种：排序法、强迫分配法和配对比较法。

### （二）现代的绩效考核方法

（1）基于KPI的绩效考核。

KPI（Key Performance Indicator，关键绩效指标）是绩效评价和管理中常用的工具。KPI的理论基础是"二八法则"，即一个项目在价值创造过程中，每个部门和成员的80%的工作任务是由20%的关键行为完成的。因此，抓住这20%的关键行为，就能把握绩效的核心。

（2）360°考核法。

360°考核法又称为全方位考核法，是通过收集成员自己、上司、同事、下属等不同主体的反馈来评估其工作绩效的方法。这种方法能够帮助成员全面了解自己的优点和不足，从而有针对性地改进和提升。360°考核法的主体包括所有能够为成员绩效考核提供信息的人员，其优势在于考核过程更加全面、公平，考核结果更加客观公正。

（3）平衡计分卡法。

平衡计分卡法是指使用包括整个项目组织活动制定的绩效指标积分卡，即平衡计分卡进行评价的绩效考核方法。这种方法改变了传统的运用单一财务指标进行绩效考核的缺点，推动项目组织自身去建立实现战略目标的管理系统，从而实现可持续发展。

（4）标杆管理法。

标杆管理法又称"标杆超越考核法"，是以本行业内外一流的项目实践为标杆，从组织结构、管理机制、业绩指标等方面进行对比分析的方法。在对外横向沟通、明确绩效差异形成原因的基础上，提取本项目的关键绩效指标，制定提升绩效的策略和措施；在对内纵向沟通、达成共识的基础上，定性评价与定量评价相结合，通过持续改进追赶和超越标杆。标杆管理的本质是一种面向实践、以方法为主的绩效管理方式，其基本思想是系统的不断完善和持续改进。

# 第七章
# 商业项目成本管理

## 学习目标

- 1. 了解商业项目成本管理的基础知识。
- 2. 掌握项目资源计划的方法。
- 3. 掌握项目成本估算、预算和控制。

## 第一节 概　述

每个项目都会在一定程度上受客观条件和资源的制约。对于大多数项目而言,资金是一个重要的制约因素。如果项目的费用超支,不仅会降低项目的经济效益,使需求方或承包商受到损失,还可能使项目因无法继续获得必要的投资而被迫终止。因此,必须做好项目费用管理工作。项目费用管理涉及费用规划、估算、预算、控制等过程,以确保项目能在已批准的预算内顺利完成。

### 一、项目成本管理的概念

在完成任何一个项目的过程中,必然会发生各种物化劳动和活劳动的消耗,这种耗费的货币表现就是项目成本。

项目成本管理是指为确保项目实际发生的成本不超过项目预算成本,所进行的项目资源计划编制、项目成本估算、项目成本预算和项目成本控制等方面的管理过程和活动。项目成本管理也可以理解为,为了确保项目目标的完成,在批准的预算内,对项目实施所进行的按时、保质、高效的管理过程和活动。根据发生阶段和用途的不同,项目成本可分为以下几个部分。

#### (一) 定义与决策成本

定义与决策是项目形成过程的第一个阶段,项目定义与决策的好坏对项目的设计与实施,以及项目完成后的经济效益和社会效益都将会产生重要的影响。在这一阶段,需要进行广泛的市场调查,收集翔实的资料,并对项目进行可行性研究。为了完成这些工作所花费成本即为项目的定义与决策成本。

## (二)项目设计费用

项目通过可行性研究之后,需要进行设计。例如,工程建设项目需要进行规划设计、施工图设计,科研项目需要进行技术路线和实验方案的设计,营销项目需要进行营销方案的策划和设计。为完成设计工作所花费的成本构成了项目设计成本。

## (三)项目获取成本

为获得项目,项目组织开展的询价、供方选择、广告、招投标、承发包等工作所支出的成本称为项目获取成本。

## (四)项目实施成本

在项目实施过程中,为了完成项目、获得项目产出物而耗用的各种资源所构成的成本称为项目实施成本。例如,工程项目的实施成本包括人工费、材料费、机械设备费用、管理费、不可预见费和其他费用。

在上述成本中,项目实施成本通常占总成本的90%以上。因此,从某种意义上讲,项目成本管理实际上就是项目实施成本管理。

## 二、项目成本管理的理念

为了能遵循项目成本管理的客观规律,我们在项目成本管理中应该树立以下理念。

1. 全过程项目成本管理

全过程项目成本管理开始于20世纪80年代中期,由我国及其他一些国家的项目成本管理理论研究者和实际工作者提出。该管理方法认为,应该从整个项目活动的全过程出发,分析、确定和管理项目成本。20世纪90年代以后,我国的研究人员和实际工作者对全过程项目成本管理的思想和方法做了进一步的完善和验证。目前,这种方法正逐步成为我国项目成本管理的主导方法。

2. 全寿命周期项目成本管理

全寿命周期成本(LCC)的概念起源于瑞典铁路系统。1965年,美国国防部研究实施LCC技术并普及全军,随后英国、德国、法国、挪威等军队普遍运用LCC技术。1996年,美国前总统克林顿签署政府命令,要求各州在开展装备及工程项目时必须提交LCC报告。自20世纪80年代以来,以英国项目成本管理专家和实际工作者为主的一批人,在全寿命周期项目成本理论方面做了大量的研究和应用工作。全寿命周期项目成本管理已经成为项目投资决策与成本控制的一种思想和技术方法。

### 3. 全面成本管理

"全面成本管理"这一名词,最早出现在1978年由Mitchell所著的《图书馆职能的费用分析》一书中。全面项目费用管理是一种涵盖企业内部全员、全过程、全方位、全环节的综合性的费用管理方法。其特点表现在以下四个方面:企业内部全员参加;涉及企业内部生产全过程;市场、科技、人力资源三位一体全方位费用管理;涉及费用管理的各环节。全面成本管理思想是由国际全面成本管理促进会前主席Westney于1991年提出来的。国际全面成本管理促进会(AACE-I)将其定义为通过有效地使用专业知识和专门技术去计划和控制项目资源、成本与盈利和风险。全面项目费用管理将成为21世纪项目成本管理的重要技术和方法之一。

## 三、影响项目成本的因素

影响项目费用的因素有很多,主要有以下几种。

### 1. 质量对成本的影响

质量对成本的影响,可以用质量成本构成图表示,质量总成本由质量故障成本和质量保证成本组成。质量越低,引起的质量不合格损失越大;反之,质量越高,故障越少,由此引发的损失也越少,故障成本也就越低。质量保证成本是指为保证和提高质量而采取相关的保证措施所耗费的开支,如购置设备、改善检测手段等。这类开支越大,质量保证程度越可靠。

### 2. 工期对成本的影响

项目的费用由直接费用和间接费用组成,一般工期越长,项目的直接费用越低,间接费用越高;工期越短,项目的直接费用越高,间接费用越低。

### 3. 价格对成本的影响

在设计阶段,费用主要受施工图预算的影响,而预算取决于设计方案的价格,价格直接影响工程造价。因此,在做施工图预算时,应做好价格预测,特别是要考虑通货膨胀对材料、设备和人工费用等的影响,以便更精确地控制费用水平。

### 4. 管理水平对项目成本的影响

管理水平对项目成本的影响是显著的,高效的管理水平可以有效降低成本。管理水平对项目成本的影响主要表现在以下几个方面。

(1) 对预算成本估算偏低,如征地费用或拆迁费用远超预期而影响成本。

(2) 资金或材料、设备供应出现问题,影响工程进展,增加建设成本。

(3) 风险控制不当造成的额外损失。

(4) 设计变更可能引起成本增减,且往往会影响施工进度,对成本控制产生不利影响。

需要强调的是,项目成本管理不单纯是某一方面的工作,而是包括在批准的预算内完成项目所需的各个过程。这些过程与项目管理的其他领域相互关联,虽然它们在理论上是独立的,但在实际操作中,它们可能会交叉、重叠并相互影响。

### 四、影响项目成本的过程

项目成本管理旨在确保项目实际成本不超过预算而制订出合理的项目资源计划,估计项目的成本,然后以此为基础,并结合项目进度计划,进行项目的成本预算。在项目执行过程中,需定期检查实际成本是否与预算一致,若出现偏差,需要及时查找原因,采取必要的措施。如有必要,还需调整原预算计划,以确保项目在预算范围内顺利完成。

项目成本管理主要解决以下四个问题。

(1) 预测需要什么资源?

(2) 项目将花费多少?

(3) 何时需要这些资金?

(4) 如何使用项目资金?

这四个问题对应项目成本管理的四个过程:资源计划编制、成本估算、成本预算、成本控制。这些过程共同确保项目在既定预算内达成目标。具体说来,项目成本管理的过程如图7-1所示。

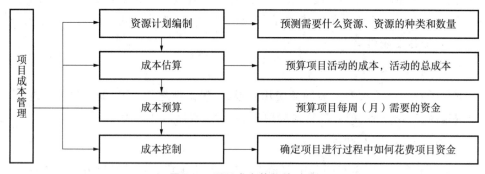

图7-1 项目成本管理的过程

## 第二节 项目资源计划

资源可以理解为一切具有现实和潜在价值的事物,完成项目需要消耗劳动力(人力资源)、材料、设备、资金等有形资源,有时还可能需要消耗其他一些无形资源。由于存在资源约束,项目耗用资源的质量、数量、均衡状况对项目的工期、成本有着不可估量的影响。在资源保障充分的前提下,可以按最短工期、最佳质量完成项目任务;如果资源保障不充分或配置不合理,必然造成项目工期拖延、实际成本超过预算成本。因此,项目成本管理的重要内容之一就是根据项目的资源需求,制订资源供应计划,即资源计划。

项目资源计划是通过分析、识别项目的资源需求,确定项目所需投入的资源种类、数量和时间,然后在此基础上制订科学、合理、可行的项目资源供应计划的项目成本管理活动。

项目资源包括项目实施中所需的人力、设备、材料、能源、设施以及其他各种资源等。项目资源计划的核心是确定每项工作执行过程中需要哪些资源(人力、设备、材料),以及所需资源的数量。因此,资源计划与费用估算密切相关,是项目费用估计的基础。

## 一、项目资源计划的依据

项目资源计划的依据主要包括以下内容。

### 1. 项目工作分解结构

用项目工作分解结构进行项目资源计划时,工作划分得越细、越具体,所需资源种类和数量越容易估计,工作分解自上而下逐级展开,各类资源需要量可以自下而上逐级累加,从而得出整个项目各类资源需要。

### 2. 项目进度计划

项目进度计划是项目计划中的核心,是其他各项计划(如质量计划、资金使用计划、资源供应计划)的基础。资源计划必须服务于项目进度计划,资源的需求时间及其种类应根据项目进度计划的要求来确定。

### 3. 历史资料

历史信息记录了以前类似工作使用资源的需求情况。如果能获得这些资料,将为当前项目资源需求的确定提供重要参考。

### 4. 项目范围说明书

范围说明书明确了项目目标、可交付成果,明确了哪些工作是属于项目该做的,而哪些工作不应包括在项目之内,对它的分析可进一步明确资源的需求范围及其数量,因此在编制项目资源计划时应该特别加以考虑。

### 5. 资源库描述

资源库描述是对项目拥有的资源存量的说明。通过分析资源库,可确定资源的供给方式及其获得的可能性,这是项目资源计划所必须掌握的。资源库的详细数量描述和资源水平说明对资源安排具有特别重要的意义。

## 二、项目资源计划的方法

编制资源计划的方法有很多,其中资源计划矩阵、资源数据表和资源需求甘特图较为常用。

1. 资源计划矩阵

资源计划矩阵是项目工作分解结构的直接产品,如表7-1所示,其缺陷是无法囊括信息类的资源。

表7-1 资源计划矩阵

| 工作 | 资源需求量 | | | | | 相关说明 |
|---|---|---|---|---|---|---|
| | 资源1 | 资源2 | …… | 资源$m-1$ | 资源$m$ | |
| 工作1 | | | | | | |
| 工作2 | | | | | | |
| …… | | | | | | |
| 工作$n-1$ | | | | | | |
| 工作$n$ | | | | | | |

2. 资源数据表

资源数据表与资源计划矩阵的区别在于它所表示的是在项目进展各个阶段的资源使用和安排情况,而不是对项目所需资源的统计汇总说明,如表7-2所示。

表7-2 项目资源数据表

| 资源需求种类 | 资源需求总量 | 时间安排(不同时间资源需求量) | | | | | 相关说明 |
|---|---|---|---|---|---|---|---|
| | | 1 | 2 | …… | $T-1$ | $T$ | |
| 资源1 | | | | | | | |
| 资源2 | | | | | | | |
| …… | | | | | | | |
| 资源$n-1$ | | | | | | | |
| 资源$n$ | | | | | | | |

3. 资源需求甘特图

资源需求甘特图直观地显示了资源在各个阶段的耗用情况,它比资源数据表更为直观、简洁,其缺点是无法显示资源配置效率方面的信息,如表7-3所示。

表7-3 资源需求甘特图

| 资源种类 | 时间安排(不同时间资源需求量) | | | | | | | | | |
|---|---|---|---|---|---|---|---|---|---|---|
| | 1 | 2 | 3 | 4 | 5 | 6 | 7 | 8 | 9 | 10 |
| 资源1 | | | | | | | | | | |
| 资源2 | | | | | | | | | | |
| …… | | | | | | | | | | |
| 资源$m-1$ | | | | | | | | | | |
| 资源$m$ | | | | | | | | | | |

## 三、项目资源计划的成果

项目资源计划的成果是资源计划说明书,它将对项目所需资源的需求情况和使用计划进行详细描述。资源计划说明书主要由项目资源计划和项目资源计划的补充说明两部分组成。项目资源计划包括项目的资源需求计划和对各种资源需求的描述,主要采用各种形式的表格予以反映,如项目资源数据表、资源需求甘特图等。项目资源计划的补充说明用于进一步补充项目资源计划中未能详细说明的内容,确保资源需求的全面性和准确性。

## 第三节　项目成本估算

项目成本估算是指为实现项目的目标,在某特定时点根据项目资源计划所确定的资源需求,以及市场上资源的价格信息,对项目所需资源的成本进行的估算。

在估算成本过程中,需要识别和分析可用于启动与完成项目的备选成本方案;需要权衡备选成本方案并考虑风险,如比较自制成本与外购成本、购买成本与租赁成本以及多种资源共享方案,以优化成本。由于项目经常发生变更,且在项目的整个生命周期内随着宏观环境的变化(如通货膨胀)、资源价格的变化,人力资源的成本、原材料、设备等价格变化,经营成本的变化、利益相关者行为变化及项目团队学习曲线的变化等因素,都会对成本估算产生影响。因此,项目成本估算在高度不确定的环境下进行,使其成为一项复杂的工作。

项目成本估算与项目报价是两个既有区别又有联系的概念。项目成本估算所涉及的是对项目目标成本进行的量化评估,是项目组织为了向外提供产品或服务的成本费用总和;项目报价则是一种经营决策,是项目组织向客户收取它所提供产品或服务的收入总和,项目报价不仅包含项目成本,还包括预期利润,项目成本仅仅是项目组织进行项目报价所需要考虑的重要内容之一。

## 一、项目成本估算的依据

进行项目成本估算时,需要考虑多种因素。因此,项目成本估算的主要依据包括工作分解结构、资源需求计划、进度计划、历史信息和经济环境。

1. 工作分解结构

工作分解结构是编制资源计划的基础,也可以用于成本估算并确保所有识别的工作已估算。

2. 资源需求计划

资源需求计划界定了项目所需资源的种类、数量和质量标准,是成本估算的主要依据。

3. 进度计划

从项目进度管理中得到项目活动的进度安排,主要对项目活动时间和所需的资源有个基本估计。

4. 历史信息

许多资源类别成本方面信息可以从一些历史信息中获得,比如相关的项目文件、商业成本估算数据、项目组成员利用以往经验所掌握的知识等。

5. 经济环境

经济环境包括通货膨胀、各种税率和汇率等的变化,进行项目估算时,要考虑到这些因素的影响,如涉及重大的不确定因素时,应预留适当的应急备用金。

## 二、项目成本估算的方法

在项目进展的不同阶段,项目的工作分解结构的层次有所不同。根据项目成本估算单元在工作分解结构中的层次关系,可将成本估算分为三种类型:自上而下的估算,自下而上的估算、自上而下和自下而上相结合的估算。

1. 自上而下的估算

自上而下的估算,又称类比估算,通常在项目的初期或信息不足时进行,此时,工作分解结构的层次较少,难以详细列出项目的基本单元。因此,估算的对象可能是整个项目或其子项目,估算精度相对较低。这种估算方法以项目的总体成本为对象,基于高层和中层管理人员的经验判断以及类似项目的历史数据,将成本从工作分解结构的上层向下层逐级分配,直至最底层。

2. 自下而上的估算

自下而上的估算是先估算各个工作单元的费用,然后自下而上将各个估算结果汇总,得出项目总成本,这种方法的前提是确定了详细的工作分解结构,能做出较准确的估算。然而,这种估算本身要花费较多的费用。

3. 自上而下和自下而上相结合的估算

自上而下的估算方法虽然简便,但估算精度较差;自下而上的估算方法精度较高但工作量较大。为此,可以将两者结合起来,取长补短。具体做法是对项目的某个或几个重要子项目进行详细分解,从最低层次开始估算费用,并自下而上汇总,得到该子项目的成本估算值;然后以此为参考,估算同层次的其他子项目费用;最后汇总所有子项目的费用,得到项目总成本估算值。

理想情况下,完成某项任务的费用可以根据历史数据进行估算。然而,许多项目由于复杂性和多变性,难以将历史数据直接应用于当前项目。此外,在长期项目中,还需考虑未来工人工资结构、原材料价格上涨、管理费用变化等因素。因此,成本估算是在动态环境中进行的。为了在时间、费用和工作范围内实现最佳平衡,项目管理中开发了多种估算方法,常用的有专家判断法、工料清单法、参数估算法和软件估算法。

1) 专家判断法

专家判断法是通过组织专家运用其项目管理理论及经验对项目成本进行判断的方法。该方法适用于精度要求不高的成本估算。通常,专家判断法有两种组织形式:一是成立专家小组共同探讨估算;二是由协调者匿名收集和整理专家意见。该方法成本较低,但准确性也相对较低。当历史项目与当前项目不仅在形式上而且在实质上都相似时,专家判断法可能会提供更可靠和更实用的项目成本估算结果。

2) 工料清单法

工料清单法又称自下而上法,是根据项目的工作分解结构,将较小的相对独立的工作包负责人的部分成本汇总,计算出整个项目的估算成本的方法。它通常首先估算各个独立工作的费用,然后再从下往上汇总估算出整个项目费用。

该方法在子任务级别上具有较高的精确性,能够更准确地确定项目总成本。其关键在于组织基层工作包负责人参与估算,并正确汇总估算结果。

3) 参数估算法

参数估算法又称参数模型法,是根据项目成本重要影响因素的特性参数建立数学模型来估算项目成本的方法。通常是将项目的特征参数作为预测项目费用数学模型的基本参数,模型可能是简单的,也可能是复杂的,通常依赖于历史数据和量化参数。这种方法适用于具有明确特征参数的项目。

4) 软件估算法

项目管理软件,如项目成本估算软件、计算机工作表软件、模拟和统计工具,被广泛用于成本估算。这些工具能够简化估算工作,快速计算多种估算方案,提高效率。

# 第八章 商业项目质量管理

> **学习目标**
> - 1. 了解项目质量管理计划和保证。
> - 2. 掌握项目质量管理控制。

## 第一节 概　　述

### 一、质量的定义

质量(Quality)的概念最初主要局限于产品,随着时间的推移,逐渐扩展到服务领域,现代质量概念不仅涵盖产品和服务,还包括过程、活动、组织及其组合。

国际标准化组织(ISO)发布的 2000 版 ISO9000 将质量定义为"一组固有特性满足要求的程度"。这一定义明确指出了质量是产品或过程的固有特性满足要求的程度。

一些知名企业和学者也对质量进行了定义。柯达公司将质量定义为在一个可产生显著效益的成本水平上,产品或服务可以满足或超过客户的需要和期望的程度。柯达公司对质量的定义不仅考虑了产品或服务满足或超过客户的需求,还考虑了质量的成本。美国质量管理学家 Joseph M. Juran 博士从客户的角度出发,提出了著名的"适用性"观点。他认为,质量就是产品的适用性,即产品在使用时能够满足客户需要的程度。

综上所述,质量的概念应包括以下几个特点。

(1)广义性:客户不仅对组织的产品提出要求,也可以对过程提出要求。由于过程同样具有固有特性,因此质量不仅指产品质量,也包括过程质量。

(2)规定性:质量是指固有特性满足要求的程度,需将赋予特性与固有特性区分开来。

(3)适用性:产品必须能够满足客户的某些需求,能够解决客户提出的问题。因此产品的适用性要求对于产品能否在市场上生存也是至关重要的。

(4)经济性:产品或服务不仅要满足客户的功能要求,还要满足其经济需求,努力为客户节约成本。

(5) 时效性：由于客户对组织的产品或过程的需求和期望是不断变化的，质量也随之变化，这就要求组织不断地调整对质量的要求。

(6) 相对性：既然质量被定义为"满足客户要求"的程度，而不同客户的要求是不同的，因此对质量的要求也是不同的。

结合质量的定义以及项目特征，项目质量是指项目管理和项目成果的质量，不仅包括项目成果（即产品或服务）的质量，也包括项目管理的质量。项目质量不仅要满足规定的要求，还要力争让客户满意。

## 二、质量管理的定义

关于质量管理（Quality Managemen）有许多不同的定义，较为典型的有日本的质量管理学家谷津进和国际标准化组织对于质量管理的定义。

谷津进认为，质量管理就是向消费者或客户提供高质量产品与服务的一项活动。这种产品和服务必须保证满足需求、价格便宜和供应及时。这一定义给出了质量管理的目的、目标和作用，明确了质量管理的根本目的是向客户和消费者提供高质量的产品与服务，明确了质量管理的目标和作用就是使产品和服务符合"满足需求、价格便宜和供应及时"这三项要求。

国际标准化组织认为，质量管理是确定质量方针、目标和职责，并在质量体系中通过诸如质量策划、质量控制和质量改进，使质量得以实现的全部活动。从这个定义可以看出，质量管理是一项具有广泛含义的企业管理活动，它包括如下几个方面的内容。

(1) 项目质量管理贯穿从企业质量方针政策的制定到客户对项目产品质量的最终检验的全过程，是专门针对保障和提高项目质量而进行的管理。

(2) 项目质量管理需要所有项目利益相关者包括：①项目客户、项目所属的公司和项目经理等关于质量目标、方针和职责的制定；②项目管理人员根据上面所制定的质量目标和方针，制订项目的质量计划；③项目团队关于项目质量计划的具体实施。

(3) 项目质量管理不仅包括项目产品的质量管理，而且还包括制造项目产品过程中工作质量的管理。项目最终产品的质量由产品生产过程保证，只有保证高质量水平的生产过程，才能生产出高质量的产品。

## 三、项目质量管理的定义

项目质量是指项目的可交付成果能够满足客户需求的程度。项目质量管理是为了保证项目的可交付成果能够满足客户的需求，围绕项目的质量而进行的计划、协调、控制等活动。项目质量管理的主要目的是确保项目的可交付成果满足客户的要求。项目团队必须与客户建立良好的关系，理解他们明确的需求以及隐含的需求，因为客户是项目质量是否达到要求的最终裁判者。

项目质量管理的概念与质量管理的概念有许多相同之处，也有不同之处。不同之处是由项目的一次性等特性所决定的。质量管理是针对日常运作所进行的活动,日常运作是重复做某件事情,一切过程设计好了,只需以保守的态度采用诸如统计过程控制等方法进行监控即可,其工作的重点是在质量监控上。在运作管理中,通常也会采用破坏性的测试,测试之后产品就会报废。例如,每100件产品可能会抽取一个进行测试。但在项目中,由于只有一次机会,无法进行上述的破坏性测试,因此必须在项目的早期强调质量保证和质量控制。

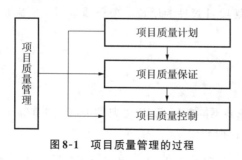

图 8-1　项目质量管理的过程

项目质量管理主要包括三个过程:项目质量计划、项目质量保证、项目质量控制,如图 8-1 所示。项目质量管理通过制定质量方针、建立质量目标和标准,并在项目生命周期内持续使用质量计划、质量控制、质量保证和质量改进等措施来落实质量方针的执行,确保质量目标的实现,最大限度地使客户满意。

## 第二节　项目质量计划

项目质量管理的基本宗旨是"质量出自计划,而非出自检查"。只有制订出精准的质量计划,才能指导项目的实施,做好质量控制。项目质量计划是整体项目管理计划的一部分,是针对特定的项目、产品、过程或合同,规定由哪个人、在何时,应使用哪些程序和相关资源的文件。项目质量计划并不是一个单独的文件,而是由一系列文件组成的。

质量计划是由项目经理和项目团队成员制订的,他们利用树状图表技术,将项目的工作分解成更底层的活动,直到项目的质量能被识别。所以,编制项目的质量计划,首先必须确定项目的范围、中间产品和最终产品,然后明确关于中间产品和最终产品的有关规定、标准,梳理可能影响产品质量的技术要点,并找出能够确保高效满足相关规定和标准的过程方法。此外,项目经理还要确保这些活动能够按顺序记录和执行,以满足客户的需要和期望。

制订项目质量计划是为了确保项目的质量标准能够实现,关键是在项目的计划期内,确保项目按期完成,同时处理好与其他项目计划之间的关系。项目质量计划的主要目的有如下几点。

(1) 识别组织内部和外部的所有客户。

(2) 满足客户需求。

(3) 使得组织能够对不断变化的客户需求做出回应。

(4) 证明程序工作正常,并且可以满足质量目标。

项目质量计划主要包括质量计划的输入、质量计划的工具和技术、质量计划的输出三部分。表 8-1 是项目质量计划的工作内容。

表 8-1 项目质量计划的工作内容一览表

| 输入 | 工具和技术 | 输出 |
|---|---|---|
| 质量策略 | 效益/成本分析 | 质量管理计划 |
| 范围阐述 | 基准对照 | 操作性定义 |
| 产品说明 | 流程图 | 审验单 |
| 标准和规则 | 实验设计 | 其他程序的输入 |
| 其他程序的输出 | | |

## 一、项目质量管理计划的输入

项目质量计划的收入包括如下几个方面的内容。

### 1. 质量策略

质量策略是指一个注重质量的组织的所有努力和决策,通常称为顶级管理。执行组织的质量策略经常能被项目所采用。然而,如果执行组织忽略了正式的质量策略,或者项目包含了多个执行组织(合资企业),项目管理小组就需要专门为该项目制定一份质量策略。制定项目质量策略的原因是什么?项目管理小组有责任确保项目相关人员充分了解并落实这一策略。

### 2. 范围阐述

范围阐述不仅规定了项目的主要成果,还为项目规划提供了基础和依据。同时,它还明确了哪些事项可能影响项目的质量问题。

### 3. 产品说明

产品说明的因素可以在范围阐述中加以具体化,但通常仍需要产品说明来阐明技术要点的细节和其他可能影响质量规划的因素。

### 4. 标准和规则

项目经理必须考虑可能对该项目产生影响的任何领域的专门标准和规则,并考虑这些标准和规则对项目质量的影响,以便在项目质量规划中加以应用。

### 5. 其他程序的输出

除了范围说明和产品说明外,其他过程的输出也可能和质量规划密切相关。例如,采购计划中可能包含对承包商提出的各种质量要求,这些应在质量管理规划中得到充分体现和反映。

## 二、项目质量管理计划的工具和技术

编制质量计划通常采用流程图、因素分析图等方法对项目进行分析,确定需要监控的关键元素,设置合理的见证点和停工待检点,并制定质量标准。

#### 1. 效益/成本分析

质量规划过程必须考虑成本与效益两者之间的取舍权衡。符合质量要求的主要效益是减少返工,这意味着劳动生产率提高、成本降低,利益相关者更加满意。为达到质量要求所付出的主要成本是开展项目质量管理活动的开支。质量成本包括以下两类相反方向变动的成本。

(1) 质量纠正成本:包括交货前内部故障成本和交货后的外部故障成本。

(2) 质量保证成本:包括预防成本和鉴定成本。

进行质量成本分析的目的是寻求最佳质量成本。质量成本的四个项目(预防成本、鉴定成本、内部故障成本、外部故障成本)的比例在不同项目或项目的不同阶段是不同的,但它们的发展趋势具有一定的规律性。在开展质量管理的初期,质量水平较低时,鉴定成本和预防成本通常较低。随着质量要求的提高,这两项费用会逐渐增加;当质量达到一定水平后,若需再提高,这两项费用将急剧上升。内部损失成本和外部损失成本的情况正好相反,当合格率较低时,内、外部损失成本较大;随着质量要求的提高,质量内部和外部损失的费用都会逐步下降。

#### 2. 基准对照

基准对照是通过与其他项目进行比较,启发改善项目质量管理的思路,生成改进方法,或提供度量绩效的标准。这里的"其他项目"既可以是实施组织内部的项目,也可以是外部的项目;既可以是同一应用领域的项目,也可以是其他领域的项目。

#### 3. 流程图

流程图是显示系统中各要素之间的相互关系的图表。流程图能够帮助项目小组预测可能发生哪些质量问题,在哪个环节发生,从而使解决问题的手段更为有效。在质量管理中常用的流程图包括以下两个。

(1) 因果图:又称鱼刺图,用于说明各种直接原因和间接原因与所产生的潜在问题和影响之间的关系。

(2) 系统或程序流程图:用于显示一个系统中各组成要素之间的相互关系。

#### 4. 实验设计

实验设计是一种分析技术,用于识别哪些变量对整个项目的影响最为显著。这种技术常用于项目产品的设计,例如,汽车设计者可能希望通过实验决定哪种刹车与轮胎的组合能具有最令人满意的运行特性,同时成本合理。

其他质量规划工具如头脑风暴、关系图、力场分析、名义组技术、模块图和优先排序矩阵等,也有助于更好地确定情况,从而有效地计划质量管理活动。

### 三、项目质量管理计划的输出

项目经理在质量计划结束后,应该得到下面的成果。

### 1. 质量管理计划

质量管理计划用来说明项目管理团队如何具体执行质量策略。它描述了质量体系的结构,包括组织结构、责任、工序、工作过程及具体执行质量管理所需的资源。质量管理计划为整个项目计划提供了输入资源,并需兼顾质量控制、质量保证和质量改进等方面。

### 2. 操作性定义

操作性定义又称操作定义,是根据可观察、可测量、可操作的特征来界定变量含义的方法,即从具体的行为、特征、指标上对变量的操作进行描述,将抽象的概念转换成可观测、可检验的项目。例如,仅将完成计划的时间作为质量检测标准是不够的,项目管理小组还应指出是否每项工作都应准时开始,抑或只需准时结束;是否要检测个人的工作,抑或仅仅对特定的子项目进行检测。确定这些标准后,可以明确哪些工作或工作报告需要检测。在某些应用领域,操作性定义也称为公制标准。

### 3. 审验单

审验单是一种组织管理手段,通常用于工业或专门活动中,用以证明一系列步骤是否已经得到贯彻实施。审验单可以简单或复杂,常用语句包括命令式("完成工作!")或询问式("你完成这项工作了吗?")。许多组织提供标准化审验单,以确保对常规工作的要求保持一致。在某些应用领域,审验单还会由专业协会或商业服务机构提供。

### 4. 对其他程序的输入

质量计划程序可以在其他领域提出更长远的工作要求。

## 第三节 项目质量保证

### 一、项目质量保证的概念

国际标准ISO9000:2000把质量保证定义为质量管理的一部分,其核心是为满足质量要求提供信任保障。

一般来说,质量保证是指定期评价项目的全部性能,提供项目满足质量标准的证明拟确定该项目能满足的相关的质量标准。具体而言,质量保证是通过定期评估项目整体性能,提供项目符合质量标准的证明,确保项目能够达到相关质量标准要求的一系列活动。这些活动包括对项目实施过程进行持续检查、度量、评价和调整,旨在确保交付的产品和服务达到预期的质量水平。质量保证本质上是项目方向客户作出的质量承诺,是一种预防性的质量管理措施,其目的是通过提前预防来避免缺陷的产生,确保项目一次性成功。质量保证的核心要素包括识别目标与标准、以预防为导向、建立持续改进的数据采集机制、制订绩效评估和质量审核计划等。

质量保证可分为内部质量保证和外部质量保证。内部质量保证是项目经理为确保项目质量或服务质量满足规定要求而开展的活动,包括对项目质量管理体系的评价与审核,以及对质量成绩的评定。这是项目质量管理职能的一个组成部分,旨在使项目经理对项目质量建立信心。外部质量保证则是向客户或第三方认证机构提供信任的过程,这种信任表明企业能够按规定的要求,保证持续稳定地向客户提供合格产品,同时也向认证机构表明企业的质量保证体系符合ISO9000标准的要求,并且能有效运行。项目经理为了使客户确信项目的质量符合规定要求,必须进行一系列有计划、有组织的活动,向客户提供质量保证。另一方面,项目经理也必须要求供应商和协作单位提供可靠的证据,证明他们的产品符合规定的质量要求,以保证项目的质量。

美国项目管理协会的PMBOK将项目质量保证定义为一种有目的、有计划和有系统的活动,其核心是通过提供证据来建立信任,而证据的充分程度以满足需求和建立信任为准则。美国质量管理学家约瑟夫·M.朱兰在《质量计划与分析》一书中指出,"保证"一词的含义类似于"保险"一词。保证和保险都是试图得到某种保护以避免灾祸,而进行少量的投资。不同的是,保险是在事故发生后提供赔偿,而保证则是通过信息提供两种形式的保护。

综上所述,项目质量保证在内部是向管理者提供证据,以表明产出物满足质量要求,取得管理者的信任,让管理者对产出物的质量放心;在外部是向客户或其他方提供足够的证据,表明产出物满足质量要求,取得客户或其他方的信任,让他们放心。

## 二、项目质量保证的主要工作

项目质量保证主要包括项目质量保证的输入、项目质量保证的工具和技术,以及项目质量保证的输出三部分。项目质量保证的工作内容如表8-2所示。

表8-2 项目质量保证的工作内容一览表

| 输入 | 工具和技术 | 输出 |
| --- | --- | --- |
| 质量管理计划<br>质量控制检验结果<br>操作性定义 | 质量计划的工具和技巧<br>质量审计 | 质量提高<br>质量保证体系 |

1. 项目质量保证的输入

项目质量保证的依据有如下几点。

(1)质量管理计划。

(2)质量控制检验结果。

(3)操作性定义。

质量保证应做到以下几点。

(1)识别目标与标准。

(2)为在连续改进的周期中使用预收集数据编制计划。

(3)为建立和维持绩效评估编制计划。
(4)质量审核。
(5)提出质量改进措施,提高项目的效能和效率。

2.项目质量保证的工具和技术

(1)质量计划的工具和技巧。

质量计划的工具和技巧在质量保证中同样适用。实验设计作为质量计划编制中的重要工具,也可用于质量保证,以帮助提升产品质量。基准比较分析法是一种用于质量改进的技术,通过将具体项目实践或产品特性与组织内外的其他项目或产品进行比较,从而产生质量改进的思想。此外,鱼刺图可以分析质量问题的根本原因,有助于保证和提升质量。

(2)质量审计。

质量审计是质量保证的核心工具和技术之一。它是对特定质量管理活动的结构化审查,旨在总结经验教训,改进当前或未来项目的执行。质量审计可以是定期的或不定期的,可由公司内部的稽查员或特定领域的第三方专家执行。通常,行业工程师负责审计,他们通常为一个项目定义特定的质量维度,并在整个项目过程中运用和分析这些质量维度。

3.项目质量保证的输出

(1)质量提高。

项目质量保证的输出主要包括采取措施提高项目的效益和效率,为项目相关人员提供便利。在多数情况下,完成提高质量的工作要求做好改变需求或采取纠正措施的准备,比照整体变化控制的程序执行。

(2)质量保证体系。

同时,项目质量保证的内容还涉及质量保证体系。质量保证体系是企业以保证和推进高产品质量为目标,运用系统概念和方法,依靠必要的组织机构,把各个部门、各环节的质量管理活动严密地组织起来,形成一个有明确的任务、职责、权限,以及互相协调、互相促进的质量管理的有机整体。

质量保证体系的基本组成部分包括:①设计试制;②生产制造;③辅助生产过程的质量管理;④使用过程的质量管理。

## 第四节 项目质量控制

### 一、项目质量控制概述

1.项目质量控制的含义

项目质量控制是项目质量管理的重要组成部分,致力于满足质量要求。项目质量控制的目标就是确保项目质量能满足有关方面所提出的质量要求（如适用性、可靠性、安全性等）。项目质量控制贯穿于项目质量形成的全过程，涉及各个环节。项目质量各阶段质量活动的直接影响，任何一个环节的工作失误都可能导致项目质量受损，从而不能满足质量要求。质量的各阶段是由项目的特性所决定的，根据项目形成的工作流程，由掌握必需的技术和技能的人员进行一系列有计划、有组织的活动，使质量要求转化为满足质量要求的项目或产品，并完好地交付给客户，还应根据项目的具体情况进行项目成果交付后的服务，从而形成一个完整的质量循环。

项目质量控制涵盖作业技术和活动，包括专业技术和管理技术两个方面。在项目形成的每一个阶段和环节，即质量的每一阶段，都应对影响其工作质量的人(Man)、机(Machine)、料(Material)、法(Method)、环(Environment)（即4M1E因素）进行控制，并对质量活动的成果进行分阶段验证，以便及时发现问题，查明原因，采取措施，防止问题重复发生，并在早期解决问题以减少经济损失。为确保每项质量活动的有效性，质量控制需明确"干什么、为何干、如何干、由谁干、何时干、何地干"等问题，并对实际质量活动进行监控。项目本身是一个动态过程，因此项目质量控制也具有动态性。

2. 质量控制的特点

项目不同于一般产品，因此项目的质量控制也具有独特性，其主要特点如下。

(1) 影响质量的因素多。

项目的进行是动态的，影响项目质量的因素也是动态的。项目的不同阶段、不同环节、不同过程，影响因素也不尽相同。这些因素有些是可知的，有些是不可预见的；有些对项目质量的影响程度较小，有些对项目质量的影响程度较大，有些对项目质量的影响则可能是致命的，这些都给项目的质量控制造成了难度。所以，加强对影响质量因素的管理和控制是项目质量控制的一项重要内容。

(2) 质量控制的阶段性。

项目需经历不同的阶段，各阶段的工作内容、工作结果都不相同，所以各阶段的质量控制内容和控制的重点亦不相同。

(3) 易产生质量变异。

质量变异就是项目质量数据的不一致性。产生这种变异的原因有两种，即偶然因素和系统因素。偶然因素是随机发生、客观存在的，是正常的；系统因素是人为的，是异常的。偶然因素造成的变异称为偶然变异，这种变异对项目质量的影响较小，是经常发生、难以避免的，是难以识别也难以消除的。系统因素所造成的变异为系统变异，这类变异对项目质量的影响较大，易识别，通过采取措施可以避免，也可以消除。由于项目的特殊性，在项目进行过程中，易产生这两类变异，在项目的质量控制中，应采取相应的方法和手段对质量变异加以识别和控制。

(4) 易产生判断错误。

在项目质量控制中，通常需要根据质量数据对项目实施过程或结果进行判断。由于项目的复杂性和不确定性，造成质量数据的采集、处理和判断的复杂性，往往会对项目的质量状况做出错误判断。例如，将合格误判为不合格，或将不合格误判为合格；将稳定误判为不稳定,或将不稳定误判为稳定;将正常误判为不正常,或将不正常误判为正常。这就需要在项目的质量控制中,采用更加科学和可靠的方法,尽量减少判断失误。

(5)项目一般不能解体、拆卸。

与已加工完成的产品不同,项目通常无法解体或拆卸以进行检查。例如,已建成的楼房难以检查其地基的质量,已浇筑完成的混凝土建筑物难以检查其中的钢筋质量。因此,项目质量控制应更加注重项目过程管理,强化对阶段结果的检验和记录。

(6)项目质量受费用、工期的制约。

项目的质量并非独立存在,而是受到费用和工期的制约。在进行质量控制时,必须综合考虑其对费用和工期的影响,既要考虑质量控制对费用和工期的影响,也要考虑费用和工期对质量的制约,以确保项目的质量、费用和工期都能达到预期目标。

3.项目质量控制的主要工作内容

项目质量控制主要包括项目质量控制的输入、项目质量控制的工具和技术以及项目质量控制的输出三部分。表8-3展示了项目质量控制的工作内容。

表8-3 项目质量控制的工作内容一览表

| 输入 | 工具和技术 | 输出 |
|---|---|---|
| 项目成果<br>质量管理计划<br>操作性定义<br>审验单 | 检验<br>控制图<br>排列图<br>流程图<br>趋势分析<br>抽样调查统计 | 质量提高<br>可接受的决定<br>返工<br>完成后的审验单<br>程序的调整 |

## 二、项目质量控制的输入、工具和技术

1.项目质量控制的输入

(1)项目成果。项目成果包括程序运行结果和生产成果。关于计划的或预测的成果信息(来源于项目计划)应当同有关实际成果的信息一起被利用。

(2)质量管理计划。

(3)操作性定义。

(4)审验单。

2.项目质量控制的工具和技术

(1)检验。

检验包括测量、检查和测试等活动,目的是确定项目成果是否与要求相一致。检验可以在任何管理层次中开展。检验有各种名称,如复查、产品复查、审查及回顾等。在一些应用领域中,这些名称有范围较窄的专门含义。

(2)控制图。

控制图旨在确定本过程是否稳定,是否具有可预测的绩效结果。控制图也可作为数据收集工具,表明过程何时受特殊原因影响而使过程失控,同时也可以反映一个过程随着时间推移而体现的规律。这构成了过程变量之间交互作用的图形表现形式,可借此得出问题的答案:过程变量是否在可接受的范围内?通过对控制图数据点规律的检查,可以揭示波动幅度很大的过程数值,过程数值的突然变动,或偏差日益增大的趋势。通过对过程结果的监控,可有利于评估过程变更的实施是否带来预期的改进。如果过程处于正常控制范围内,就不应对其进行调整;如果过程没有处于正常控制之内,则需要对其进行调整。也就是说,它是标注了控制界限的一种图表,用来分析质量波动究竟是由正常原因引起还是由异常原因引起,从而判明生产过程是否处于控制状态。

(3)排列图。

排列图,也称为帕累托图,是一种直方图,它显示由于各种原因引起的缺陷数量或不一致的排列顺序,是找出影响项目产品或服务质量的主要因素的方法。只有找出影响项目质量的主要因素,才能有的放矢,获得良好的经济效益。

(4)流程图。

质量控制中运用流程图有助于分析问题是如何发生的。

(5)趋势分析。

趋势分析可采用趋势图表示,趋势图可反映偏差的历史和规律,它是一种线性图,按照数据发生的先后顺序将数据以圆点形式绘制成图形。趋势图可反映一个过程在一定时间段的趋势、一定时间段的偏差情况,以及过程的改进或恶化。趋势分析是借助趋势图来进行的。趋势分析是指根据过去的结果用数学工具预测未来的成果。趋势分析往往用于监测技术绩效(多少错误或缺陷已被确认,其中多少尚未纠正)和费用与进度绩效(每个时期有多少活动在活动完成时出现了明显偏差)。

(6)抽样调查统计。

抽样调查统计是指从感兴趣的群体中选取一部分进行检查。例如,从75张的工程图纸中随机选取10张。适当地进行抽样往往可以降低质量控制费用。目前,统计抽样已经形成了规模可观的知识体系。在某些应用领域,项目管理团队有必要熟悉多种不同的抽样技术。

### 三、项目质量控制的输出

项目质量控制输出的结果包括以下几个方面的内容。

(1)质量提高。

(2)可接受的决定。经检验后的工作结果或被接受,或被拒绝。被拒绝的工作成果可能需要返工。

(3)返工。公司将有缺陷的不符合要求的产品变为符合要求和设计规格的产品的行为。尤其是预料之外的返工,在大多数应用领域中是导致项目延误的常见原因。小组应当尽一切努力减少返工。

（4）完成后的审验单。在使用审验单时，完成之后的审验单，应为项目报告的组成部分。

（5）程序的调整。程序的调整是作为质量检测结果而随时进行的纠错和预防行为。在某些情况下，程序调整可能需要依据整体变化控制的程序来实现。

相关案例

# 第九章 商业项目风险管理

## 学习目标

- 1. 了解商业项目风险评估。
- 2. 掌握项目风险的应对和监控。

## 第一节 概 述

### 一、风险与项目风险概述

1. 风险的概念

风险在日常生活中被广泛提及,但其含义十分广泛。风险的基本含义是损失的不确定性。但是,风险的概念在经济学家、统计学家、决策理论家和保险学者之间尚无一个适用一致的公认定义。目前关于风险有以下几种常见的定义。

1)损失机会和损失可能性

风险被定义为损失机会,表明风险是一种面临损失的可能性状况,这也表明风险是在一定状况下的损失概率。当损失概率为0或1时,就没有风险。对这一点持反对意见的人认为,如果风险和损失机会是同一件事,则风险度和概率度总会有些结果是不确定的。把风险定义为损失可能性是对上述损失机会定义的一种变化形式,但损失可能性的定义表明,风险是指损失事件发生的概率介于0和1之间,它更接近于风险是损失的不确定性的定义。

2)损失的不确定性

决策理论家把风险定义为损失的不确定性,这种不确定性又被分为客观的不确定性和主观的不确定性。客观的不确定性指的是实际结果与预期结果的离差,可以通过统计工具进行量化。主观的不确定性是指个人对客观风险的评估,它与个人的知识、经验、精神心理状态相关,不同的人面对相同的客观风险会做出不同的主观评价。

3) 实际结果与预期结果的离差

长期以来,统计学家把风险定义为实际结果与预期结果的离差。例如,一家保险公司承保10万套住宅,按照过去的经验数据估计的火灾发生概率是0.001,即1000幢住宅在一年中有1幢会发生火灾,依此估计这10万套住宅在一年中就会有10幢发生火灾。然而,实际结果不太可能正好是10幢住宅发生火灾,它会偏离预期结果。保险公司估计可能的偏差范围±10,即在90幢至110幢之间,可以使用统计学中的标准来衡量这种风险。

4) 风险是实际结果偏离预期结果的概率

部分保险学者把风险定义为事件的实际结果偏离预期结果的客观概率。这个定义实际上是实际结果与预期结果离差的变换形式。

2. 项目风险的定义

PMBOK把风险定义为一旦发生,会对项目目标产生积极或消极影响的不确定事件或者情况。项目风险一般具有以下几个特征。

1) 客观性和普遍性

作为损失发生的不确定性,项目风险是以人的主观意志为转移的客观存在,在项目的全生命周期内,项目风险无所不在。虽然人类不断致力于认识和控制风险,但直到现在也只能在有限的空间和时间内改变风险存在和发生的条件,降低其发生的概率,而无法也不可能完全消除风险。项目风险的客观性和普遍性要求项目管理者采取正确的态度接受风险,正视风险,在树立风险意识的同时,积极管理风险。

2) 偶然性和必然性

偶然性是指某一具体风险的发生具有偶然性,但大量同类风险的发生却是必然的。任何具体风险的发生都是在项目运行过程中众多风险因素和其他因素共同作用的结果,是一种作用的结果,是一种随机现象。每一个因素的作用时间、作用点、作用方向、作用强度、个体的顺序等都必须满足一定的条件,才能诱发项目风险事故的发生。项目风险的偶然性意味着它在时间上具有突发性,在后果上具有灾难性,从而给人们的精神和心理带来巨大的忧虑与恐惧,这种忧虑与恐惧的影响甚至大于风险事故所造成的直接财产损失和人员伤亡对人们的影响。个别风险事故的发生是偶然的、无序的、杂乱无章的,但对大量同类风险事故资料进行统计、分析可以发现,风险事故的发生呈现出明显的规律性,这使人们有可能利用概率和损失程度等工具去预测和把握它,这也促进了项目风险管理研究的迅猛发展。

3) 可变性

可变性是指在项目运行的整个过程中,各种项目风险在质和量上具有可变的特性。随着项目的进行,有些风险会得到控制,有些风险会发生并得到处理,同时在项目的每一阶段也可能出现新的风险,尤其是在大型项目中,由于风险因素众多,风险的可变性更加明显。

4) 多样性和多层次性

大型项目周期长、规模大、涉及范围广、风险因素数量多且种类繁杂,导致大型项目在全生命周期内的风险多种多样。另外，大量风险因素之间内在关系的错综复杂、风险因素与外界因素的交叉影响又使风险显示出多层次性，这是大型项目中风险的主要特点之一。

5）可测性

项目风险是不确定的，但这并不意味着人们对它的变化全然无知。风险是客观存在的，人们可以对其发生的概率及其所造成的损失程度做出主观判断，从而对发生的风险进行预测和评估。对此，人们可以充分发挥自己的主观能动性，选择适当的客观度予以测量。现代的计量方法和技术提供了可用于测量项目风险的客观尺度。人们可以利用这些工具近似地勾勒出项目风险的动态规律，为制定项目风险管理的战略和选择方法提供依据。为了认识特定的项目风险，并有针对性地进行管理，有必要对风险进行分类。项目的多样性使项目风险的类型及表现形式千差万别。总体来看，项目风险可以从以下几个方面分类。

（1）按照阶段性，可将项目风险分为概念阶段的项目风险、开发阶段的项目风险、实施阶段的项目风险、收尾阶段的项目风险。

（2）按照表现形式，可将项目风险分为信用风险、市场风险、完工风险、金融风险、生产风险、政治风险、环境保护风险。

（3）按照投入要素划分，可将项目风险分为人员风险、资金风险、技术风险、时间风险、其他风险。

（4）按照可控制性划分，可将项目风险分为项目的核心风险、项目的环境风险。

## 二、项目风险管理概述

### 1. 项目风险管理的含义

不同的组织、不同的专家对项目风险管理有不同的认识，但都强调风险的控制、风险的分散、风险的补偿、风险的转嫁、风险的预防、风险的回避与抵消等。除德国外的欧洲的其他一些发达国家直到19世纪70年代才逐步接受这一概念，到20世纪50年代才过渡到全面的风险管理。美国国防部认为，风险管理是指应对风险的行动，包括制定风险问题规划、评估风险、拟定风险处理备选方案、监控风险变化情况和记录所有风险管理情况。从系统和过程的角度来看，项目风险管理是一种系统过程活动，是项目管理过程中的有机组成部分，涉及诸多因素，应用于许多系统工程的管理技术方法。

根据美国项目管理学会的报告，风险管理有三个定义：①风险管理是系统识别和评估风险因素的形式化过程；②风险管理是识别和控制能够引起不希望的变化的潜在领域和事件的形式、系统的方法；③风险管理是在项目期间识别、分析风险因素，采取必要对策的决策科学与艺术的结合。

综上所述，项目风险管理是指项目管理组织对项目可能遇到的风险进行规划、识别、估计、评价、应对、监控的过程，是以科学的管理方法实现最大安全保障的实践活动的总称。

项目风险管理的目标是控制和处理项目风险，防止和减少损失，减轻或消除风险的不利影响,以最低成本取得对项目安全保障的满意结果,保障项目的顺利进行。项目风险管理的目标通常分为两部分:一是损失发生前的目标;二是损失发生后的目标,两者构成风险管理的系统目标。

项目风险的来源、风险的形成过程、风险潜在的破坏机制、风险的影响范围以及风险的破坏力等错综复杂的清理技术成单的工程技术、财务、组织、教育和程序措施都有其局限性,都不能单独奏效。因此,风险管理是识别和评估风险,建立、选择、管理和解决风险的可选方案的组织方法,项目管理组织综合运用多种方法、手段和工具辅助项目管理者管理项目风险、理解项目出现偏差的危险信号,尽可能早地采取正确的行动,以最小的成本将各种不利降到最低程度。所以,项目风险管理是个综合性的管理,其理论和实践涉及自然科学、社会科学、工程技术、系统科学、管理科学等多种学科,项目风险管理在风险估计和风险评价中使用到了概率论、数理统计及随机过程等理论和方法的有关知识。

项目风险管理的主体是项目管理组织,特别是项目经理。项目风险管理要求项目管理组织采取主动行动,而不应仅仅在风险事件发生之后被动地应对。项目管理人员在认识和处理错综复杂、性质各异的多种风险时,要统观全局,抓住主要矛盾,创造条件,因势利导,将各种不利因素转化为各种有利因素,将威胁转化为机会。

项目风险管理的基础是调查研究,通过调查和收集资料,甚至是实验或试验,对项目本身和环境以及两者之间的相互作用和相互影响展开研究,从而有效地识别出项目面临的风险,并且提出相应的对策。

项目风险管理的内容包括风险管理规划、风险识别、风险分析、风险应对与控制。其目标是提高有利于实现项目目标的事件发生概率并增强其后果,降低不利于实现项目目标的事件发生概率并减轻其后果。

2. 项目风险管理的基本过程

美国项目管理协会(PMI)编制的PMBOK中将风险管理过程描述为风险管理规划、风险识别、定性风险分析、定量风险分析、风险应对计划、风险监控六个部分。

美国国防部根据其管理实践,建立了相对科学的风险管理基本过程与体系结构,如图9-1所示。

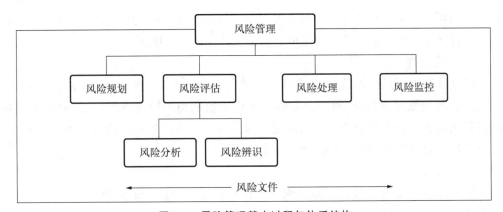

图9-1 风险管理基本过程与体系结构

有学者对项目风险管理的阶段进行了总结,将其分为风险识别、风险分析与评估、风险处理、风险监控四个阶段,并对风险管理的方法进行了总结,如图9-2所示。

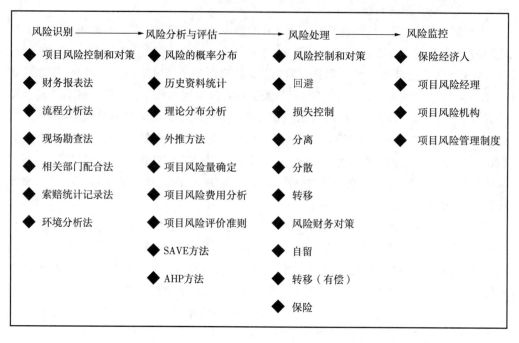

图9-2　四个阶段的风险管理过程

1) 风险识别

风险识别是项目风险管理的第一步,是指在项目目标的约束条件下,运用一定的方法判断在项目生命周期中面临的和潜在的风险,并记录每个风险因素所具有的特点。其目的就是通过对影响项目实施过程的各种因素进行分析,找出可能的风险因素,为下一步风险分析与评估打下基础。

风险识别是一项复杂的系统工程,需要运用科学的方法进行多层次、多角度的认识与分析。同时,风险识别是一个持续的过程,贯穿整个项目生命周期。

2) 风险分析与评估

风险分析与评估是指对项目风险和项目风险的后果及其相互作用进行评估和定量分析的项目风险管理工作。其任务是对项目风险发生的可能性大小、项目风险后果的严重程度等做出定量的估计或做出最新情况的统计分析描述。

3) 风险处理

风险被识别、分析、评价之后,需要综合考虑项目的目标、规模和风险承受能力,以一定的方法和原则为指导,对项目面临的风险采取适当的措施,以降低风险发生的概率或者风险事故发生所带来的损失程度。风险应对处理的措施一般分为风险回避、风险减轻与分散、风险自留与利用、风险转移等。

4) 风险监控

风险监控是指根据项目风险识别、分析、应对措施所进行的对整个项目全过程中各种风险的监督与控制工作。风险因素和风险管理过程并非一成不变,随着项目进展及项目环境的改变,影响项目目标的各种因素也会发生改变。因此,只有适时地对风险的新变化进行跟踪,才可能发现新的风险因素,并及时对风险管理计划和措施进行修改和完善。

## 第二节 项目风险识别

项目风险识别是一项贯穿项目全过程的项目风险管理工作,其目标是尽可能早、尽可能全面地识别项目究竟存在哪些风险、这些风险具有怎样的基本特征、这些风险对项目目的达成具有什么影响等。

### 一、项目风险识别的概念和内容

1. 项目风险识别的概念

项目风险识别(Risk Idenification)是项目风险管理的基础和重要组成部分,风险识别就是判断何种风险有可能影响到本项目并记录其特征的过程。

项目风险识别是项目管理者识别风险来源、确定风险发生条件、描述风险特征并评价风险影响结果的过程。

2. 项目风险识别的主要内容

项目风险识别包括以下几个方面的内容。

1) 识别并确定项目的潜在风险

这是项目风险识别的第一项工作目标,因为只有识别和确定项目可能会遇到哪些风险,才能够进一步分析这些风险的性质和后果,所以在项目风险识别中首先要全面分析项目发展变化的可能性,进而识别出项目的各种风险并汇总成项目风险清单。

2) 识别引起项目风险的主要影响因素

这是项目风险识别的第二项工作目标,因为只有识别各个项目风险的主要影响因素才能把握项目风险的发展变化规律,才有可能对项目风险进行应对和控制,所以在项目风险识别中要全面分析各个项目风险的主要影响因素及其对项目风险的影响方式、影响方向和影响力度等。

3) 识别项目风险可能引起的后果

这是项目风险识别的第三个工作目标,因为只有识别各个项目的风险可能带来的后果的严重程度,才能够全面地认识项目风险,项目风险识别的根本目的是找到项目风险及削减项目风险不利后果的方法,所以识别项目风险可能引发的后果是项目风险识别的主要内容。

### 二、项目风险的影响因素

任何项目的实施都是伴随风险而存在的。对项目风险进行评估,首先就要对风险因素进行识别。风险因素是指增加或减少损失、损害发生频率的主观和客观条件,包括转化条件和触发条件。风险因素是风险事件发生的潜在原因,可以分为造成损失或损害的内在或外部原因。如果消除了所有风险因素,损失或损害就不会发生。项目的风险因素识别是对项目论证或研制中可能产生风险的因素进行归类和细化的工作。通过参考相关资料,运用专家调查法和头脑风暴法,我们可以分析项目建设中可能存在的风险因素,并将其进行整理和归类,把项目的风险分为五大类,而且细分成若干因素,如图9-3所示。

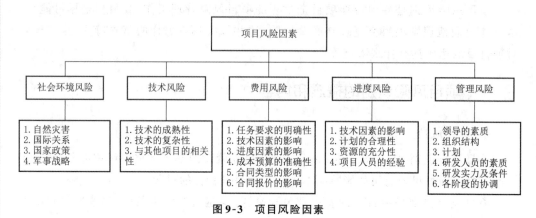

图9-3　项目风险因素

技术风险、费用风险和进度风险是系统的内部要素,而社会环境风险和管理风险则是外部因素。它们的具体含义如下。

(1) 社会环境风险是指由于国际或国内政治、经济波动(如战争、内乱、政策变化等),或者由于自然界产生的灾害(如地震、洪水等),可能给项目带来的风险,这类风险属于大环境下的风险,一般是致命的、几乎无法弥补的风险。

(2) 技术风险是指由于与项目研制相关的技术因素的变化而给项目建设带来的风险,通常定义为研制项目在规定的时间内、在一定的经费保障条件下达不到技术指标要求的可能性,或者说研制计划的某个部分出现意想不到的结果,从而对整个系统的效能产生有害影响的可能性及后果。就技术风险而言,一般从技术的成熟性、复杂性及与其他项目的相关性三个方面来衡量发生风险的可能性及大小,从技术性能、费用和进度三个方面来考虑该类风险发生后的损失大小。

(3) 费用风险是指由于项目任务要求不确定或受技术和进度等因素的影响而可能给项目费用带来超支的可能性。该风险可从任务要求的明确性、技术因素的影响、进度因素的影响、成本预算的准确性、合同类型的影响、合同报价的影响六个因素出发进行估计。

(4) 进度风险是指种种不确定性因素而导致项目完工期拖延的风险。该风险主要取决于技术因素的影响、计划的合理性、资源的充分性、项目人员的经验等几个方面。

(5) 管理风险是指由于项目建设的管理职能与管理对象等因素的状况及其可能的变化,给项目建设带来的风险。

## 三、项目风险识别的工具和方法

项目风险识别的工具和方法如下。

### 1. 头脑风暴法

头脑风暴法是最常用的风险识别方法。该种方法借助专家的经验,从而获得一份该项目风险清单,以备在将来的风险评估过程中做进一步的分析。头脑风暴法的优点是:可以发挥相关专家和分析人员的创造性思维,从而对风险源进行全面的识别,并根据一定的标准对风险进行分类。

### 2. 德尔菲法

德尔菲法是以匿名的方式邀请相关专家就项目风险这一主题,达成一致的意见。该方法的特点是将专家最初达成的意见再反馈给专家,以便进行进一步的讨论,从而在主要的项目风险上达成一致意见。由此可见,该方法有助于减少数据偏差,避免个人因素对项目风险识别结果的负面影响。

### 3. 风险检查表

风险检查表是一种基于以往类似项目和其他信息编制的风险列表。通过查阅该表,可以简便快捷地识别风险。其缺点是无法编制一个详尽的风险检查表,且管理者可能受限于检查表,不能识别出该表未列出的风险,因此其应用范围有一定的局限性。这种方法一般在项目初期使用,以便提早减少潜在风险因素。

### 4. 流程图

流程图提供了项目的工作流程以及各活动之间的相互关系。通过对项目流程的分析,可以发现项目风险发生在哪项活动中以及项目风险对各项活动可能造成的影响。

使用流程图法时,首先要建立一个项目的总流程图与各分流程图,以此来分析项目实施的全部活动。流程图可以用网络图来表示,也可以用工作分解结构图来表示。图9-4所示的是某项目的简单流程图。

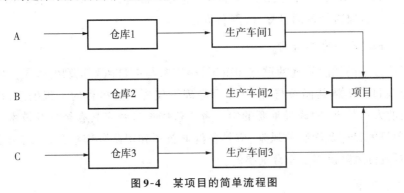

图9-4 某项目的简单流程图

该项目可能存在以下潜在的风险。

(1) 财产损失。如供应商在送货途中的运输损失、存储中的货物损耗造成的损失，以及产品与产成品的自然和人为损坏。

(2) 责任损失。如残次品损害客户利益而导致的信誉损失；产品不符合要求而招致的罚款责任；施工不合格导致企业遭受的损失。

(3) 人员损失。如采购人员流失致使企业遭受的损失。

5. 系统分解法

系统分解法是一种将复杂的项目风险分解成较易识别的风险子系统，从而识别各个子系统风险的方法。例如，在投资建造一个食品厂的项目中，可以根据项目风险的特征，将项目风险分解为市场风险、经营风险环境污染风险、技术风险以及资源供应风险等，然后再将这些风险进一步分解，如市场风险可以分解为竞争风险、价格风险和替代风险等。

6. 情景分析法

情景分析法是通过对项目未来某种状况的详细描述和分析，找出引发风险的关键因素及其影响程度。情景分析法的步骤如下。

(1) 描述项目的状态。

(2) 确定项目某种因素的变动对项目的影响。

(3) 预测哪些风险会发生。

(4) 确定上述风险发生的后果。

## 四、项目风险识别的过程

风险识别过程是寻找风险、描述风险和确认风险的活动过程。作为项目风险管理的首要环节，项目风险识别过程通常有以下五个步骤。

1. 确定目标

项目风险识别的目标是识别风险，这个目标是明确的。然而，由于项目性质的不同、项目合同类型的差别，项目风险管理的目标会有一些差异。依据项目管理规划，项目发起人项目组、设计项目组、监理项目组、施工项目组、承包商项目组要分别确定本项目组工作项目风险管理的目标、范围和重点。

2. 明确最重要的参与者

根据项目组的风险管理的重点和范围，确定参与项目风险识别的人员。项目风险识别需要项目组集体共同参与，因此项目经理不仅要了解项目的工程信息，还要了解项目涉及的人员信息，明确最重要的参与者。这些参与者应具有经营及技术方面的知识，了解项目的目标及面临的风险，应具备沟通技巧和团队合作精神，及时沟通和分享信息，这对项目风险识别是非常重要的。

3. 收集资料

项目风险识别需要收集的资料大致有以下几个方面。

1) 项目产品或服务的说明书

项目产品或服务的性质具有多种不确定性,在某种程度上决定了项目可能遇到什么样的风险。例如,项目产品投入市场的不确定性,项目产品市场需求的不确定性。因此,别的项目的风险可以从识别产品或服务的不确定性入手,而项目产品或服务的说明书则可以为我们提供风险识别所需的大量信息。通常情况下,应用较新技术的产品或服务可能遇到的风险比应用成熟技术的产品或服务的风险要大。项目产品或服务的说明书可以从项目章程、项目合同中得到,也可以参考客户的需求建议书。

2) 项目的前提、假设和制约因素

通过审查项目管理计划,可以明确项目的前提和制约因素。

(1) 项目范围管理计划:审查项目成本、进度目标是否合理。

(2) 人力资源与沟通管理计划:审查人员安排计划,确定哪些人对项目的顺利完成有重大影响。

(3) 项目资源需求计划:除了人力资源外,项目所需的其他资源,比如各种设备设施的获取、维护、操作等对项目的顺利完成是否可能造成影响。

(4) 项目采购与合同管理计划:审查合同计价形式,不同计价形式对项目组承担的风险有不同影响。在通常情况下,成本加酬金类合同对需求方不利,但如果人工费和材料价格预期下降,则可能对需求方有利。

3) 与本项目类似的案例

借鉴过去类似项目的经验和教训是识别项目风险的重要手段。通常可以通过以下途径获取相关信息。

(1) 查看项目档案:包括整理的经验教训,其中说明了问题及解决办法。

(2) 阅读公开出版的资料:利用商用数据库、学术研究、标准测试等公开资源。

(3) 采访项目参与者:向曾经参与项目的各方征集有关资料。

4. 估计项目风险形势

项目风险形势估计就是要明确项目的目标、战略、战术以及实现项目目标的手段和资源,确定项目及其环境的变数。项目风险估计还要明确项目的前提和假设。通过风险形势估计,可以发现项目规划中未意识到的前提和假设,从而减少不必要的风险分析工作。

通过项目风险形势估计,可以判断和确定项目目标是否明确,是否具有可测性,是否具有现实性,有多大不确定性;分析保证项目目标实现的战略方针、战略步骤和战略方法;根据资源状况,评估战术方案的不确定性,明确可用资源对实现战略目标和项目意图的重要性。

5. 根据直接或间接的症状,识别潜在的项目风险

为了便于进行风险分析、量化、评价和管理,还应该对识别出来的风险进行分类。常见的分类方式包括按项目阶段或管理者划分。例如,建设项目风险可以分为项目建议书、项目可行性研究、项目融资、项目设计、项目采购、项目施工及运营七组。建设项目施工阶段的风险则可按管理者分为需求方风险和承包商风险两类。每一组和每一

类风险都可以按需再进一步细分。项目管理是一个不断改进和不断完善的过程,因此任何一个阶段的工作结果都要包括对前面工作进行改进的建议和要求。风险识别工作的结果也应包括对项目管理其他方面的完善建议。

### 五、项目风险识别的结果

项目风险识别的结果就是风险识别的目的所在。一般来讲,风险识别的结果包括以下几个方面。

#### 1. 已识别的项目风险

已识别的项目风险是项目风险识别最重要的结果,它通过定性的项目风险清单来表示,该清单对项目风险的描述应该简洁易懂,典型项目风险清单式样如表9-1所示。

表9-1 典型项目风险清单式样

| 风险清单 | | 编号: | 日期: |
|---|---|---|---|
| 项目名称: | | 审核: | 批准: |
| 序号 | 风险因素 | 可能造成的后果 | 发生的可能概率 | 可能采取的行动: |
| 1 | | | | |
| 2 | | | | |

#### 2. 潜在的项目风险

潜在的项目风险是指没有迹象表明会发生,但人们凭主观判断就能预见的风险,如特殊技术人才的流失等。当然,潜在的项目风险可能会发展成为项目的真正风险,因此也要给予一定的重视。项目团队应该根据风险来源进行适当的分类,并通过表格或文字的形式做清楚的描述,编制出潜在风险量表,为风险管理的后续工作打好基础。

#### 3. 对项目管理其他方面的改进

在项目风险识别的过程中,可能发现项目管理其他方面存在的问题,需要进行改进和完善。

## 第三节 项目风险评估

趋利避害是人类的天性,但利害需要通过沟通和比较来鉴别,只有量化的损益才易于比较。人们通过比较进行选择,而项目管理最终是通过选择来规避风险的。项目风险分析是项目风险评估的基础,而风险分析和评估的主要手段就是量化分析。

### 一、项目风险分析和评估的指标

风险评估的指标就是度量风险的尺子。风险是一个综合现象,并涉及对未发生事件的预测和评估,因此往往需要许多把尺子才能勾画出它的特征。

(1) 风险发生的可能性。

这是人们首要关心的问题。风险事件的发生具有随机性,但并不意味着没有规律可循。测算随机事件最常用的方法是概率分布统计法,其计算出来的结果就是风险概率。

(2) 风险后果的危害性。

因量化风险所带来的有形及无形损失、直接或间接损失。人们常常以货币为单位来衡量风险所带来的损失,因为货币具有极强的可比性。对于物质损失,采取成本重置法的估算往往可以得到非常准确的结果,但在涉及生命、信誉、影响范围等问题时,货币单位往往显得力不从心。

(3) 风险预测的把握性。

对于某一特定风险,人类从完全不可能预测到可以准确预测,中间存在一个渐变的学习过程。例如,在气候预测和瘟疫预测方面都经历了这样一个学习过程。这个过程的量化指标,能够体现管理层对项目风险的认识能力和控制能力。

(4) 风险发生的时间段。

这是决定风险发生敌军和危害程度的相关指标。一个人在爬第一层楼时发现没带钥匙,另一个人爬到第三十层楼发现没带钥匙,这两种情况下所产生的挫折感会截然不同;地震若发生在凌晨三点,相较于发生在下午三点,所造成的人员伤亡可能会相差数倍。在很多情况下,时间都是概率和成本的函数,在衡量风险的时候更是如此。

(5) 对风险的承受能力。

对风险的承受能力可以分为主观承受能力和客观承受能力,前者的指标或许取决于投资者的个性,而后者的指标则可以量化测算。例如,我们常常用资产负债率来衡量一个组织承担债务风险的能力,用盈亏平衡点来测算一个投资项目的经营风险。

(6) 风险可换取的收益。

这是测量项目风险的秤砣或砝码。投资者愿意冒多大风险,在很大程度上取决于收益有多大。马克思说过,当利润达到10%的时候,他们将蠢蠢欲动;当利润达到50%的时候,他们将铤而走险;当利润达到100%的时候,他们敢于践踏人间的一切法律。风险和机会、损失与收益往往相伴而行。

## 二、项目风险分析与评估的方法

项目风险分析与评估的方法有定性和定量两类。定性方法通常依赖于专家的意见和项目管理者的经验,而定量方法则需要完备的数据支持,但由于数据获取难度较大,实践中很少单独使用。事实上,在项目管理实践中,经常将专家、项目管理人员的估计和有限的数据分析结合在一起使用,用以分析和评估项目风险。在项目风险分析与评估中,具体运用何种方法,取决于项目风险的来源、发生的概率、风险的影响程度和管理者对风险的态度。

### 1. 统计法

尽管项目是一次性的,但类似项目之间的风险往往具有很高的相似性。因此,针对类似项目的历史资料进行统计分析,可以推算出该项目的大概风险。

统计法基于大数法则和类推原理,主要指标有分布频率、平均数、众数、方差、正态分布函数、概率值等。

### 2. 风险值法

风险值法首先估算项目风险发生的概率及其可能造成的后果,然后将两者相乘,得出一个风险的数值,以此量化项目风险。其计算公式:

$$风险值 = 项目风险发生概率 \times 项目风险可能造成的后果$$

使用该方法需要估算出项目风险发生的概率和后果。项目风险发生的概率通常通过统计方法获得,但在数据不足时,项目管理者只能根据自己的经验来估测项目风险发生的概率。风险可能造成的后果主要从以下四个方面来衡量。

(1) 风险后果的大小和分布:风险后果的严重程度及其变化幅度,用数学期望值和方差来表示。

(2) 风险后果的性质:风险的后果是属于技术性的,还是经济性或其他方面的。

(3) 项目风险的影响:风险会对哪些项目关系人造成损失。

(4) 风险后果的时间性:风险是突发的还是随时间渐进的,以及这些风险发生的时间等。

### 3. 决策树方法

决策树是一种将影响项目风险的相关因素(如风险状态、发生概率、后果等)绘制成从左至右展开的树状图的方法。决策树主要由方块节点、圆形节点以及从这些节点所引出的分支组成。

决策树的优点在于能够进行多级决策,并且能够使项目管理者有步骤、有层次地进行决策。同时,决策树也存在一些缺点,它不能把所有的因素都考虑进去,如果分级太多,决策树图就会很复杂。

【例 9-1】 某项目准备投资生产甲和乙两种产品,分别需要投资 55 万元和 60 万元,两种产品的生产年限是一样的。经过市场调研,预测新产品上市后,畅销的概率为 60%,滞销的概率为 40%。

根据上述信息,使用决策树方法进行风险分析。首先,画出对应的决策树,如图 9-5 所示。

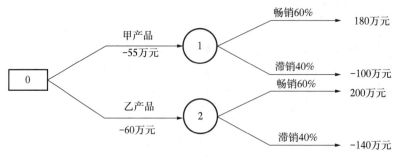

图 9-5 某项目的决策树

然后计算各状态节点处的风险后果,结果如下:

状态节点 1＝180x60％＋(－100)x40％＝68(万元)

状态节点 2＝200x60％＋(－140)x40％＝64(万元)

决策节点 0＝68－55＋64－60＝13(万元)

因此,应选择投产甲产品。

4. 模拟法

模拟法是一种通过模仿实际运行情况,针对复杂系统任务进行研究的手段。它一般通过多次改变参数模拟项目风险,得到模拟结果的统计分布,并以此作为项目风险估算的结果。这一道程序非常复杂,一般要借助于计算机来进行。

模拟法在项目风险管理中特别适合估算项目成本风险和进度风险。由于项目成本风险和进度风险是项目风险管理的核心,因此模拟法在项目风险分析和评估中的运用越来越广泛。

5. 专家判断

专家判断常被用来替代或补充以上定量的项目风险估算技术。例如,项目专家对项目成本风险、项目进度风险和项目质量风险的判断都是比较准确的,有时候甚至比实际数据计算出的风险还要准确。因此,在很多情况下,运用专家的判断往往是其他项目风险评估方法很好的补充。

除了上述的方法,还有成分分析、要素加权平均法、不确定性分析方法、模糊综合评价法等方法。有些方法已经在其他章节进行了详细说明,在此不再介绍。

## 三、项目风险评估的结果

通过项目风险评估,项目风险管理人员可以确定风险等级及风险排序结果。常见的项目风险评估结果有以下几种。

1. 项目整体风险等级

通过比较项目间的风险等级,对该项目的整体风险作出评估。项目的整体风险等级将用于制定支持各种项目资源的投入策略,并为项目继续实施或者取消的决策的制定提供依据。

项目风险评估表将按照高、中、低类别的方式对风险和风险状况进行详细呈现。风险表可以根据项目风险的紧迫程度,以及费用风险、进度风险、功能风险和质量风险等类别,分别进行风险排序和评估。应对重要风险的风险概率和影响程度进行单独评估,并提供详细的说明。

2. 附加分析计划表

对于高等或者中等程度风险的项目,应该将其列为重点监测对象,进行详细的分析与评估,包括提出下一步的风险应对计划的建议与分析。

## 第四节　项目风险的应对与监控

### 一、项目风险应对

项目风险应对是根据风险量化结果，结合风险性质和决策主体的风险态度，以及对风险的承受能力，而制订的回避、承受、降低或者分担风险等相应防范计划的一系列过程。

风险应对可以从改变风险后果的性质、风险发生的概率，以及风险后果大小三个方面提出多种策略。针对不同的项目风险可以采取不同的处置方法和应对策略，针对同一个项目所面临的各种风险，可综合运用多种策略组合进行处理。风险应对的主要措施有如下几种。

1. 风险回避

风险回避是指当项目的潜在风险发生概率过高、不利后果过于严重，且没有其他有效的对策来降低该风险时，主动放弃项目或者改变项目目标与行动方案，从而规避风险的一种策略。从风险管理的角度看，风险回避也就是拒绝承担风险，是一种最彻底的消除风险的方法。同时，由于放弃了原有项目，也就放弃了原有项目可能带来的收益，因此，这也是最消极的一种风险应对措施。

在下面几种情况下，项目管理人员通常需要考虑采用风险回避应对措施。

（1）客观上不重要的项目，没有必要冒险。

（2）风险事件发生概率大且后果损失大的项目。

（3）风险事件发生概率虽不大，但一旦发生将造成灾难性、无法弥补的损失，且项目无法承受。例如，在人口稠密地区建设核电站，一旦发生核泄漏，将危及成千上万人的生命。

2. 减轻风险

减轻风险的目的是降低风险发生的可能性（如使用成熟的技术以降低项目产品不能如期完成的概率）或者减小风险造成的损失（如设立意外开支准备金），或两者兼而有之。减轻风险是一种很重要的战略，它可能需要较高的成本或不需要什么成本，但在大多数情况下，减轻风险所需要的成本与没有减轻风险所导致的损失相比来说是比较划算的。在减轻风险的过程中，可以根据不同的风险采取不同的策略。

（1）对于已知风险，项目团队可以在很大程度上加以控制，使风险降低。例如，可以通过压缩关键活动的时间来减轻项目进度滞后的风险。

（2）对于可预测风险，可以采取迂回策略，将每个风险都减少到项目利益相关者可以接受的水平上。

（3）对于不可预测风险，要尽量使之转化为可预测风险或已知风险，再进行控制和处理。

### 3. 风险分散

风险分散是指通过增加风险承担者,将一项大的项目风险在时间上、空间上、承担者上进行分散,以达到减轻项目总体风险的目的。例如,河流分洪道的设置、抗震救灾全民大捐款等,都是风险分散的经典案例。

在风险分散分配时,必须掌握一个原则:风险必须分配给最有能力控制风险且有最好的控制动机的一方。同时,风险的分散也意味着风险控制权的分散。如果试图把风险分配给他人但又不想转移该风险的控制权,那将会导致风险成本的全面增加。

### 4. 风险自留

风险自留也称为接受风险,是指项目团队自己承担风险导致的所有后果。接受风险有主动接受和被动接受之分,主动接受是指当风险实际发生时,启动相应的风险应急计划;被动接受是指风险实际发生时,不采取任何措施,只是接受一个风险损失最小的方案。采用接受风险应该注意以下问题。

(1) 对那些发生概率小且后果不是很严重的风险,采取接受风险的方式是可行的。

(2) 当采用其他的风险应对方法的费用大于不采取任何措施所导致的损失时,就应该选择风险接受策略。

### 5. 转移风险

转移风险也称为分担风险,其目的是在不降低风险发生概率和后果的情况下,借用一定的方式,将一部分风险损失转移给项目的第三方。转移风险的主要方式包括保险、担保、出售、发包、开脱责任合同等。采用转移风险策略要注意的事项有以下几点。

(1) 当项目风险发生的概率较小,导致的损失较大,而且项目团队很难应对这种风险时,采取转移风险的策略会获得额外的效果。

(2) 在转移风险的过程中,必须让分担风险者获得与其所承担的风险相匹配的利益。

(3) 与项目团队一起分担风险的第三方必须有能力管理其所承担的风险。

(4) 项目团队转移风险要付出一定的代价,从长期来看,转移风险并非理想选择。

## 二、项目风险的监控

项目风险监控是指在项目全生命周期内,持续追踪已识别的风险、监控残余风险、识别新风险,并评估风险应对计划有效性的过程。这一过程贯穿项目实施始终,涵盖风险监视和风险控制两个层面。项目风险监控是基于风险的阶段性、渐进性和可控性特征而开展的项目管理工作。当风险事件发生时,执行风险管理计划中规定的规避措施;当项目的情况发生变化时,重新进行风险分析,并制定新的规避措施。一个好的风险监控系统会在风险发生之前为决策者提供有用的信息,并使之做出有效的决策。项目风险的监控贯穿项目全过程,根据项目风险管理计划和项目实际发生的风险变化,重点开展项目风险控制活动。

## 1. 项目风险监控的目标

项目风险监控包含如下目标。

(1) 尽可能早地识别项目的风险。
(2) 努力避免项目风险事件的发生。
(3) 积极消除项目风险事件带来的不利后果。
(4) 充分吸取项目风险管理过程中的经验和教训。

## 2. 项目风险监控的内容

项目风险监控的内容主要包括以下几个方面。

(1) 反复进行项目风险的识别与度量。
(2) 监控项目潜在风险的发展。
(3) 监测项目风险发生的征兆。
(4) 采取各种风险防范措施,以减小风险发生的可能性。
(5) 应对和处理发生的风险事件,以减轻项目风险事件的后果。
(6) 管理和使用项目的不可预见费,实施项目风险管理计划等。

## 3. 项目风险监控的技术和方法

项目风险监控的主要技术和方法有以下几种。

1) 项目风险应对审计

在回避、转移风险的时候,风险审计员检查和记录风险应对措施的有效性。因此,风险审计在项目的整个生命周期的各个阶段都会起到一定的作用。

2) 定期项目评估

由于项目生命周期中风险等级和优先级可能会发生变化,因此,需要持续评估或量化风险,为此,项目风险评估应定期进行,并成为每次项目团队会议的议程之一。

3) 增值分析

增值分析是按基准计划费用来监控整体项目的分析工具。此方法将计划的工作与实际完成的工作进行比较,以确定是否符合计划的费用和进度要求。如果偏差较大,则需要进一步对项目进行风险识别、评估和量化。

4) 技术因素度量

技术因素度量是度量在项目执行过程中的技术完成情况与原定项目计划进度的差异,如果有一定的偏差(如没有达到某一阶段规定的要求),则可能意味着在完成项目预期目标上存在一定的风险。

5) 附加风险应对计划

当风险超出预期或应对措施不足时,需要重新制定应对策略。

6) 独立风险分析

与来自项目组织的风险管理团队相比,管理团队对项目风险的评估更独立、公正。

相关案例

# 第十章
# 商业项目采购管理

## 学习目标

- 1. 了解项目招标内容。
- 2. 明确采购合同管理。

## 引入案例

### 约旦的核电工程采购

约旦2007年制订了和平开发核能计划。2008年,约旦决定建造首个国家核电站,并向全球20多个国家的公司发出了招标计划书。几个月后,约旦国家核电站组建委员会收到了30多份投标计划书,经过仔细的审查、比较与分析,最后5家公司入围,分别是A公司、B公司、C公司、D公司和E公司。5家公司工程设计大同小异,报价都在35亿美元左右。

为了增加胜算,各公司纷纷使出招数。A公司强调自己在技术方面的领先地位,由诺贝尔物理学奖得主担任公司技术顾问。B公司向约旦派出一个大型公关团。D、E两家公司握手言和并共同制订了一份新的计划书。只有比利时公司不动声色,它与约旦原子能委员会进行了几次例行谈判,将报价提高5000万美元。除了C公司的其他公司听后觉得不可思议,甚至认为是谣传。

两个月后,B公司首先被淘汰出局,约旦原子能委员会主席对B公司负责人说:"非常感谢你们能参与投标,但很遗憾。"接着被淘汰的是A公司,约旦方称核电站建设已经不是尖端技术,诺贝尔物理学奖获得者起不了多大作用,约旦不需要华而不实的东西。D、E两家公司觉得胜券在握,准备开庆功会了。然而,最终胜出的是比C公司。2009年9月12日,约旦原子能委员会主席在安曼与C公司总裁签署了协议。为什么C公司提高报价反而中标了呢?C公司解释说:核电站建在约旦红海亚喀巴南25千米靠近沙特边界的沙漠中,以尽量减少对环境和健康的影响。多出的5000万美元主要用于周围的绿化建设,包括移植高大的金松与红杉,建一条通往亚喀巴的绿色长廊,栽植一批耐干旱的名贵花草等。另外,从C公司所在国免费运来10船湖底淤泥到约旦,用作植物生长的有机肥。按照这个计划,建成后的核电站将是鸟语花香的花园。

> 约旦对绿化有着异常强烈的需求，C公司的成功源于对人性的熟悉。约旦人说，C公司考虑得这么周详，有理由相信它能做得更好。可见，国际项目竞争中比拼的不只是技术与管理，对人性的了解同样很重要。

项目采购是指从项目组织外部采购或获得所需产品、服务或成果的过程。因应用领域不同，买方可称为客户、总承包商、采购组织者、服务需求者，卖方可称为承包商、分包商、服务提供商或供应商。在合同生命周期中，卖方首先是投标人，然后是中标人，最后是签约供货商或供应商。如果采购的不是现货物资、商品或普通产品，卖方通常把采购作为一个项目来管理。不同类型项目采购的复杂性不同，例如，管理咨询项目，通过招标或其他方式选择一家管理咨询公司，采购任务就完成了，而管理信息化项目（如ERP实施）则更为复杂，通常需要先选咨询公司梳理需求，再招标软件实施商，并采购相关软硬件设备。

物资采购是指需求方为获得货物通过招标的形式选择合格的供货商，它包含了货物的获得及其获取方式和过程。物资是实现项目基本功能不可或缺的设备和材料等，材料是构成项目的永久组成部分，设备不是一次性消耗品，项目结束后可以在其他项目上继续使用。例如，某机场扩建工程涉及供电设备、电梯、登机桥、助航灯光、行李系统、安检系统、照明系统、广播系统、消防报警系统、综合布线、航班信息系统等专业设备和系统的采购。所采购的物资应具有良好的品质、合理的价格并且能在合同规定的时间内交货。工程项目需要大量的原材料和设备，而新产品研发项目或管理信息化项目的物资采购成本占项目总成本的比重较小。合理安排物资采购，既要满足项目对物资的使用需求，又要控制库存，减少对资金的占用。例如，一家工程承包企业在某国中标了一个电站建设项目，由于该国工业品市场不发达，电站建设所需的材料采购困难，尤其是设备零部件缺乏供应，与国内工业产品普遍供大于求的状况反差很大，项目部为了保证满足工程对材料的需要，创建了400万美元的材料库，进而导致流动资金紧张。

在项目实施过程中，设备和材料的采购模式主要包括集中采购、分散采购和零星采购三种方式。

集中采购需要业务熟练的采购人员和完善的采购部门，制订合理的采购计划和采购进度安排，采购部门要与设计人员、施工人员沟通，通过设备选型、优化设计，达到节约投资经费的目的。在设计和采购阶段系统考虑施工中容易出现的问题，可以合理减少出现问题的机会。集中采购可以产生规模效益，降低项目的成本投入。采购人员长期关注市场行情，容易与供应商之间形成战略合作关系。

分散采购适用于专业性强的情况，由专业人员负责采购，确保物资设备的技术参数和质量，但可能因部门沟通不畅导致成本增加。

零星采购用于应对紧急情况或小宗采购任务，由现场负责人根据需要进行临时采购。若项目计划不完善，可能导致零星采购频繁发生。

服务采购涉及聘请咨询公司或专家提供勘察、设计、监理、项目管理等服务，如可行性研究、科学研究等,同时也包括劳务公司提供的服务。例如,房地产开发商聘请勘察单位完成施工场地的地质勘察,选择设计单位完成详细施工图纸,选择监理公司监督项目施工过程,聘请项目管理公司或专家提供咨询服务。

工程采购是指需求方通过招投标或其他方式选择一家或数家合格的承包商来完成工程的全过程。它是项目采购中的一个重要方面,实施过程也最为复杂。如开发商投资建设一栋写字楼,招标选择一家施工总承包单位,开发商与各中标方签订承包或供应合同,总承包商可选择若干分包单位等。

项目采购规模通常较大,大型工程总包合同总价可能数十亿甚至数百亿元,铁路、机场、水电等项目甚至可达数百亿元。其中的设备和材料采购涉及的资金也是庞大的,供应商为了获得订单会运用多种策略,项目组织不仅需要有业务技能熟练的采购人员,更需要建立完善的采购管理体系和操作程序。采购管理的主要内容不是控制价格,而是在价格适当的情况下关注供应商提供的产品质量、质量保证能力、售后服务、解决方案和综合实力等。有些产品购买价格便宜但要经常维修,不能正常工作,生命周期总成本就并不低,如果买的是假冒伪劣商品,导致项目质量不合格,则损失更大。有些项目的详细设计书中指定使用某种材料和设备,直接标注设备型号、品牌等,这是不好的做法,会使采购失去灵活性,采购部门与供应商的价格谈判将极为困难。

## 第一节 采购规划

采购规划是确定采购决策、明确采购方法和识别潜在卖方的过程,确定哪些项目需求可以通过外部采购来实现,哪些项目需求可由项目团队完成。如果决定外购,应确定是租赁还是购买,采购规划应确定采购什么、如何采购、采购多少及何时采购、对供应商资质有什么要求等。采购计划与进度计划密切相关,应把采购管理计划编制与进度计划制订、估算活动资源、自制还是外购决策等整合起来。采购规划中还要确定为减少外购风险而使用的合同类型。

1. 自制-外购决策分析

自制-外购决策分析是决定在组织内部制作某些产品或服务,还是从外部购买的一种管理技术。采取自制还是外购策略时应综合分析成本、进度计划和资源限制等因素。分析成本时应考虑全部直接和间接成本。当选择外购时,既要考虑购买产品的实际支出,也要考虑采购过程和维护该产品所产生的间接成本。例如,某大企业有实力雄厚的信息中心,是独立自主地开发所需管理信息系统还是外购呢? 公司可以估算使用内部资源开发这一系统的成本,包括软件开发、硬件购买、运营维护、技术升级等方面的费用,如果从软件商处购买的价格低于自制成本,应选择外部采购或外包开发。

进度计划决定了对产品、服务成果的使用时间,这限定了采购完成的时间,必须比较自制与外购所需的时间是否满足进度计划,不能因为节约成本而牺牲进度。项目组织可能具备独立完成项目的能力,但由于相关资源正在用于其他项目,为了满足进度要求时,也要选择外购。

当满足下列条件时可选择自制策略:自制成本更低,综合操作更容易,能够运用闲置的生产能力,保证对项目的直接控制。自制适用于需要保守设计与生产秘密、缺乏可靠的供应商、自己有稳定劳动力的情况。

当满足下列条件时可选择外购策略:外购成本更低,可利用供应商的优势,内部生产能力有限,具有多种供应商来源(合格的卖主清单),买方对项目间接控制。

2. 合同类型

合同通常可分为总价合同和成本补偿合同两类,每一类又有多种形式可供选择。人们一般比较喜欢固定总价合同,很多组织鼓励使用固定总价合同,但有些情况下成本补偿类合同对项目更合适。实践中,合并使用两种以上类型合同的情况也不罕见。一旦确定了合同类型及具体条款,就决定了买卖双方承担的风险水平。

(1) 总价合同。

此类合同为既定产品或服务的采购设定总价。总价合同要求买方准确定义要采购的产品或服务,如果买方调整范围将导致合同价格变化。总价合同包括固定总价合同、总价加经济价格调整合同和总价加激励费用合同三种类型。

固定总价合同中采购价格不允许改变,这种合同为项目最终成本提供了最大限度的保护,合同履行不好导致的成本增加由卖方承担。如GLP工程合同均为固定总价合同,除非在施工过程中因需求方或客户原因引起变更。固定价格合同的适用条件是购买的产品能够严格定义或有详细设计;设计图纸和规范在招标时详细而全面,投标者能准确计算工作量;项目风险小,承包商承担的风险不大。承包商必须仔细估算目标成本,如果估算的目标成本低,利润就会减少甚至亏损。如果估算过高就失去了价格竞争优势,难以中标。

固定价格合同的优点在于,买方只需监督卖方的工作过程而不用监督项目的成本,且买方很少对合同进行变更,卖方受到的干涉较少。其缺点在于客户需要详细描述项目工作,且卖方可能使用价格低廉的材料或考虑自身利益而延长工期。除非在要求非常明确的情况下,买方不应考虑这种合同。

可调整的固定价格合同是总价加经济价格调整合同,在执行时间较长的项目中,受通货膨胀影响,材料、劳动力价格可能大幅上升,如果不调整价格将难以执行下去,或估计成本时的不明确因素变为已知时,应按事先确定的方式对价格做出调整。

总价加激励费用合同指买方对卖方实现既定目标后给予财务奖励,奖励数量与卖方的成本、进度和技术绩效有关,绩效目标一开始就制定好,最终的合同价格要待全部工作结束后根据卖方绩效来确定。此类合同通常设有价格上限,卖方必须完成工作并承担超出上限的成本。这种合同对卖方具有激励与约束性。

(2) 成本补偿合同。

成本补偿合同让买方为卖方支付为完成工作而产生的全部合法实际成本,外加一笔费用作为卖方利润。合同也可以为卖方超过或低于预定目标（如成本、进度或技术绩效目标）而规定财务奖励条款。如果项目范围在开始时难以准确界定，需要在以后进行调整，或者在项目存在较高风险的情况下，可以选择成本补偿合同，使项目具有较大的灵活性，采购方可以容易地重新安排卖方工作。成本补偿合同有三种形式：成本加固定费用合同、成本加激励费用合同和成本加奖励费用合同。

在成本加固定费用合同中，买方为卖方报销履行合同所发生的全部合理的实际成本，并向卖方支付一笔固定费用，该费用通常经过谈判以初始成本估计的某个百分比计算。费用只针对已完成的工作，如果项目范围没有变化，即使成本可能变化，这笔费用也不变。如某会议室装修项目估算成本为12万元，则买方为卖方报销实际成本12万元，另支付1万元费用。

成本加激励费用合同为卖方报销履行合同过程中产生的全部合理实际成本，并在卖方达到合同规定的绩效目标时，向其支付预订的激励费用。通常使用成本分摊比例工具来分割结余部分或分担超支部分。例如，在会议室装修项目中，设定目标成本为10万元，买卖双方成本分摊比例为4:6，如果实际成本为12万元，则超出目标成本2万元，假设买卖双方分别承担0.8万元、1.2万元。如果实际成本为9万元，节约了1万元，则奖励卖方0.6万元。

成本加奖励费用合同为卖方报销履行合同过程中产生的全部合理实际成本，并在满足了合同中规定的某些绩效标准时，由买方根据主观判断决定是否给予卖方奖励费用。成本补偿合同的特点是承包商的利润有保障，客户可以频繁修改项目范围，项目估算成为一个模糊的目标，成本风险主要由买方承担。承包商可能缺乏节约成本的动力，或者为了获得激励可能采用价格低廉的材料以降低成本。

3. 采购管理计划

采购规划活动的成果主要是采购管理计划，该计划描述了如何管理从编写采购文件到合同收尾的各个采购过程，它是项目管理计划的一个组成部分。采购管理计划内容包括拟采用的合同类型、风险管理事项、如何协调采购工作与其他项目工作、标准化采购文件、多个供应商之间的管理策略、外购决策方法、合同可交付成果的进度日期规定、是否采用履约担保或保险等。采购管理计划的编写应从活动资源需求、项目进度、活动成本估算、成本绩效基准等信息，采购管理计划可以是正式的或非正式的，可以是非常详细或简略的。项目采购管理计划如表10-1所示。

表10-1 项目采购管理计划

| 项目名称： | 准备日期： |
|---|---|

1.采购职权描述项目经理的决策权和限制，包括预算、签字权限、合同变更、谈判等

2.角色和责任
(1) 项目经理和团队的信任
(2) 采购部门的责任

续表

| 项目名称： | 准备日期： |
|---|---|
| 3.标准采购文件<br>列出所有标准采购表格、文件、政策或与采购相关的程序 | |
| 4.合同类型<br>确定采用何种类型的合同及版本 | |
| 5.约定与保证的需求<br>明确投标方必须满足的保证条件 | |
| 6.选择标准<br>明确选择供应商或承包商的标准与权重 | |
| 7.采购约束与假设<br>确定有哪些约束和假设并形成文档 | |

4. 采购工作说明书

采购工作说明书详细描述采购的产品、服务或成果，包括规格、数量、质量、性能参数、服约期限、工作地点等内容，以便潜在的卖方判断它们是否有供货能力。每次采购均要编写采购工作说明书，可以把多个产品或服务组合成一个采购包，由一个采购工作说明书来覆盖。在采购过程中，根据需要对采购工作说明书进行修改，直到签订合同，采购工作说明书成为合同的一部分。

5. 采购文件

不同类型的采购文件有不同的常用名称，可能包括投标邀请书、建议邀请书、报价邀请书、投标通知、谈判邀请书及卖方初始应答邀请书等，具体名称因行业而异。如果主要依据价格来选择卖方，通常使用标书、投标或报价等术语；主要依据技术能力或技术方法等来选择卖方，通常使用建议书等术语。采购文件应便于卖方做出准确完整的回答，还要便于对应答进行评价。采购文件中必须包括应答格式要求、采购工作说明书及所需的合同条款。采购文件的复杂性和详细程度应与采购价值和风险大小相适应，既要保证卖方做出一致的应答，又要有足够的灵活性，允许卖方提出更好的建议。

## 第二节　工程采购

项目采购方式（Project Procurement Route，PPR）是指需求方购买产品、服务或成果所采用的路径。PPR确定了项目建设的基本路径和总体框架，在很大程度上解决了建设速度、成本、工程质量与合同管理模式。PPR是成功进行项目管理的基石。工程建设项目采购更复杂，包括工程、物资和服务的采购，采购金额大、持续时间长。项目参与主体不同，采购方式也不同。

1. 设计-招标-施工模式

设计-招标-施工（Design-Bid-Build,DBB）模式形成于19世纪初。需求方首先招标选择设计单位，当设计文件经过评审验收后，再招标选择施工总承包商。在DBB模式中，需求方委托咨询单位进行可行性研究等前期工作，项目评估立项后进行设计、编制招投标文件，设计工作完成后招标选择承包商。需求方与承包商签订施工合同和设备供应合同，承包商可以与分包商和供应商订立劳务分包合同和材料供应合同并组织实施。需求方一般指派代表与南方和承包商联系，负责项目管理工作。由于投资控制的重要性，需求方指派监理作为主代表监督设计和施工过程，在施工阶段，质量控制和安全控制工作由监理工程师负责。

DBB模式的优点如下：①广泛应用于世界各地，管理方法成熟，有关各方均熟悉相关程序；②需求方可以选择合适的咨询设计单位和人员，可以控制设计要求，易于提出设计变更；③可自由选择监理人员监督项目实施过程；④可采取各方熟悉的标准合同文件，双方明确各自应承担的风险。DBB模式的劣势在于：①管理协调工作复杂，需求方不仅要对每一个对象进行监督，而且需要协调他们之间的利益，才能保证项目的顺利进行；②施工单位没有参与设计环节，容易造成承包商按图施工困难，常导致工程变更和索赔，总造价不易控制，出现质量问题后设计方和承包商常推诿责任；③监理工程师不易控制工期，导致项目建设周期较长。

2. 建设管理模式

建设管理（Construction Management,CM）模式又称快速路径法或阶段施工法。它起源于20世纪60年代的美国，20世纪80年代不断完善和成熟。这种模式的特点是"边设计、边发包、边施工"。从开始阶段就雇佣具有施工经验的CM单位或CM经理参与到项目实施过程中来，负责组织和管理项目的规划、设计和施工。

通常需求方委托的CM经理和设计单位、咨询工程师组成一个联合小组，共同负责组织和管理项目的规划、设计和竣工，CM经理对设计负有协调作用，在智能设计快完成之时，对完成的部分项目设计进行招标，发包给一个承包商，由需求方就每个部分工程与承包商签订承包合同。

CM单位负责工程的监督、协调及管理工作。施工阶段定期与承包商沟通，对成本、质量和进度进行监督。该模式的优势在于：①缩短了从规划、设计到竣工的周期，以投产节约建设投资，减少投资风险，较早地取得收益；②CM经理较早介入设计管理，设计者可听取CM经理的建议，优先考虑施工因素，以改善设计的可行性，还可运用价值工程改进设计，以节约投资；③设计一部分即招标一部分并及时施工，设计变更较少。该模式的劣势在于：①分项招标可能导致承包商费用较高，因而要做好分析，研究项目分项的多少，选择一个最优的结合点，并充分发挥专业分包商的专长；②需求方在项目完成前不知总造价。

CM模式适用于建设周期较长且工期紧张，不能等到设计全部完成后再招标的项目，或者是投资和规模都很大、技术复杂，组成和参与单位众多，缺少类似经验的项目。

### 3. 项目管理承包模式

项目管理承包(Project Management Contract,PMC)模式是需求方在项目初期聘请技术力量强、项目管理经验丰富的企业作为项目管理承包商,委托其对项目设计、采购、施工和试运行等阶段进行全面的管理。需求方保留很小部分的项目管理力量,仅对一些关键问题进行决策。表10-2列出了某项目管理承包商的主要职责。项目管理承包合同多采取成本加酬金的形式,并包含奖励和处罚条款。在保证质量和安全的前提下,如果有重大投资节约或提前完成,在投产考核合格后给予相应的奖励,反之则予以罚款。这种合同设计有助于项目管理承包商与需求方形成双赢关系。对于大型复杂项目,可以选择由多家工程公司或管理公司组成的联合体作为项目管理承包商,以充分发挥各自领域的专业优势。

表10-2 某项目管理承包商的主要职责

| | | |
|---|---|---|
| 项目管理承包商的主要职责 | 定义阶段 | 协助业主完成政府部门对项目各个阶段的审批工作 |
| | | 审查专利商提供的工艺设计文件 |
| | | 提出公用工程、界外工程辅助设施的设计方案 |
| | | 提出设备、材料供货厂商的短名单,提出进口设备、材料清单 |
| | | 提出项目同意遵循的标准、规范 |
| | | 完成项目总体设计、装置基础设计、项目初步设计 |
| | | 提出项目实施方案,完成项目投资估算 |
| | | 编制BPC(或BP)招标文件,对投标商进行资格预审,完成招标、评标 |
| | | 提供融资方案,并协助业主完成融资工作 |
| | 执行阶段 | 编程并发布工程统一规定 |
| | | 全面负责对BPC承包商的管理和协助 |
| | | 设计管理、协调技术条件,负责项目某些部分的详细设计 |
| | | 采购管理并为业主的国内采购提供采购服务 |
| | | 在BPC+C方案条件下,负责施工招标、评标并直接管理施工,同业主配合进行生产准备,组织试车、装置考核和验收 |
| | | 向业主移交全部项目资料 |

项目管理承包的主要优势如下。

(1) 利用项目管理承包商的丰富项目管理经验,统一协调项目的设计与施工,减少矛盾,确保项目成功建成。

(2) 帮助需求方节约项目投资。项目管理承包商一般从设计开始到试运行结束全面参与项目管理,他们从设计开始就进行成本控制,以减少采购、施工及后续阶段的投入。

(3) 有利于需求方取得融资。许多项目管理承包商与金融、投资机构保持着良好的合作关系,这有助于项目获得融资并增强投资方的信心。融资机构为了确保投资项目成功及收益,也倾向于由项目管理承包商负责项目管理。

项目管理承包适用于投资规模大且工艺复杂的项目,需求方通常对工艺不熟悉,缺乏项目管理经验。通过银行或国外金融机构、财团贷款或出口信贷建立的项目,贷款方一般会使用项目管理承包模式,以确保项目成功并降低贷款风险。

### 案例10-1

#### 中海壳牌石油化工项目EPC

中海壳牌石油化工项目为中国海石油集团有限公司、荷兰皇家壳牌集团和广东产业投资集团有限公司投资建设,中外方股份各占50%。该项目位于惠州市大亚湾石化区,2002年11月开工建设,2006年1月投产,总投资额达43亿美元,是当时国内最大的中外合资石化企业之一。项目在建设过程中经历了严峻的挑战,在各方的共同努力下,克服了重重困难,按照中期计划和预算完工,整体达到了国际一流标准。

项目建设阶段采用了国际管理承包商的模式,通过招标选择在石油化工和发电行业具有丰富经验的美国柏克德公司(Bechtel),对乙烯技术十分擅长的英国福斯特惠勒(FosterWheeler)和对中国石化工业熟悉、具有设计管理经验的中国石化工程公司,共同组成了联合体对项目实施管理,完全打破了成套设备引进、建立指挥部的传统做法。这样的组合是国内外优势的有机结合,很符合石化项目技术先进、规模大、界面关系复杂的特点。

项目在建设期间同步实施了ERP系统,选择世界先进的石化设计模板,形成了一套较为全面、操作性较高、规范性很强的业务管理流程,极大地提高了项目的信息化水平。项目还建立了现场总线控制系统,把企业管理与生产自动化有机结合起来,综合运用微处理器技术、网络技术、通信技术和自动控制技术,实现了自动控制的全数字化,促进了现场仪表的智能化、控制功能分散化、控制系统开放化。项目建立了完善的质量保证和质量控制体系,确保工程质量达到国际同行业一流水平,实现了健康安全环保的控制目标。损失工时率为百万分之0.11(控制目标为0.5),可报告事故率为百万分之0.76(控制目标为2.5)。

项目建设过程中,虽然经历了"非典"危机和台风影响,遭遇了供水供电不足、专业工人紧缺等挑战,但是出色实现了进度、费用、质量、安全的四大控制,按照计划于2005年12月30日完成了建设施工。2006年1月29日生产出第一批合格产品,3月底全部装置投入正常运行。

4. 总承包管理

(1) 设计-建造(Design-Build,DB)。

20世纪60年代末,设计-建造模式出现在英国。需求方先委托一家咨询公司研究拟建项目的基本要求,明确工作范围。在项目原则和总体需求确定后,需求方选择一家设计和建造的承包商,承包商完成项目的规划、设计、施工、安装全过程的承包。双方签订可调价格的总价合同,承包方对项目成本负责,它可以选择分包商,或利用本企业的设计和施工力量来完成部分工程。需求方代表负责按照合同检查工程质量、成本和工期等。美国建筑师协会数据显示,1995年采用DB模式的比例为25%,2000年上升至30%。FIDIC合同系列中的《设计-建造交钥匙工程合同条件》适用于DB模式。

DB模式的优点是需求方只与一个承包商签订合同,沟通效率提高,减少了协调工作,避免了设计与施工矛盾,减少因设计错误引发的变更与索赔情况,此外,该模式可适当压缩项目成本和工用,固定总价合同早期造价可得到保证。此模式也存在一定的局限性:需求方招标时通常只提供概要设计,具体设计由承包商完成,由于需求方对设计细节控制力较弱,如果设计过程中存在较多不确定性,则承包商将面临较大风险;固定总价合同可能影响设计、施工质量,需求方在编制招标文件、程序和评标方法时都要格外谨慎;当项目组织非常复杂时,多数承包商不具备相应的协调管理能力。

(2) 设计-管理(Design-Management,DM)。

设计-管理模式是指由同一实体提供设计并进行施工管理服务。需求方只签订一份包含设计和管理服务的合同,设计公司和管理机构为同一实体(或设计机构与施工管理企业的联合体)。常有两种运作形式:需求方与设计管理公司、施工承包商分别签订合同,由设计管理公司负责设计并对施工进行管理;需求方只与设计管理公司签订合同,后者与施工企业和供应商签订施工合同。DM被视为DB和CM模式相结合的产物。

(3) 设计-采购-建造(Engineering Procurement Construction,EPC)。

(4) 设计-采购-建造模式在我国称为交钥匙总承包。需求方负责说明投资意图和要求,承包商负责项目建设内容的总体策划,进行市场调查、提出方案,待需求方评估决策后,承包商进行设计、采购、施工、安装和调试,直至工程竣工移交,承包单位对质量、安全、工期和造价全面负责,需求方最后仅需"转动钥匙"即可运行。1999年,FIDIC发布了《设计采购施工(EPC)/交钥匙工程合同条件》。EPC模式适用于工期长、专业技术复杂、投资较大、标段众多的项目。例如化工和能源项目,在EPC模式下组织结构相对简明,各参与方之间的关系比较简单,管理职责更加明确,方便需求方对项目进行监控,一旦出现问题容易分清责任归属。EPC总承包商必须具有雄厚的技术水平和丰富的项目管理经验。

EPC模式的优点如下:项目责任单一,简化了需求方的合同组织关系,需求方承担的风险小;EPC项目是总价包干(不可调价),需求方的投资成本在早期就可得到保证;可以采取阶段发包方式以缩短工期;能较好地将工艺的设计、设备采购、安装紧密结合起来,有利于项目综合效益的提升;承包商能发挥设计的主导作用,有利于整体方案优化;EPC承包商具有丰富的项目管理能力、行业经验和专业技术,有利于提高项目质量;有利于降低交易成本,需求方招标、合同谈判、管理协调工作量大为减少;EPC承包商一开始就参与设计,可以充分发挥设计的主导作用;缩短了采购周期,在设计环节就可以进行采购准备工作。

该模式的缺点如下：胜任 EPC 承包的公司较少，需求方选择承包商的范围小；承包商承担的风险较大，项目的造价可能较高，项目效益和质量依赖于承包商的经验与水平；需求方参与程度较低，对设计和细节的控制薄弱，对承包商监管手段和力度不足。

项目生命周期可以分为设计管理(DM)、设计准备(DR)、设计(D)、施工准备(CR)、施工管理(CM)、运营前准备(OR)、运营管理(OM)或物业管理(PM)七个阶段。在 DBB 模式中，设计承包商负责设计(D)阶段，施工承包商负责施工准备(CR)和施工管理(CM)阶段；DM 模式中，承包商负责设计(D)、施工准备(CR)、施工管理(CM)三个阶段；EPC 模式中，承包商负责设计准备(DR)、设计(D)、施工准备(CR)、施工管理(CM)、设计准备(DR)五个阶段；BOT 模式中，总承包商负责从 DR 一直到 OM 的全过程的工程采购，而承包商负责从 DR 一直到 OM 的全过程。图 10-1 是不同工程采购模式业务范围示意图。

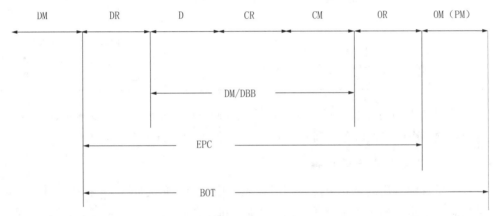

图 10-1　不同工程采购模式业务范围示意图

## 第三节　服务采购

服务采购中的服务是指不以实物形式而以提供劳动的形式满足他人的某种特殊需求的活动，包括智力服务(如设计、勘察、管理咨询等)和非智力服务(如劳务派遣)。

### 一、智力服务

智力服务是指付出智力劳动获取回报的有偿服务，通常以咨询服务的方式出现。卖方运用专家的知识、技能和经验，为需求方提供咨询建议，人员培训或进行其他创造性的智力劳动。咨询服务大体可以分为四种类型。

(1) 投资前调整：如项目决策前的可行性研究和项目评估。

(2) 准备性服务：明确项目内容和技术服务，包括资金估算、承包合同规定、招标文件准备等。

(3)项目实施性服务:项目执行期间的工程监督和项目管理。
(4)技术援助:广泛的咨询服务和支持,如管理咨询和培训。
比较咨询服务采购与工程项目采购,主要存在四个方面的区别,见表10-3。

表10-3 咨询服务采购与工程项目采购的差异

| 内容 | 咨询服务采购 | 工程项目采购 |
| --- | --- | --- |
| 任务范围 | 邀请函中提出的任务范围不是确定的合同条款,仅是合同谈判的一项内容,咨询公司可以提出改进建议 | 以招标书规定的采购内容和技术要求为标准,投标者无权更改 |
| 评价标准 | 以技术评审为主选择最佳的卖方,不以价格最低为主要标准 | 以技术达到标准为前提,选择报价最低的投标者 |
| 招标形式 | 业主可以开列短名单,只想短名单上的咨询公司发邀请 | 公开招标 |
| 开标方式 | 可以不公开开标,不宣布投标者的报价,晚于规定期限送到的投标书也不一定宣布无效 | 公开招标,宣布所有投标者的报价,迟到的投标书作为废标 |

咨询服务采购与工程项目采购相比较,选择承包商的方法有许多不同,按照世界银行贷款项目中的咨询服务采购管理办法,选择服务商的方法有以下几种。

1. 基于质量和费用的选择

基于质量和费用的选择方法是通过竞争程序从短名单公司中,根据咨询建议书的质量和服务价格来确定中标公司。由于不同咨询任务的复杂性存在差异,质量和价格标准的权重也应相应调整。其操作流程如下。

(1)确定咨询服务工作任务的目的、目标及范围,并提供背景情况,以便卖方准备建议书。

(2)费用估算。费用分为两类:①服务费或报酬;②可报销费用。

(3)发布招标信息。让有资格的卖方获得招标信息,以便他们表达参与竞争的意愿。

(4)咨询人短名单。买方考虑那些有兴趣又有资格的卖方,建立一个包括3—6家公司的短名单。

(5)准备并发出建议书邀请函。包括邀请信、咨询人须知、任务大纲、合同草案。

(6)接受建议书。买方给卖方足够的时间来准备建议书,时间一般从4周到3个月不等。在此期间,咨询人可要求对建议书邀请函中提供的情况予以澄清,采购方应书面进行澄清,并抄送所有列入短名单的公司。

(7)评审建议书。首先进行建议书质量评审,然后进行费用评审。世界银行的咨询服务采购管理办法规定,进行了技术建议书的评标后,必须报送审查和批准,然后才能开启并评审财务建议书。评审必须按邀请函中规定的标准进行,不得随意改变。

(8)被选中的咨询人就咨询合同与采购方谈判。讨论咨询人提出的工作计划、任务大纲定稿,确定项目参加人员的资格要求,确定项目单位应投入的资料、设施和人员,编制项目工作进度计划,确定资金支付方式,确定采取何种合同类型。

2. 基于质量的选择

基于质量的选择适用于复杂的或专业性很强的任务,这类任务很难确定精确的任务大纲和投入情况,买方希望咨询人在建议书中提出创新性内容,如制定世界园艺博览会的设计方案。在以质量为选择标准时,买方可要求只提交技术建议书,或同时提交财务建议书并分装在不同的资料袋内。建议书邀请函不应提供费用预算,但可以提供估算的关键人员的工时数,并说明这只作为提示,咨询人应自行进行估算。在对技术建议书完成评审后,招标人会要求技术分最高的咨询人提供一份详细的财务建议书,随后双方就财务建议书和合同进行谈判。

3. 预算固定情况下的选择

这种方法适用于预算已固定且任务简单清晰的项目,采购方的建议书邀请函应指明可获得的预算,要求咨询人分别提交按预算范围编制的最佳技术和财务建议书。首先对所有技术建议书进行评审,然后开启财务建议书,拒绝超过预算金额的建议书。采购方与技术建议书得分最高的咨询人进行合同谈判。

4. 基于咨询人资历的选择

这种方法可用于很小的任务,由于准备和评审有竞争性的建议书要求不高,采购人准备任务大纲,要求咨询人提供意向书及相关经验和能力的证明,制定短名单,并选择具有最佳资质和业绩的卖方。被选定的咨询人提交一份合并的技术-财务建议书,然后双方进行谈判,并确定合同。

5. 最低费用选择

这种方式适用于具有详细标准或常规性质的任务,如审计、简单工程的设计,这类任务一般有公认的管理标准,涉及的金额不大。买方首先在邀请函中规定咨询人应达到的技术合格分值,咨询人分别提供技术建议书和财务建议书。项目采购方首先开启技术建议书进行评估,淘汰达到最低要求的技术建议书。然后,开启技术合格咨询人的财务建议书,从中选出价格最低的咨询人进行谈判。

6. 单一来源选择

单一来源选择方式适用于咨询任务为该咨询人以前承担工作的自然连线,且该咨询人在前期的工作令人满意。由于缺乏竞争性,项目采购人处于价格谈判的弱势地位。如某公司一年前实施了SAP软件公司的财务管理和分销管理系统,系统运行比较平稳,满足了业务要求,现在准备实施人力资源管理系统,为了保持企业内各个系统的兼容,继续采购SAP软件公司的人力资源管理系统就是唯一的选择。

7. 单个咨询专家的选择

如果项目咨询任务较小,不需要一组或几组咨询人员,也不需要公司总部的支持,专家的个人经验和资历最为重要,可以雇用单个咨询专家。

## 二、非智力服务

非智力服务是指不需要创造性脑力劳动的服务方式,按照提供服务能力的主体可分为三类:一是体力劳动服务,如劳务公司为工程项目提供工人服务;二是以物资设备为主提供的服务,如物流公司为项目提供的货物运输服务;三是利用物资设备和人力提供的综合性服务,如某市政府主办一个国际高峰论坛,选择一家宾馆承担全部会务工作。

非智力服务与智力服务的招标流程相似,区别体现在三个方面:一是非智力服务的内容明确,采购方可以确定各项服务内容的验收标准,投标人不能根据自己的理解改变采购人的标准。例如,劳务提供商只能按照设计图完成工作,达不到设计质量标准,项目组不给予验收和付款。二是非智力服务的工作量可以细化与计量,为了达到服务标准,承包商所需投入的人力、物资设备都可以估算出来,不会因为方案不同而出现较大偏差。例如,完成一个立交桥的建设任务,根据图纸可以计算出工程量,挖掘、绑筋、浇砼等所需工时可以估算,进一步计算出人工数量和成本。因此,非智力服务易于组织招标。三是非智力服务种类复杂,设置合理的资质审查标准及评价指标较为困难。设计、勘察等智力服务行业实行了资质管理,不同等级资质反映了不同的企业规模和服务能力,便于采购方识别企业之间的差别。而非智力服务差异性很大,投标人所在行业不一定实行资质管理,或者虽有资质但未分等级,不利于采购方进行评价与选择。

## 第四节 项目招标

### 一、招标方式

招标采购是通过在一定范围内公开购买信息,说明拟采购物品或项目的交易条件,邀请供应商或承包商在规定的期限内提出报价,经过比较分析后,按既定标准选择条件最优惠的投标人并与其签订采购合同的一种采购方式。通过招标程序可以最大限度地吸引和扩大投标方之间的竞争,使招标方有可能以合理的价格采购到所需要的物资或服务。

国务院颁布的《必须招标的工程项目规定》对招标项目范围作了界定,并设定了招标项目的规模:施工单项合同估算价在400万元人民币以上;重要设备、材料等货物的采购,单项合同估算价在200万元人民币以上;勘察、设计、监理等服务的采购,单项合同估算价在100万元人民币以上。

世界各国和国际组织有关采购的法律、规则规定了招标的基本方式,包括公开招标、邀请招标、谈判招标等方式,并规定了其使用条件和操作程序。

1. 公开招标

公开招标又称竞争性招标,由招标人在媒体上发布招标公告,吸引众多卖方参加投标竞争,招标人从中择优确定中标单位。按照招标面向的范围,分为国际竞争性招标和国内竞争性招标。

(1) 国际竞争性招标。

国际竞争性招标是指在世界范围内进行招标,招标者需制作完整的英文标书,并通过国际宣传媒介发布招标公告,国内外合格的企业均可参与投标。例如,长江三峡总公司采购发电机组就是面向世界公开招标的。国际竞争性招标具有高效、经济、公平的特点。世界银行规定,借款国在采购价值超过25万美元的货物或大中型工程时,通常应采用国际竞争性招标。随着中国企业逐步融入全球价值链和创新网络,大飞机、移动通信产品等研发项目中大量引入国际供应商,国际竞争性招标的应用日益普遍。

国际竞争性招标的优点包括:能够以有利的价格采购设备和工程;引进先进的设备、技术及管理经验;为投标人提供公平的投标机会;减少作弊的可能性。缺点是所需文件比较多,且需翻译成国际通用文字,工作量很大,招标过程耗时较长,可能持续半年甚至更久。

(2) 国内竞争性招标。

这类招标方式只用本国语言编写标书,在国内媒体上发布信息,公开出售标书。在国内采购货物或者工程可以大大节省时间,对项目的实施具有重要的意义。采取国内招标方式时,如有外国公司愿意参加,应允许按照国内竞争性招标参加投标。由于招标信息传播范围局限于国内,国外供应商很难得到招标消息,这与招标的公开性原则不符,有关国际组织对国内招标都加以限制。公司愿意参加,国内招标通常适用于合同金额较小、采购品种分散、分批交货时间较长、劳动密集型产品、商品成本较低而运费较高、当地价格明显低于国际市场等情况。

2. 邀请招标

邀请招标,又称有限竞争性招标或选择性招标,是指招标单位不公开发布采购信息,而是通过投标邀请书的方式,邀请特定的法人或其他组织参与投标。我国法律规定,邀请招标必须向至少3家企业发出投标邀请书。由于投标人数量有限,招标单位可以节约招标费用,同时提高每个投标者的中标机会。

在国际上,选择性招标采购与公开招标的主要区别在于,采购方可以直接向有限数目的供应商或承包商发出投标邀请。我国在适用限制性程序时仍要求使用广告,招标过程分为两个阶段:第一阶段是投标申请,在通过资格预审接到竞争邀请后,申请人必须在规定时间内提出投标申请。经过审查排除不符合技术规格要求或不符合资格标准的申请人后,向候选人发出书面投标邀请和合同文本。第二阶段是正式投标,接到投标邀请的候选人必须在规定的截止日期前呈递标书。

由于邀请招标限制了充分的竞争,《中华人民共和国招标投标法》规定了使用邀请招标的条件:国务院发展计划部门确定的国家重点项目和省、自治区、直辖市人民政府确定的地方重点项目不适宜公开招标的,经国务院发展计划部门或者省、自治区、直辖市人民政府批准,可以进行邀请招标。

万科集团规定,除垄断性质的工程外,其他工程的施工或作业单位不得指定。主体施工单位的选择必须采取公开或邀请招标方式进行。投资超过1000万元的工程项目,若采取邀请招标方式,应事后向集团总部提交有关招标、评标等工作的文字备忘录。零星工程应当在两个以上施工单位中,综合考察其技术力量、报价等进行选择。

3. 谈判招标

谈判招标,又称议标,是指采购者与供应商或承包商通过谈判确定中标者。采购方和供应商就报价进行一对一的谈判,一些小型建设项目采用议标方式比较灵活。对于服务招标,由于服务价格难以公开确定,服务质量也需要通过谈判解决,采用议标方式是一种恰当的采购方式。

议标通常有三种操作方式。

(1)直接邀请议标方式:招标人或其代理直接邀请某一企业进行单独协商,达成协议后签订采购合同。如果与一家企业协商不成,再邀请另一家协商,直到协议达成为止。

(2)比价议标方式:兼具邀请招标和协商的特点,一般用于规模不大、内容简单的工程或货物采购。招标人将采购的有关要求送交选定的供应商或承包商,要求他们在约定的时间提出报价,招标单位经过分析比较,选择报价合理的卖家,就工期、造价、质量和付款条件等进行协商,达成一致意见后签订合同。

(3)方案竞赛议标方式。这是选择规划设计服务的常用方式,由招标人提出规划设计的基本要求和投资控制数额,提供可行性研究报告或设计任务书、场地平面图、有关场地条件和环境情况的说明,以及规划设计管理部门的有关规定等资料。参加竞争的单位提出规划或设计的初步方案,阐述方案的优点,提出主要人员配置、完成任务的时间和进度安排、总投资估算和设计等。评选出优胜单位签订合同,对落选的单位给予一定补偿。

议标是通过谈判进行的,容易导致幕后操纵和商业贿赂,绝大多数招投标方面的犯罪案件均与采用议标方式有关。我国招标投标法未将议标作为一种法定方式。《联合国国际贸易法委员会货物、工程和服务采购示范法》规定两种情况下可以采取议标方式。一是招标人急需获得货物、工程或服务,采用公开招标程序不切实际。这种情况还要求造成此类紧迫性的情况并非采购实体所能预见,也非采购实体自身所致。二是由于某一灾难性事件急需得到货物、工程或服务,采用其他方式因耗时太多而不可行。并且规定,招标人应与足够数目的供应商或承包商进行谈判以确保有效竞争,如果采用邀请报价方式至少应有3家供应商。

## 二、招标过程

招标的过程比较复杂,尤其对于大型项目,涉及人员和机构众多,然而无论项目规模大小,一个完整的招标采购过程大体分为六个阶段。

1. 策划

在实施招标活动前必须做好策划工作,主要内容是明确招标的内容和目标,对招标采购的必要性和可行性进行充分的研究和探讨,对招标的方案、操作步骤、时间进度等进行研究。例如,确定采用公开招标还是邀请招标、自主招标还是委托招标代理机构,以及划分具体步骤及实施方式等。同时,还需确定评标方案和组建招标评审小组。策划方案需提交招标主管机构或企业领导批准后方可进入实际操作阶段。以普洛斯公司为例,在招标启动前,项目经理要编制详细的标段划分表和招标计划,经预算员和工程团队确认后方可启动招标工作。工程发包方式以施工图招标为主,主要分为总包招标、钢构招标、消防招标等标段。参加招标的投标商名单至少应包括3家,与普洛斯签订框架协议的长期合作良好的承包商,在同等条件下享有优先权。招标文件中所附带的合同条款均为普洛斯统一要求,提供统一的工程量清单,以及主要建筑材料、机电设备的品牌要求。

2. 招标

招标阶段的主要工作是组织专人撰写招标文件,确定招标书的拦标价、标底,发售招标书。目前常见的做法是投标者购买标书,投标者交纳一定的保证金后才能得到标书。

3. 投标

投标人在收到招标书以后,若决定进入投标程序,则要组织力量编写投标书,提出合理的解决方案和投标报价。投标文件要在规定的时间内准备好,一份正本、若干份副本分别封装签章,送抵或邮寄到招标单位,招标方收到标书后应要妥善保管,不得事先开封。

4. 开标

开标应按招标公告中规定的时间和地点公开进行,并邀请投标商或其委派的代表参加。开标会开始后,投标人到达会场,待投标人检查签封完好后当面开封,宣布供应商名称、有无撤标情况、提交投标保证金方式是否符合要求、投标价格及其他有价值的内容。

有些情况下,可以暂缓或推迟开标时间,如招标文件发售后原招标文件做了变更或补充、开标前发现有足以影响采购公正性的违法或不正当行为、采购单位接到质疑或诉讼、出现突发事故、变更或取消采购计划等。

5. 评标

开标以后,根据投标人事先抽签确定的陈述顺序,依次向评标委员会陈述投标书的主要内容,并接受评委的质询。陈述辩论环节结束后,投标者退出会场。评标委员会进行综合评比。按照招标文件确定的标准投票或打分,选出中标建议人选。

《中华人民共和国招标投标法》规定,招标委员会由招标人的代表和有关技术、经济等方面的专家组成,成员人数为5人以上单数,其中技术、经济等方面的专家不得少于成员总数的三分之二。与招标人有利害关系的人不得进入评标委员会。为防止专家与投标人串通,现在普遍采取数据库随机抽取专家的方式,在评标会开始前2—4小时通知专家开标时间和地点,专家可以选择参加或不参加本次评标。这种做法虽减少了串通的可能性,但也可能导致部分专家因时间仓促无法出席。

普洛斯公司要求项目经理、预算员和其他项目部成员都参加整个招投标过程,认真评审各承包商的技术标和商务标,公平、公正、公开地确定中标候选企业,专业、仔细地与中标方进行必要的合同谈判,以澄清投标文件中不明确或者是招标文件中有特殊要求的条款。最终,项目经理和预算员共同编制工程合同,由地区总经理、律师、财务、总部工程部等审核完成后签署。

又如万科集团要求,由设计、工程、预算、财务四大专业人员联合组成招标工作小组,就招标范围、招标内容、招标条件等进行详细、具体的策划,拟定标书,开展招标活动,对投标单位就其资质、经济实力、技术力量、以往施工项目和施工管理水平等进行现场考察,提出书面考察意见,对投标情况进行评估,提出书面评估意见。

6. 定标

招标人根据评标委员会提出的书面评标报告和推荐的中标候选人确定中标人,招标人也可以授权评标委员会直接确定中标人,与中标方签订采购合同。通知未中标者,并退还其投标保证金。

### 案例10-2

**TB啤酒集团招标的成本控制**

TB啤酒集团对通用设备(如粉碎机、糖化设备、包装设备、菌种设备、空压机、制冷系统和动力设备等)实行标准化配套和集中采购。集团建立了分供方数据库,并每年进行评审。通过这种模式,集团在招标过程中能够占据强势谈判地位,有效降低设备采购成本。

对于建筑和非标设备等采购活动,集团采用项目招标方式选择承包单位和材料供应商。评标阶段不仅评估建设方案,还综合考虑未来运营和维护方案,将商务标评审标准从建设成本最低调整为项目全生命周期费用最低。标底编制需符合项目实际情况,灵活采用固定总价、固定单价或可调总价等合同形式。

在发布招标文件前,集团须严格审核图纸,最大限度减少合同签订后的索赔风险及实施过程中的设计变更,从而降低成本和技术风险。评标过程实行技术标与商务标分开评审制度,通过细致分析投标文件,防范低价中标后调价、恶意索赔陷阱及围标串标等行为。同时,对技术实力强、经验丰富的投标方提出的合理化建议和优化设计方案给予积极采纳。

集团利用持续新建项目的优势,逐步建立与优质供应商和施工企业的长期战略合作关系。这种模式不仅能获得更优惠的价格和更稳定的质量,还能在付款条件等方面形成互信互助的合作机制。

在生产线扩建项目的土建和设备安装招标中,集团全面推行工程量清单计价模式。这种方式既便于比对投标单价与市场行情,确保项目单价与市场价格接轨,又有利于项目实施过程中的动态成本控制,同时能有效约束因设计变更导致的合同金额异常波动。

## 三、招标准备

### 1. 资格预审

复杂的土建工程或成套设备招标前,要对供应商的资格和能力进行预先审查,通过资格预审缩小供应商的范围,避免不合格的供应商参与带来无效劳动。资格预审从基本资格和专业资格两个方面进行。基本资格是指供应商的合法地位和信誉,专业资格是指供应商履行采购项目的能力,包括经验、业绩、信誉,为履行合同所配备的人员、机械、设备及施工方案等。

资格预审的过程可分为四个步骤。第一,编制资格预审文件,采购方组织人员编制资格预审文件或委托咨询机构协助编制,资格预审文件没有统一规定的格式和内容。第二,邀请供应商参加资格预审,采购方在媒体上发布资格预审通告,公布采购项目名称、采购(工程)规模、主要工程量、计划采购开始时间、交货日期、发售资格预审文件的时间、地点和售价及提交资格预审文件的最迟日期。第三,发售资格预审文件,接受供应商提交的资格预审申请。第四,按照资格预审文件中规定的标准和方法,审查提交资格预审申请的供应商资格,经审查合格的供应商才可以参加投标。

### 2. 准备招标文件

招标文件是整个招标投标活动的核心文件,是招标方全部活动的依据,其内容分为三个部分:一是关于编写和提交投标文件的规定;二是投标文件的评审标准和方法;三是采购合同的主要条款。其中,技术要求、投标报价要求和主要合同条款等是招标文件的实质性要求。具体来讲,招标文件一般至少应包括以下内容。

(1)招标通告。招标公告是向潜在的投标者说明招标项目名称和简要内容,发出招标邀请,说明投标截止时间、投标地点、联系电话、电子邮件等。招标通告应当简短明确,让读者一目了然,并能获取基本信息。

(2)投标须知。投标须知是在招投标过程中共同遵守的规则和行为的依据,这些内容大多可以从招标法规中找到依据,包括资金来源、投标商的资格要求、货物原产地要求、招标文件和投标文件的澄清程序、投标文件的内容要求、投标语言、投标价格和货币优惠的规定、投标程序、投标有效期、投标截止日期、开标的时间和地点等。

(3)合同条款。合同条款的基本内容就是任务明细组成、货币价格条款、支付方式、运输方式、运费、税费处理等商务内容的约定和说明。

(4)技术规格。技术规格是拟采购货物、设备的性能和标准,这是评标的关键依据之一。如果技术规格不明确或不全面就会增加风险,不仅影响采购质量,也会增加评标准难度。货物采购技术规格应采用国际或国内公认的标准,除不能准确或清楚地说明拟招标项目的特点外,各项技术规格均不得要求或标明某一特定的商标、名称、专利、设计、原产地或生产厂家,不得有针对某一潜在供应商或排斥某一潜在供应商的内容。

技术规格和功能需求文件是招标文件的核心内容,编制工作极为繁重,复杂项目的技术规格文件要组织多方面的人员和客户参与编写。如某机场扩建工程包括飞行区工程、航站楼工程及配套工程,涉及专业很多,扩建工程完成后要移交使用单位和运营单位,让它们提前介入采购环节,使其需求在招标文件中体现出来,有利于优化采购方案,节约投资成本。在重大采购活动中,使用单位和运营单位参与了招标方案、投标单位资格审查、招标文件及投标文件的评审全过程。

(5) 投标书的编制要求。投标书是供应商对其投标内容的书面声明,包括投标文件构成、投标保证金、总投标价和投标书的有效期等。投标书的有效期是指投标商确认在此期限内受其投标书的约束,该期限应与投标须知中规定的期限一致。投标保证金是为了防止投标商在投标有效期内任意撤回其投标,或中标后不签订合同、拒绝交纳履约保证金,使采购者蒙受损失。投标保证金数量一般为投标价的1%—5%,也可以确定一个固定数额。按比例确定投标保证金的做法容易导致报价泄露,采用固定投标保证金的做法更合适。

(6) 供货一览表、报价表。供货一览表应包括采购商品的品名、数量、交货时间和地点等,在境内提供的货物和在境外提供的货物在报价时要分开填写。在报价表中,境内提供的货物要填写商品名、商品简介、原产地、数量、出厂单价、出厂价境内增值部分所占的比例、总价、中标后应缴纳的税费等。境外提供的货物还要填写离岸港及单价、到岸港及单价、到岸价总价等。

3. 发布招标邀请书

招标邀请书的内容因项目而异,一般应涵盖以下几个方面:采购者的名称和地址;资金来源;采购内容简介,包括采购货物的名称、数量及交货地点,工程或服务的性质和提供地点等;要求供应货物的时间、工程竣工或提供服务的时间;获取招标文件的办法和地点;提交投标书的地点和截止日期;投标保证金的要求和支付方式;开标日期、时间和地点。

如果有资格预审程序,招标文件可以直接发售给通过资格预审的供应商。如果没有资格预审程序,招标文件可发售给任何对招标通告做出反应的供应商。

## 四、投标与评标

1. 投标

(1) 投标准备。在正式投标前,采购单位还需完成一些必要的工作:对大型工程或复杂设备采购召开标前会议进行现场考察;根据投标商的要求澄清招标文件中某些表述不清晰或不具体的细节。采购方要合理确定投标准备时间,以便投标方完成投标文件。

(2)投标文件。投标人可以是法人或个人,也可以是两个以上法人或者其他组织组成的联合体。投标人应当具备承担招标项目的能力和规定的资格条件。投标人应当按照招标文件的要求编制投标文件。投标文件应当对招标文件提出的实质性要求和条件做出响应。投标文件应当在规定的截止时间前送达指定地点。在截止时间前,投标人可以补充、修改或者撤回已提交的投标文件,并书面通知招标人。

投标文件的核心是投标方提供的详细技术方案,详细说明达到这些技术经济指标的技术方案、技术路线和保障措施,对完成方案所需要的成本费用以及需要购置的设备器材等列出详细的清单。如果项目由多个单位完成,还要对项目组织的人员、项目分工等进行说明。投标文件中要列出投标方的资格证明文件、制造商的代理协议和授权书、有关技术资料及客户反馈意见等。

2. 评标的方法

工程和货物采购评标的方法略有不同,货物采购的评标方法有四种,即以最低评标价为基础的评标方法、综合评标法、以全生命周期成本为基础的评标方法及打分法。

(1)以最低评标价为基础的评标方法。

采购简单的商品、半成品、原材料等容易比较的货物时,价格可以作为评标考虑的唯一因素。以价格为尺度时不是指最低报价,而是指最低评标价,最低评标价是指在报价的基础上加合理利润的价格。报价有其特定的计算口径:如果货物是从国外进口的,报价应以成本、保险和运费构成的到岸价为基础;如果是国内生产的,报价应以出厂价为基础。例如,万科集团要求同等条件下,应尽量选择企业资质等级高而收费较低的单位。垄断性质的工程项目(如水、电、气等相关项目)应尽力进行公关协调,最大限度降低造价。

(2)综合评标法。

综合评标法是以价格另加其他因素为基础的评标方法,除考虑价格因素,还应考虑运费和保险费、交货期、付款条件与售后服务情况、货物性能、技术培训与费用等。综合评标法适用于生产线、大型设备、车辆等的采购。

(3)以全生命周期成本为基础的评标方法。

在评标时不仅要考虑建设方案价格,还要考虑未来的运营和维护方案价格,这两者均优的方案才是最好的技术方案。厂房、生产线或设备等在运行期间内的各项费用很高,可采用以生产成本为基础的评标方法。例如,某医院采购一台深度麻醉监护仪,三家供应商参加竞争,通过综合因素分析,很快淘汰了一个品牌,剩下一个价格为12.5万元的A品牌、一个价格为19万元B品牌,如果仅从价格角度考虑应该选择A品牌。但是,A品牌设备每使用一次就必须消耗一只价格250元的高档电极片,B品牌设备可以使用每只仅3元的普通电极片。按全生命周期成本最低原则,医院采购了B品牌设备。

(4) 打分法。

打分法是一种广泛使用的评标方法,根据产品或服务特点从多个区间,如质量、价格、交货期、付款条件、备件价格及售后服务、设备性能、技术培训等,将这些因素量化为具体的评价指标,设置权重和分值。

3. 编写评标报告

评标工作结束后,采购单位要编写评标报告,内容包括招标公告刊登的时间、购买招标文件的单位名称、开标日期、投标商名单、投标报价以及调整后的价格(包括重大计算错误的修改)价格评比基础、评标的原则、标准和方法以及投标建议。

4. 资格后审

如果在投标前没有组织资格预审,评标后应对最低评价的投标商进行资格后审。审定结果认为具备资格且有能力承担合同任务则授予其合同,如果不符合要求,应对排名次之的投标商进行后审。

5. 授标与合同签订

合同签订方法有两种:一是在发中标通知书的同时将合同文本寄给中标单位,让其在规定的时间内签字返还;二是中标单位收到中标通知书后,在规定的时间内派人签订合同。采用第二种方法时,允许相互澄清一些非实质性的技术性或商务性问题,但不得要求投标商承担招标文件中没有规定的义务,也不得有标后压价的行为。中标方签字并提交了履约保证金后,合同正式生效,采购工作就进入了合同实施阶段。

## 五、投标报价策略

报价是投标书的核心内容之一,卖方报价高可能丧失竞争优势,报价低可能利润较低,确定合理的投标价格极为重要。投标价格由项目整体估算成本、风险费和利润三部分构成,精明的报价既要对招标单位有较大的吸引力,又要能得到足够多的利润。假设供应商估算项目实施成本大概为500万元,应如何报价呢?这个问题的实质是如何确定利润和风险费,这取决于供应商采取高价策略还是低价策略。投标人制定报价策略前,应考虑项目的内外部条件,根据项目环境、项目造价的特殊因素和投标人的技术、生产、管理条件、收益期望值以及材料、成本的价格上涨等因素做出选择。

1. 低价策略

当投标人为了进入一个市场,急于拿到采购合同时,往往采取低价策略,虽然这种策略不能获得多少利润,但有利于打开市场局面,有利于扩大市场份额,从长期来看可以获得丰厚回报。适合低价策略的条件包括:①招标竞争激烈,参与者众多,低价才能对需求方有吸引力;②需求方支付条件良好,无需大量垫资施工;③项目风险很小,不会产生大量的风险费用;④项目施工条件稳定,工作条件良好。

低价投标策略要求投标人提高经营管理水平以降低成本,提高竞争能力。中标以后做好施工组织设计,合理确定施工方案,采取合理的施工工艺和机械,精心采购材料和设备、选择可靠的分包单位,安排紧凑而均衡的施工进度,节省管理费用等,从而有效地降低成本以保证获利。承包商也可能通过改进设计和缩短工期取胜,认真研究原设计图纸,提出能降低造价的设计修改建议。一些承包商采取"低标价、高索赔策略",寻找设计图纸和说明书不够明确的漏洞,利用合同中的索赔条款索取补偿,制造工程签证获得额外利润。

2. 高价策略

高价可以使供应商获得高额利润,其前提是供应商具有突出的项目经验和品牌优势,已经得到行业的认可。招标人宁可增加项目投入也心甘情愿地选择知名品牌供应商或承包商。选择高价策略的条件包括:①技术含量高、工程复杂、承包商风险大的项目,如港口码头、机场等建设工程;②工期或交货期短,质量要求高的项目;③相对其他投标人占绝对技术与品牌优势;④项目实施条件差的项目,如沙漠公路、高原铁路建设。

在选择价格策略前,要充分了解竞争对手的信息,分析对手本次报价策略,分析本企业优势和劣势。根据竞争对手的投标策略或行动变化,及时调整自己的策略,根据影响报价较大的企业因素和市场信息变化,适时作出决策,灵活采取不同的投标策略。

3. 不平衡报价策略

在根据工程量清单报价的工程项目招标中,工程量清单强调"量价分离"原则,即工程量与单价分开,"量(指工程量)变价(指单价)不变",将工程定价的权力充分交给市场。FIDIC合同在投标须知中规定合同单价的地位高于一切,单价与总价发生矛盾时应以单价为准,填上的单价就成为支付的法律依据。

FIDIC合同的签约总价只是为需求方和咨询工程师在比较各家标价时提供一个参考值,可作为计算履约保函、预付款、工程保留金、延期赔偿费等的数字依据。工程量清单所提供的工程数量会随咨询工程师的设计和测算精度的不同而有所差异,与实际施工发生的情况存在差距。承包商实际获得的总收入是在履约过程中通过验工计价得出的。尽管项目中标价相近,但由于报价时工程量清单中各个条目的单价不同,承包商的获利有所差异,因而就给承包商提供了创利的机会。

不平衡报价就是利用报价时是"单价合同",而在实施时是"复测合同"的特点,在总标价不变的前提下,将工程量清单中有些单价调整得略高于正常水平,另一些则略低于正常水平,争取做到"早收钱,多收钱",以创造最佳经济效益。

早收钱是在报价时把工程清单中先完成的工作内容的单价调高(如开办费。临时设施、土石方工程、基础和结构部分等),后完成的工作内容的单价调低(如道路面层,交通指示牌、屋顶装修、清理施工现场和零散附属工程等)。其核心就是力争内部资金负占用,这是国际上的通行做法,但单价的不平衡要适当,如果成倍地偏离市场价格就可能被判为废标,甚至列入黑名单。

通过合理调整单价,承包商可以在项目工程数量的函数变化中实现多收钱的目标。标书工程量清单中所提供的经咨询工程师计算后得出的工程数量,与实际施工时的工程数量之间会存在差异,如果承包商在报价过程中判断出标书工程数量明显不合理,就会出现盈利机会。例如,承包商有绝对把握认为标书列明的工程量偏低,就可以把单价报高一些,这样在验工计价时就赚取更多的利润。如果认为标书的工程数量比实际的工程数量要多,就把单价报得低一些。虽然这样投标时似乎有损失,但由于实际上并没完成那么多工作量,承包商会赔很少的一部分。

投标报价决策前要对项目充分调研,掌握丰富的资料、准确的信息,在此基础上做出分析论证,决策人要果断做出报价决策。合理的结果应该是报价时高低互相抵清,总价持平;履约时对工程量少的内容,单价调低,损失降到最低;将数量多的工程内容单价调高。不平衡报价的风险在于承包商的判断和决策是否准确。即便判断正确,需求方也可以发布变更,减少工程数量,甚至改变或取消原有设计,避免成本的大幅度上升。

## 六、招标过程控制

项目招投标的过程涉及很多关系人,持续时间长,且存在较多的不确定性因素。由于市场竞争秩序不规范,招标过程中常出现行政干预、投标人串通等现象,最终未能实现选择最佳供应商或承包商的初衷。以下是招标过程中常见的违规行为。

1. 围标

围标是指投标人之间秘密接触,并就投标价格达成协议,哄抬投标报价或者故意压低投标报价,以达到排挤其他投标人的行为。例如,招标工程有10家企业参与投标,商务标评标采用无标底制,以投标报价的加权平均值为评标基准值,报价接近基准值得分较高。某施工单位联合多家企业填报相近报价,使评标基准值接近其报价,从而获得更高的商务分。更有甚者,施工单位在无标底的前提下,同时提高报价,使中标者的标价远远超出实际工程造价,需求方单位遭受巨大损失,中标单位将超额利润补贴给陪同围标的单位。控制围标现象可以从该商务标的评标办法入手,取消按照基准值评分的做法,并设定标底。

为有效防止恶意串标的风险,可以采用设置拦标价的方法,拦标价指采购方向投标人公示的项目总价格的最高限制标准,是招标人期望的价格,要求投标人的投标报价及价格不能超过它,否则为废标。有的项目在编制拦标价时采用"双核制",即招标代理公司和项目部聘用的造价咨询公司同时编制工程量清单和拦标价,在公布拦标价之前反复地沟通和核对拦标价更加准确和合理,这样既有利于控制项目投资,也可以有效减少在工程实施过程中的索赔现象。

2. 低价中标

标底是招标人设定的预期价格,反映了招标人的价格期望值。标底不是决定投标人能否中标的标准价,而是评标和比较时的参考价。编制标底时应综合考虑合同数量、履行前景、履行期限、供给状况,合同执行条件等因素。正常交易时以市场价格作为编制标底的基本依据,如多个品牌的产品价格不同,可选择居中的价格作为市场价格,无法确定市场价格时参考交易实例价格编制标底。新开发产品或特殊规格产品等无市场价格和适当的交易实例价格时,可以成本加利润的方法确定标的。工程项目实施工作量清单法后,招标人不再编制标底,投标人根据招标文件规定自主报价。

然而,部分投标人采取"中标靠低价,盈利靠索赔"的做法,将投标价压到低于成本价。设置标底能够防止投标人恶意压低价格,但标底的存在又有局限性,投标人会想方设法获取标底信息并把报价向标底靠拢。采购方可以设定投标报价有效幅度,报价低于或高于标底价定比例,为不能接受的废标,当所有投标人的报价均在此范围之外时,将视为采购方前期工程造价控制失败,可以拒绝所有投标,重新组织招标。这样是可以防止恶意低标的。

某市级医院在未实行政府采购前,与一家医疗设备公司长期合作,并希望该公司在此次招标中中标。医院要求该公司尽量压低投标报价,待合同签订时再提高货款金额。开标时,该公司的报价确为最低价,经评委会审议后推荐为中标候选人。然而,在合同签订前,医院允许将原投标报价提高10%,作为追加售后服务内容,最终合同价远高于其他投标人的报价。

3. 陪标

陪标是指招标单位因行政干预或商业贿赂,将项目内定给某投标人,通过走过场的招标活动使中标人获得合法化的合同,其他投标人只是陪衬。或者投标人之间进行串标,相互约定提高或压低投标报价,保证某一投标人获得中标资格。行为恶劣的企业股东注册多家公司,自己控制的几家公司同时去投标,互相掩护陪标。防止陪标的方法是根据项目采购特点不同,对技术标和商务标设置不同的权重,设定不同的评标办法。同时,对招标负责人实行工程质量终身负责制,如果工程质量出现问题就进行追溯惩罚,这样可以减少行政干预,从源头上杜绝招标腐败现象。

例如,某高校机房工程改造进行招标,B公司与该校基建处负责人进行私下交易,决定将此工程给B公司。由B公司出面邀请了5家私交甚好的施工企业投标,暗示它们把投标文件做得马虎一些。正式开标后,这5家企业存在报价过高或服务太差等问题,B公司成为第一中标候选者。

4. 招标代理机构的不良行为

招标代理机构为了获取自身利益,可能迎合招标人意愿,使其倾向的投标人合法中标。尤其在政府性资金项目中,招标代理人往往不受采购方干预,按照需求方的意愿完成符合法规程序的招投标过程。

招标机构也可能与投标人串通,提高中标价。原因与招标管理费收取标准有关,招标代理服务收费实行政府指导价,以中标价格为基数,采用差额定率累进计费方式,实际执行时浮动幅度不超过规定比率的20%,如100万元以下的工程招标管理费标准为1.0%,因此成交价格越高对代理机构越有利,招标代理机构可能与投标者串通起来损害采购方的利益。采购方可以与招标代理事先确定计费基数,如果中标价格节约,可为招标代理提取奖励,从制度上约束招标代理的行为。

### 5. 挂靠投标

挂靠投标是指不具有投标资质的单位或个人借用其他法人资质参加投标的现象，尤其在建筑施工行业较为普遍。由于历史原因，高等级资质的企业以国有企业为主，低资质企业或包工头难以创办一家高等级资质的施工企业，挂靠高资质的国企是"最佳"选择。同时，一些企业缺乏市场竞争力，甚至只剩下空壳而无施工队伍和装备，为生存愿意出借资质，为挂靠者开具证明并收取管理费。挂靠者中标后需向企业交纳管理费用，企业不承担任何经营风险。这使得建筑市场中挂靠行为屡见不鲜，甚至出现专以投标牟利的个体，招投标活动中的各方交易主体均受到挂靠者影响。

### 6. 转包

转包是指中标企业将项目直接转包或违法分包给其他单位，从中收取管理费，对工程质量和安全不进行管理。转包使得一些资质不够、没有施工资质的企业进入施工现场，为质量安全问题埋下隐患。监理机构应发挥职能，认真分析中标人是否存在转包现象，或者将中标项目分解后分别转让给他人。如将招标项目的部分主体、关键性工作分包给他人，或者分包人再次分包，应宣布转让及分包行为无效，并对中标人进行经济处罚。

## 第五节 采购合同管理

招标人与中标人签订采购合同后，双方应严格按照合同规定履行义务，保证采购合同得到顺利实施。合同管理的内容包括合同签订、合同实施管理、采购质量控制、合同变更管理、合同索赔管理以及合同款支付管理等。

### 1. 合同签订

规范、细致、严密的合同文本是项目合同管理的基础。招标文件和合同文本需经过会审和会签，确保对承包商的制约条款周密，执行规范和标准明确，合同范围界定清晰，责任划分明确，付款方式表述准确。同时要防范承包商以工期紧张、场地狭小、设计选型不明确、图纸不全或存在矛盾、交叉施工、季节性施工等为由提出索赔，也要防止承包商恶意申请工程量签证和设计变更，避免因责任不清引发施工争议。

### 2. 合同实施管理

合同实施管理是指发包方根据合同监督供应商和承包商履约情况，规范和约束合同当事人之间的行为，防止承包方片面追求自身效益、忽视项目质量及进度的不良状况，有利于发包方降低项目投资和项目风险。

合同管理涉及财务、预算和工程等多个部门，财务部门侧重合同资金的安排，尤其是合同款分批支付金额及间隔时间的安排，要与公司现有资金和未来资金计划相统一，避免合同管理与资金管理脱节，采购人员和工程师侧重于材料设备的质量标准、到场时间、项目进度及质量标准,避免合同管理与项目管理不协调。合同管理中要防止变更签证无序,款项超支、违约不处罚等现象。

在合同执行过程中要做好管理工作,即完整保存合同、补充协议、备忘录、会议纪要、工作联系单、签证单、设计变更单,澄清函及其他往来函件等原始材料;建立合同台账,内容包括合同编号、合作单位、合同内容、合同范围、合同金额、付款方式、主要责任、违约解决方式等;与财务部门一起记录付款的金额、性质、付款时间、应付款金额等,力求合同处于有效的控制状态;每周编制合同清单及汇总统计表,动态分析合同执行情况,并根据分析结果及时采取应对措施。

合同实施控制的主要工作包括:合同管理人员为项目经理和各职能人员提供合同关系解释帮助,对来往函件、会谈纪要、指令等进行法律方面的审查;协助项目经理正确行使合同规定的各项权利,防止产生违约行为;对项目的各个合同执行进行协调,对照合同监督承包商履行合同;及时向各管理层提供合同实施情况报告,并对合同的实施提出建议、意见甚至警告;调解合同执行中出现的争执,处理索赔与反索赔事务。

3. 采购质量控制

采购质量控制是指对供应商或承包商提供的货物或服务进行检查、验收和交付,确保项目资源符合质量要求。主要验收方式包括:到货现场检查验收、封存样品验收、依据卖方提供样品验收,以及参考权威部门鉴定结论验收等。为进一步把控供应商或承包商交付货物的质量,项目组可派遣专职质量工程师驻厂监督,对所需资源的质量进行全过程控制,例如三峡总公司向大型机电设备制造商派驻监造人员。

4. 合同变更管理

在合同执行过程中,由于合同双方出现了需求变化或其他原因,可能要修改合同条款。合同变更对双方利益都会产生重大影响,合同双方应对变更事项达成一致意见,否则,可能导致合同的终止或者需要订立新的合同。项目范围变更的原因可能来自需求方和承包商两个方面,承包商的内部变更一般不需要修改合同,但需要得到需求方或其代理人认可,事先办理工作变更手续。改变合同内容的项目范围变更通常来自需求方,范围变更是指对原合同确定的范围有大幅度调整,如信息化项目原定范围是开发财务管理和生产管理两个模块,但在执行过程中,客户提出增加客户关系管理模块,这必然要求修改合同。在工程项目中,常见的范围变更主要包括额外工程、附加工程、工程某个部分的删减、配套的公用设施改变等。工程量变更主要有以下几种情况:工程量增加;技术条件(如工程设计、地质情况、基础数据、工程标高、基线、尺寸等)改变;质量要求(含技术标准、规范或施工技术规程)改变;施工顺序改变;设备和材料供货范围、地点、标准改变;服务(如开车、培训等)范围和内容改变;进度加快或放缓。范围变更的实质是对合同范围的变更因此,程序上需要合同双方的认定。

工作量变更是采购方依据合同所赋予的权力,对合同范围以内的工作进行调整,发出变更指令的人可以是项目主管或者独立工程师承包商在低价中标、签证赚钱的模式下,会创造条件增加工作量,如因设计不完善导致施工实际工作量大于设计工作量,承包商将要求监理和需求方确认增加的工作量,按照实际完成情况计算价格。

### 5. 合同索赔管理

合同执行过程中总会出现意外情况，由于一方的原因或失误给另一方造成了损失，按照合同规定应做出赔偿。引发索赔的主要原因如下。

（1）需求方或其他最终客户没能正确地履行合同义务。例如，未及时交付场地提供图纸，下达了错误的指令等，增加了项目组的花费并延误了进度，按合同应给予补偿。

（2）一个项目参与方未完成合同规定的任务而造成连锁反应。例如，工程项目中由于设计单位未及时交付图纸，造成土建、安装工程中断或推迟，土建和安装承包商可向需求方提出索赔。

（3）外部环境变化对合同方造成重大损失。例如，主要材料的价格大幅度上涨，大大超出合同订立时的价格水平，需求方应对承包商给予补偿。

（4）设计变更和施工变更造成施工困难，导致工期延长，相应产生额外费用。

合同各方应树立索赔意识，在合同实施过程中预测和发现索赔机会，及时提出索赔要求和妥善解决争执。索赔的提出和解决过程在合同中一般有严格规定，如果未按合同规定的程序提出，会导致索赔无效。按照国际惯例，索赔过程包括索赔意向通知、起草并提交索赔报告和解决索赔三个主要环节。引起索赔的事件发生后，承包单位应在保证损失不扩大的情况下，及时和需求方交涉，FIDIC规定应在28天内向需求方发出书面索赔意向通知，声明要对索赔事件提出索赔。索赔方要对索赔事件进行调查，评估损失量，收集因对方原因造成损失的证据，起草索赔报告并提交等，赔偿方应积极收集有利于己方的证据材料，反驳对方不合理的索赔要求，厘清自身责任，不可不加分析地全盘接受对方的索赔要求等。

### 案例10-3

#### TB啤酒生产线项目的合同管理

TB啤酒生产线项目签订承包合同时，强调了以下问题。

在一个单体由不同专业或单位施工时，合同范围以建筑分部、子分部、分项工程划分（含室外工程），界面管理清晰易辨别，要求承包单位不得分包。

合同付款节点以工程节点而非以时间为依据结算，且明确付款金额，不得以百分比约定。变更及签证进入决算时支付，施工期间不进行结算。付款节点以验收完成且合格为准，出具试验报告及验收记录，不以施工完成为基准。如土建合同付款节点包括：±0.000完成、框架结构及设备基础完成、砌筑完成、装饰工程完成、验收完成等。

按照合同工期，不具备付款条件时该笔付款取消，在竣工验收时支付。约定延期付款利息以减少纠纷，如延期一个月以上按月息单利0.2%计息。合同一般约定水电费计量表安装及管理，一般应加计5%的线路损耗，水电费计量及扣除时间在合同内明确约定。

合同总价采取保底总价。在所有合同中增加反商业贿赂承诺。合同价款中

> 签证和变更相关费用的调整方式也在合同中约定,以控制乙方恶意签证或变更。项目约定2000元以下的签证和变更不予确认,乙方因施工原因提出的变更不予确认。签证变更在结算时付款。

6. 合同款支付管理

项目需求方应根据合同规定,按照供应商提交的发货单、工程款支付申请和工程款支付证书付款。一些需求方不按合同规定支付工程款,影响了项目顺利进展甚至导致停工问题,以及引发严重的欠薪问题。合同款支付管理既需要企业层面的沟通,也需要司法部门强力介入。

(1) 承包商做好申请工程款支付工作。

按照合同规定时间,核算实际完工量,办理申请支付工程款的手续。工程项目通常按照月度支付,软件项目一般按照进度计划里程碑时间点支付。工程款申请与支付分为三个步骤:首先,承包商向监理机构提交工程款支付申请表(见图10-2),准备齐全工程量清单资料;其次,监理机构审核承包商的申请材料,确认无误后开具工程款支付证书(见图10-3),提交给需求方;最后,需求方确认所有资料完整准确后,财务部门转账拨付工程款。

```
工程名称:                    编号:
┌─────────────────────────────────────────┐
│ 致(监理单位):                          │
│ 我方已完成了工作,按施工合同的规定,建设单位应在___年___月│
│ ___日前支付该项工程款共(大写)_____(小写:_____),请予以审查开具工│
│ 程款支付证书。                          │
│                                         │
│ 附件:                                   │
│   1.工程量清单;                        │
│   2.计算方法。                          │
│                                         │
│                承包单位(签章):_____│
│                      项目经理:_____│
│                      日    期:_____│
└─────────────────────────────────────────┘
```

图10-2 工程款支付申请表

(2) 政府对工程款支付问题进行监管。

一些地方政府规定,建设工期不足一年的工程项目,开工前到位资金不得少于工程合同价的50%;工期超过一年的项目,开工前到位资金不得少于工程合同价的30%。建设单位应当提供银行出具的资金到位证明,有条件地实行银行付款保函或第三方担保。建设资金不落实的不得发放施工许可证。建设单位未按合同约定支付工程进度款超过3个月的,建设行政主管部门暂扣该工程的施工许可证,恢复拨款后发还许可证。房地产开发企业预售商品房,其投入开发建设的资金必须达到工程建设总投资的25%以上。工程竣工后,建设单位必须按合同约定支付工程款,否则,建设行政主管部门不予办理竣工验收备案,房屋管理部门不予办理权属登记。

```
工程名称：                              编号：

        致（建设单位）：
        根据施工合同的规定，经审核承包单位的付款申请和报表，并扣除有关款项
        同意本期支付工程款共（大写）＿＿＿＿（小写：＿＿＿＿）。请按合同规定及时
        付款。

        其中：
            1. 承包单位申报款为；
            2. 经审核承包单位应得款为；
            3. 本期应扣款为；
            4. 本期应付款为。

        附件：
            1. 工程量清单；
            2. 计算方法。

                                项目监理机构＿＿＿＿＿
                                总监理工程师＿＿＿＿＿
                                日      期＿＿＿＿＿
```

图 10-3　工程款支付证书

### 案例 10-4

#### TB 啤酒生产线项目进度款支付的控制措施

TB 公司严格控制啤酒生产线项目进度款的支付。各用款部门填写用款单时，按项目-分部工程-分项工程-单位工程写清楚，财务部门根据已有财务信息及预算进行核对，确认是否应该支付此笔款项，并将信息上报主管领导。付款后，财务部门将该款结转成本核算对象及其明细项目。需注意的是，要有正确的付款流程，先产生相关的信息流，再决定是否支付资金流的要求。这是因为任何不当的资金支付行为都会导致成本管理处于无序和失控状态。

原则上，不得向施工单位支付备料款；确需支付者，不得超过项目造价的 15%，并在项目进度款支付到项目造价的 50% 时开始抵扣预付备料款。项目进度款的拨付按下列程序办理：按项目节点而非时间进度付款，如基础完成、正负零结构封顶等；工程、预算部门会同监理人员，对照施工合同及进度计划，审核项目进度内容和完工部位（主体结构及隐蔽工程部分须提供照片）、项目质量证明等资料；预算部门整理复核工程量；经财务部门审核后按有关批准程序付款并登记付款台账；尽量要求施工单位在项目所在地开户银行开具结算账户，以便为建设单位融洽银企关系和监督项目款项的使用提供便利；合同必须约定项目进度款支付达到项目造价的 85% 时停止付款，预留至少 10% 的项目尾款和 5% 的保修款，以便掌握最终结算的主动权。

相关案例

# 第十一章 项目管理方法

> 学习目标
>
> - 1. 了解项目管理最新方法。
> - 2. 掌握计算研究方法。

## 第一节 研究方法的基本要素

研究方法的基本要素包括以下几个方面。

(1) 目标和目的：了解该方法的核心目标和应用目的。这涉及确定该方法是用于解决什么问题、达到什么目标，以及它的适用范围和优势。

(2) 原理和理论基础：探究该方法的原理和理论基础。了解该方法的理论基础有助于理解它背后的思想和概念，以及它是如何运作的。

(3) 流程和步骤：研究该方法的具体流程和步骤。了解该方法的执行过程、关键环节、重要决策点以及各个步骤的目的和要求。

(4) 角色和责任：确定该方法中涉及的各种角色和责任。了解各个角色在方法执行过程中的职责、权力和协作关系，以及他们对于实现成功的方法应用起到的作用。

(5) 工具和技术：研究该方法所依赖的工具和技术。了解哪些工具和技术支持该方法的实施和执行，并了解如何正确使用这些工具和技术以获得最佳效果。

(6) 实施和应用：了解如何有效地实施和应用该方法。了解成功实施该方法的关键因素、需考虑的因素和可能的挑战，以及如何根据实际情况对方法进行调整和定制。

(7) 评估和改进：研究如何评估该方法的有效性并进行持续改进。了解如何衡量该方法在实际应用中的效果，并如何收集反馈、分析数据以及进行改进和优化。通过深入研究以上基本要素，可以对一个方法有更全面的了解，并为其有效的应用和适当的定制提供指导。这样可以最大程度地发挥该方法的优势，满足组织或项目的需求，并达到预期的效果。

## 第二节 项目管理最新方法

以下方法可以根据项目的特点、团队文化和组织需求进行选择和适应。

### 一、敏捷项目管理

敏捷项目管理(Agile Project Management)是一种项目管理方法论,强调持续交付、迭代开发和灵活响应变化。以下是敏捷项目管理的核心内容。

1. 需求管理和客户参与

敏捷项目管理强调与利益相关者密切合作,包括客户和开发团队。需求通过产品待办列表等方式进行管理,并在项目生命周期中不断细化和适应变化。

2. 短周期的迭代开发

敏捷项目以短周期的迭代方式进行开发,将项目分解成一系列可交付的部分,称为迭代。每次迭代通常持续数周,包括需求分析、设计、开发、测试和部署等活动。

3. 应变管理

敏捷项目管理注重适应变化,通过在每次迭代结束后进行回顾和调整,及时处理变更请求,使项目能够灵活应对变化的需求、资源和环境。

4. 自组织的团队

敏捷项目管理鼓励自组织的团队协作。团队成员通常分成多个角色,如产品负责人、敏捷教练和开发团队成员,并通过持续的沟通和协作实现项目目标。

5. 持续集成与自动化测试

敏捷项目管理倡导持续集成和自动化测试。开发团队通过频繁集成代码、运行自动化测试,确保软件的质量和稳定性。

6. 可视化和追踪

敏捷项目管理通过使用看板、燃尽图等可视化工具,提供项目的实施状态和进展,帮助团队成员了解项目的整体情况,及时调整和优化项目执行。

7. 反馈与持续改进

敏捷项目管理强调学习和不断改进。团队通过持续的反馈机制,包括迭代回顾会议和持续集成中的自动化测试反馈,发现问题并及时调整工作方式,以提高产品质量和团队绩效。总之,敏捷项目管理强调灵活性、快速交付和持续改进,通过有效的团队协作和持续的沟通,以确保项目在不断变化的需求和环境中取得成功。

## 二、增量开发

增量开发(Incremental Development)是一种软件开发方法,强调以小而可交付的增量为单位进行系统开发,每个增量都是一个可独立实行的部分,具有明确的价值和功能,以下是增量开发的主要内容。

1. 需求分析和规划

在增量开发中,需求分析是关键的一步。项目团队与利益相关者合作,梳理需求,将其分解成可实现的、独立的功能。同时,团队进行规划,确定每个增量的范围、时间和资源预算。

2. 部分功能实现

增量开发通过将系统功能划分为一系列增量,每个增量都包含完成的、可工作的部分功能。团队集中精力实现当前增量所需的功能,确保其稳定性和可靠性。

3. 迭代开发

增量开发通常采用迭代的方式进行。团队根据每个增量的需求和计划,进行一次次的迭代,将功能逐步添加到系统中。每次迭代都有明确的目标和交付产品,团队通过持续集成和自动化测试等手段,确保每次迭代产出的增量是可用的。

4. 验收测试和客户参与

在每个增量完成后,团队进行验收测试,确保该增量符合需求和质量标准。同时,客户参与也是增量开发的重要环节,客户可以在每个增量完成后对其进行评审和反馈,从而引导后续增量的开发方向。

5. 增量集成和系统演进

随着每个增量的完成,团队需要进行增量集成,将各个增量整合成一个完整的系统。团队通过持续集成和自动化测试,确保整体系统的一致性和稳定性。同时,系统也会随着每个增量的交付不断演进,逐步实现更高级别的功能和性能。

6. 反馈和改进

增量开发强调持续反馈和改进。团队通过每个增量的验收和客户反馈,发现问题并及时进行调整和改进。通过持续学习和反思,团队不断提高开发效率和产品质量。

总而言之,增量开发将系统开发划分为一系列小的、可交付的增量,通过迭代、验证和客户参与,逐步构建出完整的系统。这种方法能够降低开发风险,提高项目的透明度和可交付性,同时也更加灵活,能更好地适应变化的需求和环境。

## 三、瀑布模型

瀑布模型(Waterfall Model)是一种传统的软件开发方法,也称为线性顺序开发模型。它按照严格的阶段顺序进行,每个阶段的活动在前一个阶段完成后开始。以下是瀑布模型的主要内容。

**1. 需求定义**

在瀑布模型中,需求定义是项目的起点。在这一阶段,开发团队与利益相关者合作,详细分析和规划系统的需求,包括功能、性能、界面等方面。

**2. 系统设计**

在需求定义完成后,进入系统设计阶段。在这一阶段,团队根据需求定义的结果,进行系统的整体设计,包括架构设计、模块划分、数据设计等。

**3. 编码和实现**

系统设计完成后,进入编码和实现阶段。开发团队根据设计文档,编写和实现系统的各个模块和功能。

**4. 测试**

在编码和实现完成后,进入测试阶段,测试团队进行功能测试、集成测试、系统测试等,以验证系统的正确性。

**5. 验收和部署**

测试通过后,进入验收和部署阶段。系统交付给客户或最终客户,并进行验收测试,确保系统满足预期需求。

**6. 运行和维护**

一旦系统部署,进入运行和维护阶段。在这一阶段,团队负责系统的维护、支持和更新,以确保系统正常运行和满足客户的需求。

瀑布模型在软件开发过程中强调阶段的线性顺序和阶段之间的严格依赖性。每个阶段的活动先于下一个阶段,一旦进入下一个阶段,通常不会返回前一个阶段。这种顺序型的开发模式使项目进度和成本计划可以相对容易地进行管理和控制。然而,瀑布模型的缺点是它难以适应需求变化和反馈,以及无法及时处理开发中的问题。因此,在需求不确定或变化频繁的项目中,瀑布模型可能不太适合,而敏捷方法等更灵活的开发方法可能更合适。

## 四、生命周期管理

生命周期管理(Life Cycle Management)是指以整个产品生命周期为视角,对产品进行全面管理的过程和方法。它包括产品的规划、设计、开发、测试、发布、使用、维护和淘汰等阶段的活动和管理。

生命周期管理的主要内容包括以下方面。

**1. 产品规划和定义**

确定产品的愿景、目标和范围,进行市场调研和需求分析,制订产品规划和商业计划。这个阶段主要关注产品的定位、市场需求、竞争策略等。

2. 产品设计和开发

基于产品规划,进行产品设计和开发工作,包括需求分析、架构设计、功能设计、界面设计等。在这一阶段,产品团队根据需求和技术要求进行开发,并进行版本管理和控制。

3. 产品测试和验证

在产品开发完成后,进行产品的测试和验证,包括功能测试、性能测试、质量验证、客户验收测试等,以确保产品的质量和性能符合预期。

4. 产品发布和推广

测试通过后,产品进入发布和推广阶段,包括产品的发布计划、渠道策略、营销推广等活动,以确保产品成功面市并获得市场认可。

5. 产品使用和支持

产品发布后,客户开始使用产品,并需要获得技术支持和售后服务。这个阶段包括客户培训、技术支持、问题解决、版本升级等活动。

6. 产品维护和升级

随着产品使用的深入,可能需要进行产品的维护和升级。这包括修复漏洞、增加新功能及提升性能等,以保持产品的竞争力和客户满意度。

7. 产品淘汰和退市

当产品的市场需求下降或技术陈旧时,需要考虑产品的淘汰和退市。这个阶段包括产品退市计划、客户过渡方案等活动。

生命周期管理通过全面管理产品的各个阶段和活动,可以实现对产品的全生命周期的可控和优化。它涵盖了产品的策划、设计、开发、测试、发布、使用、维护和淘汰等方面,以便根据市场需求和技术变化对产品进行合理的管理和决策。

## 五、精益项目管理

精益项目管理(Lean Project Management)是一种基于精益思想和原则的项目管理方法。它通过减少浪费、提高价值流和持续改进来优化项目的执行和交付过程。

精益项目管理的核心思想是专注于为客户创造价值,同时优化资源利用和流程效率。它倡导通过持续的价值交付和快速反馈来实现项目的成功,避免不必要的工作和浪费。

以下是精益项目管理的一些关键原则和方法。

1. 价值流映射

通过对项目流程进行价值流映射,识别出价值创造的活动和潜在浪费,以便优化流程并减少浪费。

2. 精益原则

精益项目管理基于一些重要的原则,包括价值、价值流、流动、拉动、持续改进等。这些原则帮助项目团队关注价值、降低成本、提高质量和交付速度。

3. 快速交付和迭代开发

精益项目管理采用迭代和增量式的开发方法,通过快速交付功能和获取客户反馈来降低风险、改进项目方向和实现客户需求。

4. 持续改进

精益项目管理通过团队的学习和反思,不断改进项目管理过程、提高效率和质量。

5. 精益工具和技术

精益项目管理借鉴了许多精益生产管理的工具和技术,如Kanban看板、5S整理、流程平衡等,以提高效率和质量。通过采用精益项目管理方法,项目团队可以更好地理解和满足客户需求,减少浪费,提高生产效率和质量。它强调持续改进和快速交付,使项目能够适应变化和创造最大的价值。

## 六、PRINCE2项目管理方法

PRINCE2(Projects in Controlled Environments 2)是一种广泛使用的项目管理方法,它提供了一套结构化的、可定制的项目管理原则、流程、角色和文档模板,以帮助项目团队有效地规划、执行和交付项目。

PRINCE2最初是由英国政府在1989年开发的,并于1996年推出作为一种公认的项目管理方法。它已经成为世界各地公共和私营领域中广泛采用的项目管理方法。

以下是PRINCE2项目管理方法的特点。

1. 基于流程

PRINCE2采用基于流程的方法,指导项目团队在项目的各个阶段和活动之间有条不紊地流动。

2. 可定制性

PRINCE2方法是可定制的,可以根据项目规模、复杂性和特定需求进行调整。

3. 角色和职责

PRINCE2定义了项目管理中各个角色的职责,确保责任划分的清晰性和沟通的顺畅性。

4. 逐阶段管理

PRINCE2鼓励逐阶段管理项目,每个阶段都有明确的目标、交付物和预期结果。

5. 强调业务驱动原则

PRINCE2强调项目与业务目标的对齐,重视项目的商业合理性和可交付价值。

6. 风险管理

PRINCE2注重风险管理,明确识别、评估和处理项目中的风险,以确保项目的成功交付。

7. 强调持续学习和改进

PRINCE2鼓励团队在项目执行过程中进行持续学习和改进,以提高项目管理的效率和质量。

PRINCE2方法包括一系列的原则、主题和过程,在不同阶段和活动中提供了详细的指导和最佳实践。它提供了一种结构化的方法来管理项目,从项目启动、规划、执行、监控到收尾,使项目团队能够在项目交付过程中更好地掌控风险、保持可控性和交付高质量的成果。

## 七、Scrum

Scrum是一种敏捷项目管理方法,主要用于软件开发项目和其他复杂的、创新型的项目。它强调团队合作、快速迭代和持续改进,以应对不断变化的需求和不确定性。Scrum的核心原则包括以下几个方面。

1. 增量式交付

Scrum采用增量式的开发方式,将项目的工作划分为短周期的迭代,并将其称为Sprint。每个Sprint都会产生可交付的、经过测试的、有价值的软件或产品增量。

2. 自组织团队

Scrum团队是自组织的,有能力决定如何完成工作和达成目标。团队成员之间的合作关系更加平等,没有传统的指挥控制结构。

3. 产品所有者

Scrum项目有一个产品所有者(Product Owner),负责明确和传达项目的愿景、目标和需求,并在项目中充当决策者的角色,及时提供反馈。

4. Scrum团队

Scrum团队由跨职能的成员组成,包括开发人员、测试人员、设计人员等,共同协作完成项目工作。

5. 迭代计划会议

Scrum团队在每个Sprint开始时进行迭代计划会议,确定本次迭代的目标和工作量,并制订迭代计划。

### 6. 站立会议

Scrum团队每天进行短暂的站立会议,称为每日Scrum会议,分享工作进展、遇到的问题和计划。

### 7. 迭代评审和回顾

每个Sprint结束后,Scrum团队进行迭代评审会议,与产品所有者和利益相关者一起审查和接受已完成的工作。之后进行迭代回顾会议,总结经验教训,进行持续改进。

Scrum强调灵活性、协作和迭代开发,能够更好地适应需求变化和不确定性。它倡导通过短期迭代、频繁反馈和持续改进达到项目成功。Scrum在实践中提供了一套明确的角色、仪式和工件,帮助团队更好地协作和管理项目,提高交付速度和质量。

## 八、敏捷组合模型

敏捷组合模型(Agile Hybrid Model)是一种结合敏捷方法和传统项目管理方法的项目管理模型,旨在通过平衡敏捷方法的灵活性和传统方法的规范性,满足不同项目的需求和特点。

在传统的项目管理方法中,通常采用瀑布模型或其他完整的阶段性方法,如需求分析、设计、开发、测试和部署等阶段顺序进行。而敏捷方法强调快速迭代、持续交付和客户反馈,适用于需要灵活应对变化和不确定性的项目。

敏捷组合模型的关键思想是根据项目的特点和需求灵活选择最合适的方法和工具,结合传统项目管理和敏捷开发的优点,形成一个定制化的项目管理方法。

以下是敏捷组合模型的一些特点。

### 1. 阶段性管理

敏捷组合模型可以采用传统项目管理的阶段性管理方法,将项目拆分为不同的阶段,并在每个阶段内使用敏捷方法进行开发和迭代。

### 2. 需求管理

敏捷组合模型强调快速响应需求变化和客户反馈,可以使用敏捷方法来收集、管理和优化需求,并确保团队在整个项目过程中保持与客户的沟通和协作。

### 3. 风险管理

敏捷组合模型综合考虑了风险管理的重要性。通过在项目早期进行风险评估和管理,以及敏捷方法的快速交付和迭代,可以及时应对风险和变化,并降低项目失败的可能性。

### 4. 角色和团队

敏捷组合模型强调跨职能团队的协作和自组织能力。项目团队成员可以根据需要灵活调整角色,并在敏捷开发中发挥积极作用。

### 5. 迭代周期

敏捷组合模型可以根据项目的情况,选择合适的迭代周期,如一周、两周或更长的周期,以实现快速反馈和持续交付的目标。

敏捷组合模型的优势在于它提供了一种灵活的方法,可以根据项目的需求和特点进行定制化的项目管理。它结合了敏捷方法和传统项目管理方法的优点,以确保项目在灵活性和规范性之间找到平衡,从而有效适应项目的需求和变化。

## 第三节 计算研究方法

以下方法可以根据具体研究领域和问题的特点选择和应用,也可以结合多种方法来进行混合研究和分析。

### 一、模拟

模拟(Simulation)是对真实事物或者过程的虚拟。模拟要表现出选定的物理系统或抽象系统的关键特性。模拟的关键问题包括有效信息的获取、关键特性和表现的选定、近似简化和假设的应用,以及模拟的重现度和有效性。可以说,仿真是一种重现系统外在表现的特殊的模拟。

1. 计算机科学视角

在计算机体系结构中,模拟指通过宿主机(Host Computer)的软件环境实现虚拟机(Virtual Machine)指令系统的技术方法,典型应用包括跨平台软件开发测试、历史系统兼容性维护、处理器架构验证。

2. 方法论演进

模拟经常采用虚拟具体假想情形的方法,也经常采用数学建模的抽象方法。模拟最初只用于物理、工程、医学、空间技术等方面。20世纪50年代之后,逐步推广到工商业管理、经济科学研究之中。

3. 经济学领域的多元认知

在经济学中对模拟有三种不同的认识:①模拟是用模型去描述经济系统的结构和行为,以研究该系统某方面的变化如何影响其他方面或整个系统;②模拟是对模型的方程组特别是动态方程组进行按期的求解,以探测模型的灵敏度,预测即为一种模拟;③模拟就是在模型的范围内对所有可替换的结合方式进行有控制的试验,观察它们的后果,从中选择较好的特定结合方式。政策分析即为一种模拟。上述三种认识的共同点是模拟离不开模型的建立和应用。

### 4. 现实应用价值

在现实经济生活中直接进行实验,是不可能或得不偿失的,而根据实际问题建立模型,并利用模型进行试验,比较不同后果,选择可行方案,不失为有效的替代方法。同时,由于经济数学模型日益增大和复杂化,并且更多地考虑非经济的影响,已不能用数学运算达到准确的分析解,而需要通过电子计算机模拟,用数值运算达到数字解。综合这两个方面,模拟使间接实验有了可能,也为模型求解提供了新的方法。

### 5. 模拟的步骤

模拟的步骤包括确定问题、收集资料、制定模型、建立模型的计算程序、鉴定和证实模型、设计模型试验、进行模拟操作和分析模拟结果。这里所说的模型必须是模拟模型。一般来说,随机模型比确定性模型、动态模型比静态模型、非线性模型比线性模型更多地使用模拟方法来分析和求解,而成为模拟模型。模拟模型比较灵活,不求最优解,可以回答如果在某个时期采取某种行动对后续时期将会产生什么后果一类的问题。除模拟模型外,进行模拟还需要电子计算机程序、模拟语言、实验设计技术等必要的知识。

### 6. 模拟的作用

模拟的作用包括:①能对高度复杂的内部交互作用的系统进行研究和实验;②能设想各种不同方案,观察这些方案对系统的结构和行为的影响;③能反映变量间的相互关系,说明哪些变量更重要,如何影响其他变量和整个系统;④能研究不同时期相互间的动态联系,反映系统行为随时间变化而变化的情况;⑤能检验模型的假设,改进模型的结构。

### 7. 模拟的局限性

模拟的局限性包括:①它选择的方案,可能遗漏掉最优方案;②它的运用范围只限于能考察的情况,一旦出现不能模拟的特殊情况时,就会产生困难;③它的规模很大时,较难取得资料和模拟细节;④模拟过程中如果模型的简化不合理或者边界条件的设定有差错,会导致模拟结果失真甚至失败。

### 8. DSP 开发中的工具协同

在基于 DSP 的开发设计中,模拟与仿真的作用很容易使人混淆,因为粗略看来,它们执行的功能非常相似。从最简单的方面讲,模拟与仿真的主要区别在于模拟完全是在软件中完成的,而仿真则是在硬件中进行。但是如果要更深入探究的话,每种工具的唯一特性与强大的优势是非常明显的。两者之间取长补短,共同提供了它们无法单独拥有的优势。

从传统意义上讲,模拟是在设计的最初阶段开始进行,这期间设计人员会借助它来对初始代码进行评估。开发人员需在设计进程的初期阶段——一般在获得硬件前的几个月——使用模拟器对复杂的多核系统进行建模。这让在无需原型器件的情况下对各种设计配置进行评估成为可能。此外,当设计人员运行核心代码并对之进行不同的更改时,软件模拟可以采集到大量的调试数据。通过模拟会影响代码效果的DSP及所有外设的性能,软件模拟有可能确定最有效的应用设计。

## 二、数据挖掘

数据挖掘(Data Mining)是利用计算机算法和技术来分析和挖掘大量数据中隐藏的模式、关联和趋势。数据挖掘通常与计算机科学有关,并通过统计、在线分析处理、情报检索、机器学习、专家系统(依靠过去的经验法则)和模式识别等诸多方法来实现上述目标。

1. 成功案例

(1) 数据挖掘帮助 Credilogros Cía Financiera S.A. 改善客户信用评分。

作为阿根廷头部信贷机构,Credilogros Cía Financiera S.A. 始终致力于优化风险管控体系。面对海量信贷申请,企业亟须构建智能化的风险识别系统,实现三个核心目标:搭建与核心系统及征信机构数据联通的自动化决策引擎;开发适应低收入客群的定制化风险评估模型;建立覆盖35个分支机构和200余个零售终端(涵盖家电连锁与通信卖场)的实时审批系统。

经多方对比,Credilogros最终选择了SPSS PASW Modeler数据挖掘解决方案,因为它能够灵活并轻松地整合到Credilogros的核心信息系统中。通过运用PASW Modeler,Credilogros将处理信用数据和提供最终信用评分的时间缩短到了8秒以内,能够迅速批准或拒绝信贷请求。该决策引擎还使Credilogros能够最小化每个客户必须提供的身份证明文档,在一些特殊情况下,只需提供一份身份证明即可批准信贷。此外,该系统还提供监控功能。Credilogros使用PASW Modeler 3个月后,降低贷款违约率20%。目前,PASW Modeler帮助Credilogros月均处理3.5万笔申请。

(2) 数据挖掘帮助 DHL 实时跟踪货箱温度。

DHL是国际快递和物流行业的全球市场领先者,它提供快递、水陆空三路运输、合同物流解决方案,以及国际邮件服务。在美国FDA要求确保运送过程中药品装运的温度达标这一压力之下,DHL的医药客户强烈要求提供更可靠且更实惠的选择。这就要求DHL在递送的各个阶段都要实时跟踪集装箱的温度。

传统温度记录器虽然能够提供准确的数据,但由于无法实现实时传输,客户和DHL在运输过程中出现温度偏差时难以及时采取预防或纠正措施。因此,DHL的母公司德国邮政世界网(DPWN)明确拟定了一个计划,准备使用RFID技术在不同时间点全程跟踪货箱的温度。通过IBM全球企业咨询服务部绘制决定服务的关键功能参数的流程框架,DHL获得了两方面的收益:对客户来说,医药企业能够提前响应运输过程中可能出现的问题,在显著降低成本的同时,全面提升了运输的可靠性和安全性;对DHL而言,不仅显著提高了客户满意度和忠诚度,还为其在竞争激烈的市场中建立了差异化优势,并开辟了重要的新收入增长来源。

2. 数据挖掘的算法

数据挖掘的算法主要包括神经网络法、决策树法、遗传算法、粗糙集法、模糊集法、关联规则法等。

1) 神经网络法

神经网络法是一种模拟生物神经系统结构和功能的非线性预测模型,通过训练进行学习。该方法将每一个连接看作一个处理单元,试图模拟人脑神经元的功能,可完成分类、聚类、特征挖掘等多种数据挖掘任务。神经网络的学习方法主要表现在权值的修改上。其优点包括抗干扰能力强、具备非线性学习能力和联想记忆功能,能够在复杂情况下提供精确的预测结果。然而,其缺点在于不适合处理高维变量,不能观察中间的学习过程,具有"黑箱"性,输出结果难以解释;此外,其学习时间较长。神经网络法主要应用于数据挖掘的聚类技术中。

2) 决策树法

决策树法是指通过构建一系列规则对目标变量进行分类,其表现形式是树形结构的流程图。最典型的算法是ID3算法,之后在ID3算法的基础上又出现了极其流行的C4.5算法。决策树法的优点在于决策过程透明,构建时间短,易于理解,分类速度快;缺点则在于难以基于多个变量组合发现规则。决策树法擅长处理非数值型数据,尤其适合大规模数据处理。它提供了一种展示在特定条件下会得到何种结果的规则的方法。例如,在贷款申请中,决策树可用于评估申请的风险等级。

3) 遗传算法

遗传算法是一种模拟自然选择和遗传过程中繁殖、交配和基因突变现象的机器学习方法,基于进化理论,通过遗传结合、交叉变异和自然选择等操作生成规则。它的基本观点是"适者生存",具有隐含并行性、易于与其他模型结合等特点。遗传算法的主要优点是可以处理许多种数据类型并支持并行计算;缺点是参数设置复杂、编码困难,且计算量较大。遗传算法常用于优化神经元网络,能够解决其他技术难以解决的问题。

4) 粗糙集法

粗糙集法又称粗糙集理论,由波兰数学家Pawlak在20世纪80年代初提出,是一种新的处理含糊、不精确、不完备问题的数学工具,可以处理数据简约、数据相关性发现、数据意义的评估等问题。其优点是算法简单,在处理过程中不需要关于数据的先验知识,可以自动找出问题的内在规律;缺点是难以直接处理连续属性,需先进行属性的离散化。因此,连续属性的离散化问题是制约粗糙集理论实用化的难点。粗糙集理论主要应用于近似推理、数字逻辑分析和化简、建立预测模型等问题。

5) 模糊集法

模糊集法基于模糊集合理论,用于对问题进行模糊评判、模糊决策、模糊模式识别和模糊聚类分析。模糊集合理论通过隶属度描述模糊事物的属性,系统的复杂性越高,模糊性就越强。

6) 关联规则法

关联规则法用于揭示事物之间的相互依赖性或关联性。其最著名的算法是 Agrawal 等人提出的 Apriori 算法。该算法的核心思想如下：首先找出所有支持度不低于预设最小支持度的频繁项集，然后基于这些频繁项集生成强关联规则。最小支持度和最小可信度是用于发现有意义关联规则的两个阈值，数据挖掘的目的就是从源数据库中挖掘出满足这两个阈值的关联规则。

## 三、机器学习

机器学习（Machine Learning）是指机器通过统计学算法对大量历史数据进行学习，进而利用生成的经验模型指导业务。它是一门多领域交叉学科，涉及概率论、统计学、逼近论、凸分析、算法复杂度理论等多种理论。机器学习是人工智能的核心，是使计算机具有智能的根本途径。它专注于研究计算机如何模拟或实现人类的学习行为，以获取新的知识或技能，并重新组织已有的知识结构，从而不断改善自身的性能。

1. 机器学习方法

1) 决策树算法

决策树及其变种是一类将输入空间分成不同的区域，并为每个区域分配独立参数的算法。决策树算法充分利用了树形模型，从根节点到叶子节点的路径代表一条分类的路径规则，每个叶子节点对应一个判断类别。该算法首先将样本划分为不同的子集，再进行分割递推，直至每个子集得到同类型的样本，从根节点开始测试，到子树再到叶子节点，即可得出预测类别。该方法的特点是结构简单且数据处理效率较高。

2) 朴素贝叶斯算法

朴素贝叶斯算法是一种分类算法。它不是单一算法，而是一系列基于共同原则的算法，即被分类的每个特征都与任何其他特征的值无关。朴素贝叶斯分类器认为这些特征中的每一个都独立地贡献概率，而不管特征之间的任何相关性。然而，特征并不总是独立的，这通常被视为朴素贝叶斯算法的缺点。简而言之，朴素贝叶斯算法允许使用概率给出一组特征来预测一个类。与其他常见的分类方法相比，朴素贝叶斯算法需要的训练很少。在进行预测之前，唯一需要完成的工作是确定特征的个体概率分布参数，这一过程通常快速且确定。这意味着对于高维数据点或大量数据点，朴素贝叶斯分类器也可以表现良好。

3) 支持向量机算法

支持向量机算法的基本思想可概括为，首先通过非线性变换将输入空间映射到高维空间，然后在高维空间中寻找最优线性分类面。通过这种方式获得的分类函数在形式上类似于神经网络算法。支持向量机算法是统计学习领域中一个代表性算法，但其思维方式与传统方法不同。它通过将输入空间映射到高维空间，将复杂问题简化为线性可分的经典问题。支持向量机算法广泛应用于垃圾邮件识别、人脸识别等多种分类任务中。

4）随机森林算法

随机森林算法通过多种方式控制决策树的生成。根据前人经验,通常更倾向选择分裂属性和剪枝,但这并不能解决所有问题,偶尔会遇到噪声或分裂属性过多的问题。针对这些问题,可以通过总结每次生成树的结果来估计袋外数据的误差,并将其与测试样本的估计误差相结合,从而评估组合树学习器的拟合效果和预测精度。该方法的优点在于能够生成高精度分类器,处理大量变量,并能有效平衡分类数据集之间的误差。

5）人工神经网络算法

人工神经网络是由神经元组成的复杂网络结构,其组成形式与生物神经网络大体相似。该网络由相互连接的个体单元构成,每个单元接收数值量输入并产生数值量输出,输入输出形式可以是实数或线性组合函数。人工神经网络需先通过学习准则进行训练才能投入实际应用。当网络输出结果出现错误时,系统会通过调整学习参数来降低重复犯错的概率。该算法具有突出的泛化能力和非线性映射能力,适用于信息量不足的系统建模。从功能模拟角度观察,人工神经网络具有并行处理特性,且信息传递速度极快。

6）Boosting 与 Bagging 算法

Boosting 是一种通用的增强基础算法性能的回归分析算法。它不需要构造一个高精度的回归模型,只需从一个粗糙的基础算法出发,通过反复调整基础算法就可以得到较好的组合回归模型。它可以将弱学习算法提高为强学习算法,可以应用到其他基础回归算法,如线性回归、神经网络等,来提高精度。Bagging 算法和前一种算法大体相似但又略有差别,主要思想是基于已知的弱学习算法和训练集,通过多轮计算生成一系列预测函数,最后采用投票方式对样本进行分类判别。

7）关联规则算法

关联规则算法通过规则描述两个变量或多个变量之间的关系,是一种客观反映数据内在性质的方法。它是机器学习的一大类任务,通常可分为两个阶段:首先从数据集中找到高频项目组,然后研究这些项目组之间的关联规则。其得到的分析结果即是对变量间规律的总结。

8）最大期望算法

最大期望算法(EM算法)是机器学习中常用的参数估计方法,特别适用于存在隐变量的情况。与直接对目标函数进行极大似然估计不同,该算法通过引入额外数据简化计算过程,再进行极大化模拟。它是一种针对受限数据或难以直接处理数据的极大似然估计算法。

9）深度学习

深度学习(Deep Learning,DL)是机器学习领域中一个新的研究方向,它被引入机器学习使其更接近于最初的目标——人工智能(Artificial Intelligence,AI)。

深度学习通过学习样本数据的内在规律和表示层次,为文字、图像和声音等数据的解释提供了重要支持。它的最终目标是让机器能够像人一样具有分析学习能力,能够识别文字、图像和声音等数据。作为一种复杂的机器学习算法,深度学习在语音和图像识别等领域取得了远超传统技术的成果。

深度学习在搜索技术、数据挖掘、机器学习、机器翻译、自然语言处理、多媒体学习、语音、推荐和个性化技术,以及其他相关领域都取得了很多成果。深度学习使机器模仿视听和思考等人类的活动,解决了很多复杂的模式识别难题,使人工智能相关技术取得了很大进步。

2. 具体应用

1)虚拟助手

Siri、Alexa、Cortana都是虚拟助手。顾名思义,当使用语音发出指令后,虚拟助手会协助用户查找信息或执行任务。它们通过回忆用户的相关查询或调用其他资源(如电话应用程序)来收集信息,并支持设置闹钟等日常任务。

2)交通预测

GPS导航服务通过记录用户的当前位置和速度数据,构建实时交通流量图。机器学习技术能够解决配备GPS的汽车数量有限的问题,通过估算帮助识别交通拥堵区域。

3)过滤垃圾邮件和恶意软件

电子邮件客户端利用机器学习技术不断更新垃圾邮件过滤器。多层感知器和决策树算法等机器学习方法被广泛应用于垃圾邮件过滤。此外,机器学习驱动的安全系统能够识别恶意软件的编码模式,即使新恶意软件与之前版本仅有2%—10%的差异,也能快速检测并提供保护。

4)快速揭示细胞内部结构

结合高功率显微镜和机器学习方法,美国科学家研发出一种新算法,可在细胞的超高分辨率图像中自动识别大约30种不同类型的细胞器和其他结构。相关研究成果发表在《自然》杂志上。

## 四、人工智能

人工智能是一门研究、开发用于模拟、延伸和扩展人的智能的理论、方法、技术及应用系统的新的技术科学。人工智能是新一轮科技革命和产业变革的重要驱动力量。

人工智能是智能学科重要的组成部分,它企图了解智能的实质,并生产出一种新的能以人类智能相似的方式做出反应的智能机器,该领域的研究包括机器人、语言识别、图像识别、自然语言处理和专家系统等。自诞生以来,人工智能的理论和技术日益成熟,应用领域也不断扩大。可以预见,未来人工智能带来的科技产品,将成为人类智慧的容器。人工智能能够模拟人类的意识、思维和信息处理过程,虽然它不是人类智能,但可以像人类一样思考,甚至在某些方面超越人类智能。

人工智能是一门极富挑战性的科学,从事相关研究的人员需要具备计算机、心理学和哲学等多学科背景。人工智能是涵盖领域广泛的科学,如机器学习、计算机视觉等。总体而言,人工智能研究的主要目标是使机器能够胜任通常需要人类智能才能完成的复杂工作。然而,不同的时代和不同人群对这些复杂任务的理解是不同的。

2022年6月,Michael Chazan等利用一款深度学习人工智能工具,发现100万年前人类用火的证据。

韩国计划到2027年将人工智能技术用于军事目的,包括自行榴弹炮的无人操作和无人机的使用。

在人工智能技术的"芯片-框架-模型-应用"四层结构中,百度是全球为数不多在这四层进行全布局的公司,从昆仑芯、飞桨深度学习框架,再到文心一言预训练大模型,各个层面都有自研技术。

在电子竞技领域,随着人工智能等新科技的不断涌现,AI可以变身高端玩家,作为"神对手"与电竞选手展开对练,也可化身"神队友"辅助配合,在帮助电竞选手调整战术、提升技巧的同时,提升人工智能的自我学习能力。

人工智能也已应用于养老服务产业。2023年,第九届中国国际养老服务业博览会在北京举办,人工智能机器人等智慧养老产品备受关注。

## 五、网络分析

网络分析(Network Analysis)是图论分析、最优化分析以及动力学分析在网络领域的综合应用。它通过对网络中所有传输的数据进行检测、分析、诊断,帮助客户排除网络事故,规避安全风险,提高网络性能,提升网络可用性价值。网络分析是网络管理的关键部分,也是较重要的技术之一。其主要功能包括:快速查找和排除网络故障;识别网络瓶颈,提升网络性能;发现和解决网络异常,提升安全性;管理资源,统计和记录每个节点的流量与带宽;规范网络使用,监控应用、服务和主机的连接状态;分析各类网络协议,确保网络应用质量。

网络分析是在激励和网络已知的情况下计算网络响应的方法,也称电路分析。其最基本的计算法则是基尔霍夫电压定律(KVL)和电流定律(KCL),再加上网络中各元器件的电流电压关系(VCR),就可以得出足够的网络方程(通常是微积分方程组)来求得所需的响应。根据激励源、网络类型和所需响应的不同,分析方法也有所差异。直接求解网络微积分方程的方法属于时域分析,其中激励和响应均为时间变量的函数;而通过拉普拉斯变换或傅里叶变换求解网络方程的方法属于频域分析,此时网络方程变换成了代数方程,其中激励和响应都是复频率变量的函数。

如今的网络管理比以往任何时候都更加需要网络分析技术,网络正不断产生新的关键性应用,规模的扩大和结构的复杂化使客户的网络管理成本和维护成本都不断提高。同时,网络病毒、攻击和故障等也在威胁着网络的健康发展。网络分析技术成为保障网络持续、高效、安全运行的关键。

## 六、数值计算

数值计算(Numerical Computing)指利用数字计算机求数学问题近似解的方法与过程,以及由相关理论构成的学科。数值计算主要研究如何利用计算机解决各种数学问题,包括连续系统离散化和离散形方程的求解,并考虑误差、收敛性和稳定性等问题。

从数学类型来看,数值运算的研究领域涵盖数值逼近、数值微分和数值积分、数值代数、最优化方法、常微分方程数值解法、积分方程数值解法、偏微分方程数值解法、计算几何、计算概率统计等。随着计算机技术的广泛应用和发展,许多计算领域的问题,如计算物理、计算力学、计算化学、计算经济学等都可归结为数值计算问题。

数值计算具有以下五个重要特征。

(1) 离散性与误差性:数值计算的结果是离散的,并且必然存在误差。这是数值计算方法区别于解析法的主要特征。

(2) 注重稳定性:控制误差的增长趋势,确保计算过程的稳定性,是数值计算的核心任务之一。

(3) 高效性与高精度:追求快速的计算速度和较高的计算精度是数值计算的重要目标。

(4) 构造性证明:数值计算注重通过构造性方法证明算法的有效性。

(5) 有限逼近思想:数值计算主要基于有限逼近的思想进行误差分析与运算。

## 七、高性能计算

高性能计算(High-Performance Computing,HPC)是利用超级计算机实现并行计算的理论、方法、技术以及应用的一门技术科学,围绕利用不断发展的并行处理单元以及并行体系架构实现高性能并行计算这一核心问题,该领域研究范围包括并行计算模型、并行编程模型、并行执行模型、并行自适应框架、并行体系结构、并行网络通信以及并行算法设计等。

高性能计算或超级计算和日常计算一样,区别只在于它的计算能力更强大。它能够通过聚合结构,使用多台计算机和存储设备,以极高速度处理大量数据,帮助人们探索科学、工程及商业领域中的一些世界级的重大难题。

在实际应用中,有一些负载(如DNA测序)对于任何一台计算机来说都过于庞大。对此,HPC或超级计算环境可以使多个节点(计算机)以集群(互联组)的形式协同作业,在短时间内执行海量计算,从容应对这些规模庞大而又极其复杂的负载挑战。此外,由于支持在云端自动创建和删除集群,HPC还能有效降低负载成本。

HPC支持多种类型的负载,其中常见的两种负载是并行负载和紧密耦合负载。

并行负载是指被细分为多个小型、简单、独立任务的计算问题,这些任务可以同时运行,通常相互之间几乎没有通信。例如,一家企业可能向某节点集群中的各个处理器核心提交了1亿条信用卡记录。其中,处理1条信用卡记录即1项小任务,当1亿条记录分布在整个集群上时,1亿个小任务就能以惊人的速度同时(并行)执行。并行负载的常见使用场景包括风险模拟、分子建模、上下文搜索和物流模拟。

紧密耦合负载通常占用较多的共享资源,并分解为相互之间持续通信的小任务。换言之,集群中的各个节点在执行处理时会相互通信。紧密耦合负载的常见使用场景包括计算流体动力学、天气预报建模、材料模拟、汽车碰撞仿真、地理空间模拟和交通管理。

## 八、可视化分析

可视化分析(Visual Analytics)是一种结合可视化技术和交互式界面的数据分析方法,旨在帮助用户发现数据中的模式和结构。由于所涉及的信息比较分散、数据结构有可能不统一,且通常以人工分析为主,加上分析过程的非结构性和不确定性,因此难以形成固定的分析流程或模式,很难将数据调入应用系统中进行分析挖掘。借助功能强大的可视化数据分析平台,可辅助人工操作将数据进行关联分析,并做出完整的分析图表。图表中包含所有事件的相关信息,也完整展示数据分析的过程和数据链走向。同时,这些分析图表也可通过另存为其他格式,供相关人员调阅。

## 九、大数据分析

大数据分析(Big Data Analytics)是指对规模巨大的数据进行分析。大数据可以概括为5个"V":数据量大(Volume)、速度快(Velocity)、类型多(Variety)、价值(Value)、真实性(Veracity)。

大数据分析的六个基本方面如下。

1. 可视化分析

可视化分析(Analytic Visualizations)是数据分析工具最基本的功能。可视化分析可以直观地展示数据,让数据自己说话。

2. 数据挖掘算法

可视化分析是给人看的,数据挖掘算法(Data Mining Algorithms)是给机器看的。集群、分割、孤立点分析等算法让我们深入数据内部,挖掘价值。

3. 预测性分析能力

数据挖掘可以让分析员更好地理解数据,而预测性分析能力(Predictive Analytic Capabilities)可以让分析员根据可视化分析和数据挖掘的结果做出一些预测性的判断。

4. 语义引擎

由于非结构化数据的多样性,数据分析面临新的挑战。语义引擎(Semantic Engines)被设计用于从"文档"中智能提取信息,帮助解析、提取和分析数据。

## 5. 数据质量和数据管理

数据质量和数据管理（Data Quality and Data Management）是管理领域的最佳实践。通过标准化的流程和工具处理数据，可以确保分析结果的高质量。

## 6. 数据存储，数据仓库

数据仓库是为了便于多维分析和多角度展示数据而建立的关系型数据库。在商业智能系统的设计中，数据仓库的构建是关键，它承担着整合业务系统数据的任务，为商业智能系统提供数据抽取、转换和加载（ETL）功能，并按主题对数据进行查询和访问，为联机数据分析和数据挖掘提供数据平台。

如果大数据确实是下一个重要的技术革新，我们应将更多精力关注于大数据带来的好处，而不仅仅是其挑战。

相关案例

延伸资料

重庆黄水旅游度假区总体规划修编

延伸资料

人机共生——大规模时代的AI十大趋势

# 参考文献

[1] 陈建西,刘纯龙.项目管理学学习指导[M].成都:西南财经大学出版社,2006.

[2] 霍亚楼.项目管理基础[M].北京:对外经济贸易大学出版社,2008

[3] 丁荣贵.项目管理:项目管理思维与管理关键[M].北京:中国电力出版社,2013.

[4] 曾赛星.项目管理[M].北京:北京师范大学出版社,2007.

[5] 骆珣,等.项目管理教程[M].北京:机械工业出版社,2006.

[6] 鲁耀斌.项目管理原理与应用[M].大连:东北财经大学出版社,2009.

[7] 屠梅曾.项目管理[M].上海:格致出版社,2008.

[8] 程敏.项目管理[M].北京:北京大学出版社,2013.

[9] 段世霞.项目管理[M].南京:南京大学出版社,2012.

[10] 易志云,高民杰.成功项目管理方法[M].北京:中国经济出版社,2002.

[11] 王长峰,李建平,纪建悦.现代项目管理概论[M].北京:机械工业出版社,2008.

[12] 戚安邦.项目管理学[M].2版.天津:南开大学出版社,2014.

[13] 傲姿时代项目管理教材开发项目组.项目管理基础[M].北京:清华大学出版社,2001.

[14] [美]杰克·吉多,[美]詹姆斯 P.克莱门斯.成功的项目管理[M].张金成,译.北京:机械工业出版社,2004.

[15] 毕星,翟丽.项目管理[M].上海:复旦大学出版社,2000.

[16] 池仁勇.项目管理[M].北京:清华大学出版社,2004.

[17] 周小桥.项目管理四步法[M].北京:团结出版社,2003.

[18] 赵振宇.项目管理案例分析[M].北京:北京大学出版社,2013.

[19] [美]克拉克·A.坎贝尔.一页纸项目管理[M].周秋洪,译.北京:东方出版社,2008.

[20] 吴吉义,殷建民.信息系统项目管理案例分析教程[M].北京:机械工业出版社,2008.

[21] 周小桥.突出重围——项目管理实战[M].北京:清华大学出版社,2003.

[22] [美]哈罗德·科兹纳.项目管理:计划、进度和控制的系统方法[M].7版.北京:电子工业出版社,2002.

[23] [美]詹姆斯·哈林顿,等.项目变革管理[M].唐玉宁,等,译.北京:机械工业出版社,2002.

[24] 吴之明,卢有杰.项目管理引论[M].北京:清华大学出版社,2000.

[25] [美]罗伯特·K.威索基.创建有效的项目团队[M].曹维武,译.北京:电子工业出版社,2003.

[26] [美]贝纳特·P.利恩兹,凯瑟琳·P.雷.21世纪的项目管理[M].李先锋,等译.北京:电子工业出版社,2003.

[27] 中国就业培训技术指导中心.项目管理师[M].北京:中国劳动社会保障出版社,2010.

[28] 杨小平,余力.项目管理教程[M].北京:清华大学出版社,2012.

[29] 彭四平.项目管理[M].北京:清华大学出版社,2011.

[30] 沈建明.项目风险管理[M].北京:机械工业出版社,2010.

[31] [美]辛西娅·斯奈德·斯塔克波尔.项目管理实用表格与应用[M].刘露明,译.北京:电子工业出版社,2010.

[32] [美]格雷戈里·T.豪根.有效的工作分解结构[M].北京广联达慧中软件技术有限公司,译.北京:机械工业出版社,2005.

[33] 钱省三.项目管理[M].上海:上海交通大学出版社,2006.

[34] [美]杰弗里·K.宾图.项目管理[M].北京:机械工业出版社,2007.

[35] [美]凯西·斯沃伯.项目管理导论[M].廖良才,高峰,译.北京:清华大学出版社,2007.

[36] 邱菀华,等.现代项目管理学[M].2版.北京:科学出版社,2007.

[37] 纪燕萍,王亚慧,李小鹏.项目管理实战手册[M].北京:人民邮电出版社,2002.

[38] [英]F·L.哈里森.高级项目管理:一种结构化方法[M].杨磊,李佳川,邓士忠,译.北京:机械工业出版社,2003.

[39] 现代管理领域知识更新教材编写委员会.项目管理:理论·实务·案例[M].北京:经济管理出版社,2012.

[40] 戚安邦.工程项目全面造价管理[M].天津:南开大学出版社,2000.

[41] 成虎,陈群.工程项目管理[M].北京:中国建筑工业出版社,2009.

[42] [美]斯坦利·波特尼.如何做好项目管理[M].宁俊,等译.北京:企业管理出版社,2001.

[43] 周慧珍.投资项目评估[M].大连:东北财经大学出版社,2013.

[44] 王庆富.项目管理实用手册[M].广州:南方日报出版社,2002.

[45] [美]J·M.朱兰.质量控制手册[M].上海:上海科学技术文献出版社,1979.

# 教学支持说明

为了改善教学效果,提高教材的使用效率,满足高校授课教师的教学需求,本套教材备有与纸质教材配套的教学课件和拓展资源(案例库、习题库等)。

为保证本教学课件及相关教学资料仅为教材使用者所得,我们将向使用本套教材的高校授课教师赠送教学课件或者相关教学资料,烦请授课教师通过邮件或加入旅游专家俱乐部QQ群等方式与我们联系,获取"电子资源申请表"文档并认真准确填写后发给我们,我们的联系方式如下:

地址:湖北省武汉市东湖新技术开发区华工科技园华工园六路

邮编:430223

E-mail:lyzjjlb@163.com

旅游专家俱乐部QQ群号:758712998

旅游专家俱乐部QQ群二维码:

群名称:旅游专家俱乐部5群
群　号:758712998

# 电子资源申请表

填表时间：_____年___月___日

1. 以下内容请教师按实际情况填写，★为必填项。
2. 根据个人情况如实填写，相关内容可以酌情调整提交。

| ★姓名 | | ★性别 | □男 □女 | 出生年月 | | ★职务 | | |
|---|---|---|---|---|---|---|---|---|
| | | | | | | ★职称 | □教授 □副教授 □讲师 □助教 | |

| ★学校 | | ★院/系 | |
|---|---|---|---|
| ★教研室 | | ★专业 | |
| ★办公电话 | | 家庭电话 | | ★移动电话 | |
| ★E-mail（请填写清晰） | | | | ★QQ号/微信号 | |
| ★联系地址 | | | | ★邮编 | |

| ★现在主授课程情况 | 学生人数 | 教材所属出版社 | 教材满意度 |
|---|---|---|---|
| 课程一 | | | □满意 □一般 □不满意 |
| 课程二 | | | □满意 □一般 □不满意 |
| 课程三 | | | □满意 □一般 □不满意 |
| 其他 | | | □满意 □一般 □不满意 |

| 教材出版信息 | | | | | |
|---|---|---|---|---|---|
| 方向一 | □准备写 | □写作中 | □已成稿 | □已出版待修订 | □有讲义 |
| 方向二 | □准备写 | □写作中 | □已成稿 | □已出版待修订 | □有讲义 |
| 方向三 | □准备写 | □写作中 | □已成稿 | □已出版待修订 | □有讲义 |

　　请教师认真填写表格下列内容，提供索取课件配套教材的相关信息，我社将根据每位教师填表信息的完整性、授课情况与索取课件的相关性，以及教材使用的情况赠送教材的配套课件及相关教学资源。

| ISBN（书号） | 书名 | 作者 | 索取课件简要说明 | 学生人数（如选作教材） |
|---|---|---|---|---|
| | | | □教学 □参考 | |
| | | | □教学 □参考 | |

★您对与课件配套的纸质教材的意见和建议，希望提供哪些配套教学资源：